新时代
技术
新未来

5G V2X
and D2D

5G车联网（V2X）与终端直通

OPPO研究院　组编

张世昌　赵振山　丁伊　林晖闵　郭雅莉　卢前溪　冷冰雪　编著

清华大学出版社

北京

内 容 简 介

本书是 OPPO 研究院的 5G 技术专家和国际标准化代表撰写的介绍 5G 车联网与终端直通技术现状和未来发展方向的技术图书，书中将介绍 NR V2X 第一版本（R16）及业已完成的演进版本（R17）的技术内容，另外也将涉及 5G 侧行通信未来演讲过程（R18）中可能考虑的新技术。

本书不仅介绍了标准化结果，还介绍了标准化过程。相信本书能够成为业内技术人员，以及相关专业的教师和学生快速深入了解 NR 侧行链路通信系统的有效工具。

图书在版编目 (CIP) 数据

5G 车联网（V2X）与终端直通 / OPPO 研究院组编；张世昌等编著 . —北京：清华大学出版社，2024.2

（新时代·技术新未来）

ISBN 978-7-302-63864-3

Ⅰ.①5…　Ⅱ.①O…②张…　Ⅲ.①汽车－物联网　Ⅳ.①U469-39

中国国家版本馆 CIP 数据核字 (2023) 第 108464 号

责任编辑：刘　洋
封面设计：徐　超
版式设计：方加青
责任校对：王荣静
责任印制：丛怀宇

出版发行：清华大学出版社
　　　　网　　　址：https://www.tup.com.cn，https://www.wqxuetang.com
　　　　地　　　址：北京清华大学学研大厦 A 座　　　　　邮　　编：100084
　　　　社 总 机：010-83470000　　　　　　　　　　　邮　　购：010-62786544
　　　　投稿与读者服务：010-62776969，c-service@tup.tsinghua.edu.cn
　　　　质 量 反 馈：010-62772015，zhiliang@tup.tsinghua.edu.cn
印 装 者：大厂回族自治县彩虹印刷有限公司
经　　销：全国新华书店
开　　本：185mm×260mm　　　　印　张：14.5　　　　字　数：288 千字
版　　次：2024 年 2 月第 1 版　　　印　次：2024 年 2 月第 1 次印刷
定　　价：99.00 元

产品编号：096068-01

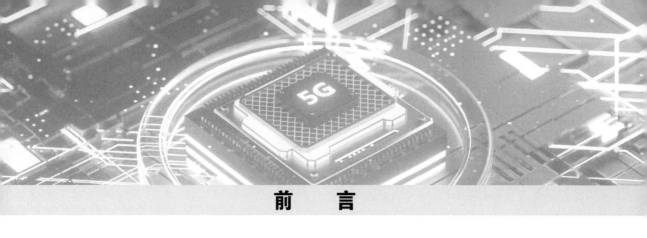

前　言

　　从 R12 版本完成第一个侧行链路（Sidelink）通信标准开始，3GPP（3rd Generation Partnership Project，第三代合作伙伴计划）一直没有停止对侧行通信技术的增强和演进，在每个标准版本中均有侧行链路相关的研究项目（Study Item）或工作项目（Work Item）。截至本书成稿时，3GPP 恰好完成了 R17 版本的侧行链路标准化工作，这也是基于 NR 侧行链路通信技术的第二个标准版本。在这多达六个版本的演进过程中，侧行链路通信系统的数据速率、可靠性、时延、系统容量以及功耗等各方面性能一直在不断地提升，所支持的应用场景也越发广阔。本书的出版恰逢 R17 标准完成和 R18 标准工作即将启动的过渡节点，通过对 NR 侧行链路过去（R16 版本）、现在（R17 版本）及将来（R18 版本）的介绍，努力为读者呈现一个相对完整的 NR 侧行链路技术发展脉络。相信本书能够成为业内技术人员，以及相关专业的教师和学生快速深入了解 NR 侧行链路通信系统的有效工具。

　　本书共包括 10 章，内容包括 NR-V2X 的通信需求、R16 NR-V2X 设计、R17 引入的 NR 侧行链路增强技术，以及 NR 侧行链路的未来（R18）演进方向。2021 年出版的《5G NR 核心与增强：从 R15 到 R16》一书中包含了一个介绍 R16 NR-V2X 的章节，本书中将借鉴该章节中的部分内容并予以补充和扩展。同时，本书与《5G 技术核心与增强：从 R15 到 R17》《5G 终端技术演进与增强》两册共同构成一套丛书。

　　参与本书撰写的作者均是 OPPO 标准团队专门从事侧行链路通信技术研究的标准专家，多位作者参与了 LTE-D2D 和 LTE-V2X 的标准化工作，在这一领域具有深厚的技术储备，通过本书，他们得以将自己在这一领域的所知所想分享给广大的读者，同样也感谢他们对本书所做出的重大贡献。

　　然而，本书出自作者的个人主观理解和有限学识，难免有欠周全之处，敬请读者谅解，并提出宝贵意见。

作　者

目　录

第 1 章　NR 侧行链路概述　　　　　　　　　　　　　　　　　　　　张世昌

第 2 章　NR 侧行链路需求　　　　　　　　　　　　　　　　　　　　赵振山

2.1　车联网 …………………… 4　　　2.2　公共安全 …………………… 6

第 3 章　NR-V2X 时隙结构及物理信道　　　　　　张世昌　丁　伊　赵振山

3.1　NR-V2X 时隙结构 ………… 9　　　3.4　侧行数据信道 ……………26

　3.1.1　基础参数 ……………… 9　　　　3.4.1　第二阶 SCI ……………26

　3.1.2　侧行链路时隙结构 …… 11　　　　3.4.2　PSSCH 参考信号 ………30

3.2　资源池 ……………………14　　　　3.4.3　TBS 确定 ………………34

　3.2.1　资源池的类型与功能……14　　　3.5　侧行反馈信道 ……………35

　3.2.2　资源池时域资源确定……16　　　3.6　同步信号及侧行广播信道 …37

　3.2.3　资源池频域资源确定……20　　　　3.6.1　S-SSB 时隙结构 ………37

3.3　侧行控制信道 ……………22　　　　3.6.2　侧行同步信号 …………38

　3.3.1　PSCCH 解调参考信号 …22　　　　3.6.3　侧行广播信道 …………39

　3.3.2　SCI 格式 ………………24　　　3.7　小结 ………………………42

第 4 章　NR-V2X 资源分配　　　　　　　　　　　　　　　　　赵振山　丁　伊

4.1　模式 1 动态资源分配 ………43　　　　4.2.3　侧行配置授权的 HARQ 进程号 ……50

4.2　模式 1 侧行配置授权 ………48　　　　4.2.4　针对侧行配置授权的重传调度 ……51

　4.2.1　侧行配置授权的配置与激活 / 释放 …49　　　4.2.5　使用侧行配置授权传输资源的限定… 52

　4.2.2　侧行配置授权传输资源的确定………49　　　4.3　模式 2 资源分配 ……………53

4.3.1　模式 2 资源分配方案 ······· 53

4.3.2　Re-evaluation 和 Pre-emption 机制 ··· 62

4.4　小结 ······· 65

第 5 章　NR-V2X 物理层过程

赵振山　张世昌

5.1　侧行链路 HARQ 反馈 ······· 67

5.1.1　侧行 HARQ 反馈的激活或去激活 ··· 68

5.1.2　侧行 HARQ 反馈方式 ······· 69

5.1.3　侧行 HARQ 反馈资源配置 ······· 71

5.1.4　侧行 HARQ 反馈资源的确定 ······· 72

5.2　侧行链路功率控制 ······· 74

5.3　侧行链路测量和反馈 ······· 76

5.3.1　CQI/RI ······· 76

5.3.2　CBR/CR ······· 77

5.3.3　SL-RSRP ······· 78

5.4　侧行同步过程 ······· 79

5.4.1　同步源类型 ······· 79

5.4.2　同步源 ID ······· 81

5.4.3　同步资源 ······· 81

5.4.4　同步源优先级 ······· 83

5.4.5　同步过程 ······· 87

5.5　小结 ······· 89

第 6 章　高层相关过程

卢前溪

6.1　能 力 交 互 ······· 92

6.2　接入层参数配置 ······· 93

6.3　测量配置与报告过程 ······· 96

6.4　PC5 接口无线链路 RLM/ RLF ······· 97

6.5　小结 ······· 98

第 7 章　R17 侧行链路增强

林晖闵　张世昌　郭雅莉　冷冰雪

7.1　物理层增强 ······· 99

7.1.1　节能资源选择 ······· 99

7.1.2　基于终端间协调的资源选择 ······· 115

7.2　高层增强 ······· 132

7.2.1　侧行链路非连续接收 ······· 132

7.2.2　近距离业务的授权和配置 ······· 140

7.2.3　近距离业务直接发现 ······· 144

7.2.4　近距离业务直接通信 ······· 145

7.3　小结 ······· 149

第 8 章　侧行链路中继

郭雅莉　卢前溪

8.1　LTE 侧行链路中继 ······· 151

8.1.1　系统总体架构 ······· 152

8.1.2　接入层相关 ······· 153

8.2　NR 侧行链路中继 ······· 155

8.2.1　基于 L2 的侧行中继 ······· 155

8.2.2　基于 L3 的侧行中继 ······· 160

8.3　小结 ······· 167

第 9 章　非授权频谱上的侧行通信（SL-U）

丁　伊　赵振山　张世昌

9.1　SL-U 应用场景和技术需求 ········ 168

9.1.1　家庭异构网络场景 ············ 168

9.1.2　XR 交互式业务通信场景 ···· 170

9.1.3　车联网增强场景 ··············· 171

9.1.4　智能工厂自动化场景 ········· 173

9.2　SL-U 系统架构 ······················ 174

9.2.1　CM only 架构 ··············· 174

9.2.2　"CH + CM" 架构 ········· 175

9.2.3　gNB + CM 架构 ············ 176

9.2.4　gNB + CH + CM 架构 ············ 177

9.3　SL-U 物理层增强 ···················· 178

9.3.1　交织资源块 ···················· 178

9.3.2　信道接入 ······················· 182

9.3.3　物理过程 ······················· 191

9.4　SL-U 高层增强 ······················ 194

9.4.1　SL-U 用户面协议栈设计 ···· 194

9.4.2　SL-U 控制面协议栈设计 ···· 197

9.5　小结 ·································· 200

第 10 章　B5G 侧行通信展望

冷冰雪　赵振山　林晖闵　张世昌　丁　伊

10.1　侧行中继增强 ····················· 201

10.2　基于侧行的定位 ·················· 204

10.2.1　为什么需要基于侧行的定位 ··· 204

10.2.2　R18 中侧行定位的研究范围 ····· 206

10.3　载波聚合 ··························· 207

10.4　多天线增强 ······················· 208

10.4.1　波束管理的参考信号 ············· 210

10.4.2　发送波束确定过程 ············ 212

10.4.3　波束指示 ···················· 214

10.4.4　接收波束确定过程 ············ 214

10.4.5　PSFCH 发送波束和接收波束的
确定 ······························· 215

10.4.6　波束失效的判断 ············· 216

10.5　LTE-V2X 和 NR-V2X 共存 ······ 216

10.6　小结 ···························· 218

参考文献 ··· 219

缩略语 ··· 221

第 1 章
NR 侧行链路概述

张世昌

侧行链路（Sidelink，SL）是指终端（User Equipment，UE）与终端之间的直接信息传输链路，与下行链路和上行链路不同，在侧行链路中基站不参与侧行链路的数据发送和接收，而只会为覆盖内的终端提供侧行链路的相关配置。第三代合作伙伴计划（3rd Generation Partnership Project，3GPP）于 R12 完成了第一个侧行链路通信技术的标准化，即基于长期演进（Long Term Evolution，LTE）的设备到设备（Device to Device，D2D）通信技术。LTE-D2D 主要支持终端之间广播通信和终端之间互发现两大功能。其中，前者用于公共安全目的，如救援、火警、反恐等，需要能够工作在网络覆盖内、部分网络覆盖和无网络覆盖三种不同场景，如图 1-1 所示，后续 3GPP（截至 R17）标准化的侧行通信技术也都支持这三种不同的网络覆盖场景；而后者主要用于商业目的，如广告发布、社交网络等，仅需要工作在完全网络覆盖场景 [1]。在 R13 中，为了更好地支持公共安全方面的通信需求，3GPP 对 LTE-D2D 技术进行了增强，将终端之间的互发现功能扩展到了部分网络覆盖和无网络覆盖场景，以便将该功能应用于公共安全领域，另外还支持终端与基站之间的侧行中继等功能 [2]。

为了提高道路交通的效率和安全性，以支持智能交通系统（Intelligent Transportation System，ITS）中信息发送为目的的 V2X（Vehicle to Everything，车联网）通信受到了越来越广泛的重视。LTE-D2D 中终端之间的广播通信功能主要用于支持公共安全场景下的语音业务，对数据传输的速率、时延和可靠性要求并不高，在设计过程中也没有考虑比较密集的终端分布和较高的终端移动速度，而 V2X 通信在以上方面的要求均远高于LTE-D2D（详见第 2 章所述），所以 LTE-D2D 无法用于支持 V2X 通信。因此，在 R14中 3GPP 对 V2X 通信进行了研究，并完成了第一个基于 LTE 的 V2X 通信技术标准（即LTE-V2X）版本，虽然 LTE-V2X 也是一种基于侧行链路的通信技术，但由于引入了基于信道侦听的终端自主资源选择方式，而且在帧结构上也做了很大的改进，所以整体性能相对于 LTE-D2D 有了明显的提升。为了进一步提高 LTE-V2X 在数据速率、时延和可靠性方面的性能，3GPP 在 R15 中对 LTE-V2X 做了进一步增强，引入了载波聚合、高阶调制等功能。

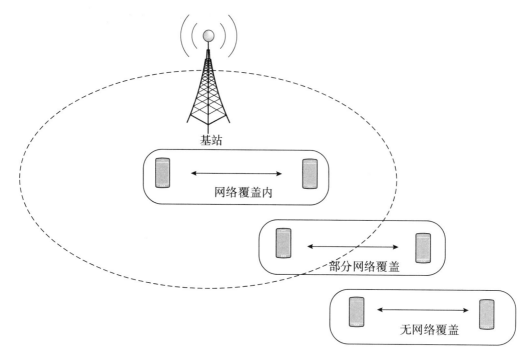

图 1-1　网络覆盖内、部分网络覆盖和无网络覆盖示意图

随着时代的发展，自动驾驶受到了越来越多的关注和期待，实现高级别自动驾驶无疑会给人们的出行和生活带来极大便利，这也对 V2X 通信提出了更高的要求。如第 2 章所述，为了支持高级别自动驾驶，V2X 通信的最高数据速率需要达到 1Gbit/s，最低时延为 3ms，最高可靠性要求为 99.999%，而 LTE-V2X 的设计目标仅是为了满足基本道路安全需求，以支持周期性业务传输为主，远无法满足如此严苛的数据传输要求，为此 3GPP 在版本 16（Release 16，R16）开始了对基于新空口（New Radio，NR）的 V2X 技术研究，并完成了第一个版本的 NR-V2X 技术标准。

NR-V2X 继承了 NR-Uu 接口参数集和时隙结构的灵活性，相比 LTE-V2X 而言，可以支持更大的信道带宽、更短的传输时间间隔（Transmission Time Interval，TTI）长度，以及更合理的时隙结构。在终端自主资源选择方面，NR-V2X 引入了资源抢占（Pre-emption）和重评估（Re-evaluation）机制（详见第 4 章），所以可以更好地支持非周期行业务。另外，NR-V2X 可以在物理层支持单播、组播和广播通信，在单播和组播通信中支持混合自动重传请求（Hybrid Automatic Repeat reQuest，HARQ）反馈，在单播通信中支持基于侧行链路路损的功率控制，因此这一系列新功能保证了 NR-V2X 可以更好地支持高速率、低延迟和高可靠性业务，并具有更高的系统容量和更好的覆盖率。而且

R16 NR-V2X 系统具备足够的灵活性和可扩展性，为后续功能演进提供了很好的基础。本书将在第 3 章至第 6 章详细介绍 R16 NR-V2X 的具体设计。

但第一个版本（R16）NR-V2X 技术并没有能够完全支持预期的所有业务需求和应用场景 [3]。首先，这一版本中终端需要持续地进行侧行链路接收以支持基于信道侦听的资源选择，这样将导致严重的电量损耗，电量受限的手持终端无法支持这一功能。其次，侧行链路通信技术所能达到的可靠性和时延受制于通信环境，在信道拥塞的情况下，NR-V2X 在可靠性和时延方面的性能将受到限制。所以，在版本 17（Release 17，R17）中引入了部分侦听（Partial Sensing）、侧行链路非连续接收（SideLink-Discontinuous Reception，SL-DRX）和基于终端间协调的资源选择。为了扩展网络覆盖，在 R17 中还支持基于侧行链路的终端到网络中继。另外，3GPP 的 SA2（Service and System Aspects Working Group 2）工作组还完成了近距离业务（Proximity-based Services，ProSe）的标准化工作。这部分内容将在本书的第 7 章和第 8 章展开介绍。

截至 R17，基于 NR 的侧行通信技术主要是针对 V2X 业务设计的，NR-V2X 的工作频率主要是 ITS 频段和网络运营商允许的授权频段。但是近来业内利用侧行通信技术支持商业领域应用（如智慧家庭、XR、智能工厂等）的需求日益强烈。因为商业领域的应用不能使用 ITS 频谱，网络运营商也没有足够的授权频谱用于支持侧行通信，因此，为了满足这一需求，首先需要能够在新的载波上支持 NR 侧行通信技术，支持更多新的载波，也能够同时进一步提高 NR 侧行链路的数据速率。所以在非授权载波上支持 NR 侧行通信（Sidelink Over Unlicensed Spectrum，SL-U）成为 R18 对 NR 侧行链路的演进目标。在非授权频段支持侧行链路通信将彻底摆脱侧行通信对专用频谱和授权频谱的依赖，是将 NR 侧行链路通信技术拓展到商业应用领域的重要基础，所以 R18 有望成为 NR 侧行链路技术向商业应用领域拓展的关键阶段。本书将在第 9 章重点介绍 SL-U 技术的应用场景、系统架构，以及在现有标准基础上支持 SL-U 所需的物理层和高层增强。

此外，为了进一步提高 NR 侧行链路的性能，增加其支持的功能和适应场景，在 R18 中还考虑引入增强侧行中继、基于侧行链路的定位、侧行载波聚合、多天线增强，以及 LTE-V2X 和 NR-V2X 同信道共存等功能，本书将在第 10 章进一步介绍这部分内容。

第 2 章

NR 侧行链路需求

赵振山

在 3GPP R16/R17 中讨论的 NR 侧行链路通信技术主要考虑的是车联网应用场景，因此在 3GPP 中首先针对车联网的需求进行了分析，为了满足该场景中的需求，还对相应的侧行链路通信技术进行了研究与标准化。当然，NR 侧行通信技术并不局限于车联网应用场景，如果 NR 侧行通信技术可以满足其他应用场景的通信需求，如公共安全场景，则该通信技术同样可以应用于相应场景中的通信。

2.1　车联网

车联网，即 V2X，主要包括车辆与车辆（Vehicle-to-Vehicle，V2V）、车辆与行人（Vehicle-to-Pedestrian，V2P）、车辆与基础设施（Vehicle-to-Infrastructure，V2I）以及车辆与网络（Vehicle-to-Network，V2N）等几种应用场景，如图 2-1 所示。3GPP R14 中最早将侧行链路应用于车联网系统，即基于 LTE 的车联网系统，又称为 LTE-V2X。

LTE-V2X 主要用于支持辅助驾驶，即通过车辆与其他设备之间交互信息，为驾驶员提供驾驶方面的辅助信息。在参考文献 [4] 中分析了多个 LTE-V2X 的应用实例，如前向碰撞告警（Forward Collision Warning）、紧急停车（Emergency Stop）、行人安全（Pedestrian Road Safety）等，并根据这些应用实例提出了 LTE-V2X 系统的性能需求。表 2-1 中给出了 LTE-V2X 系统中两个典型场景（即高速公路场景和城区场景）中的通信需求指标。

表 2-1　LTE-V2X 通信需求指标

	通 信 距 离	相 对 速 度	时　　延	可 靠 性
高速公路场景	320m	280km/h	100ms	80%
城区场景	50m	100km/h	100ms	95%

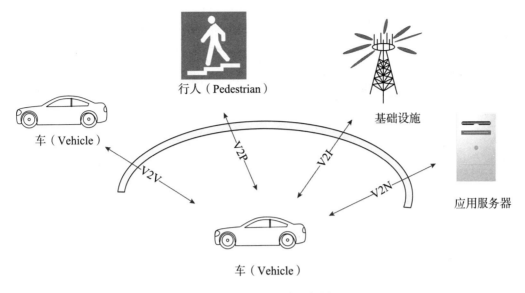

图 2-1　车联网的应用场景

随着道路交通的多样化，特别是自动驾驶的兴起，车联网系统的应用场景日趋丰富，并且对性能指标提出了更高的要求。这些新的应用场景大致可以分成四类：车辆编队（Platooning）、先进驾驶（Advanced Driving）、扩展传感器（Extended Sensors）和远程驾驶（Remote Driving）。远程驾驶将主要通过 Uu 接口支持，本章中不再赘述，前三种新的应用要求 V2X 网络能够承载更高速率的业务，并且要求具有更短的时延、更高的可靠性、更长的侧行链路通信距离和支持更高的车辆行驶速度，而这些是前述 LTE-V2X 所不能满足的。因此，3GPP 引入了基于 NR 的车联网技术，即 NR-V2X。

车辆编队从远处看非常像是一列在公路上行驶的"火车"，车辆编队中的车辆与车辆之间保持 1 ~ 2m 的距离，而且每个车辆的行驶速度和前进方向要保持高度一致，在最前面的车辆负责整个车队的指挥。比如，在图 2-2 所示的例子中 [5]，最前面的控制车辆会在遇到障碍的时候给后面的车辆发出一个组播消息，告诉后面的车辆在相同的位置按照建议的速度进行右转。另外，为了保持队形，编队内的前后车辆之间也需要及时交互信息。由于车辆之间的间隔比较小，而车速比较快，因此实际上要求消息传递在 10ms 内完成。除了这些基本的操作之外，还需要支持车队的管理，如车队中某个车辆的离开或者某个新的车辆的加入；如果指挥车辆出现故障，则还需要更换指挥车辆等。这些操作要求 NR-V2X 支持组播的通信方式。

扩展传感器是为其他应用提供信息的一种重要手段，主要是为了传递比较精准的局部环境信息，包括位置信息、周围环境的影像和其他的传感器信息等。把这些分离的传感器信息综合起来并在短时间内处理成一个完整的局部环境信息需要高频率的数据传送，并且要求数据传送的时延比较短。这就要求 NR-V2X 具备高速率、低时延的特点。

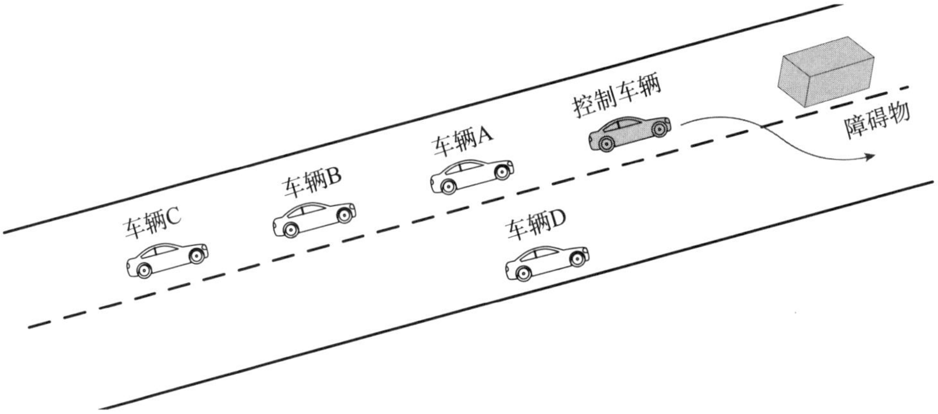

图 2-2　车辆编队示意图

先进驾驶技术中一个很重要的组成部分是车辆能够做到对周边环境的感知和反应。由于车辆行驶过程中周边环境一直在动态变化，这就要求在一定范围内的不同车辆之间及时交换各自车辆上的传感器所获得的信息，从而能够拼凑出一幅完整的、不断更新的"地图"。这要求信息交换要足够及时，如端到端时延小于 3ms，而且还要足够频繁，如每秒 10 次，另外可靠性需要足够高，如消息传递成功的概率不能小于 99.999%。

针对上述三种应用实例，参考文献 [5] 和参考文献 [6] 中给出了 NR-V2X 需要满足的各项通信性能指标要求，表 2-2 中总结了各项性能指标的最高要求以及对应的应用实例。

表 2-2　最高性能需求

性能指标名称	性能指标值	来自应用实例
单个消息负荷大小	6500 B	先进驾驶，车辆编队
消息发送频度	每秒 100 次	先进驾驶
最大端到端时延	3ms	先进驾驶
可靠性（消息发送成功概率）	99.999%	先进驾驶，扩展传感器，远程驾驶
数据速率	1000Mbit/s	扩展传感器
通信范围	1000m	扩展传感器
绝对运动速度	250km/h	扩展传感器

注：某个具体的应用往往只要求某个或者某些性能指标达到最高要求，而不是全部

2.2　公共安全

如第 1 章所述，基于侧行链路进行通信最早是应用于公共安全（Public Safety）场景中的，尤其是在灾害救援领域中，如地震、洪水等，此时，蜂窝通信网络可能已经被破坏，无法提供正常的通信服务，因此，需要支持终端之间直接进行通信的方式，如图 2-3 所示。

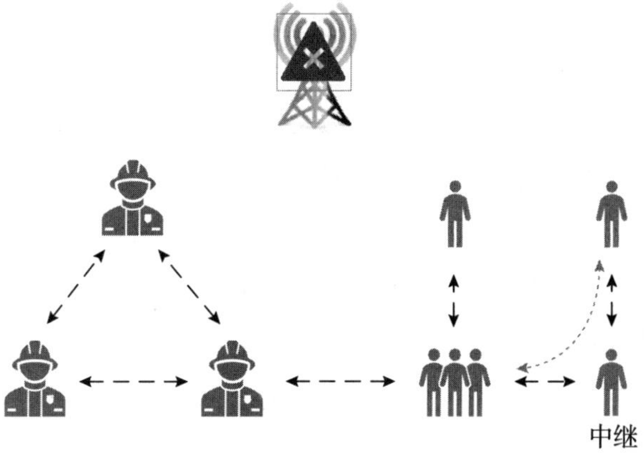

图 2-3　公共安全场景示意图

在参考文献 [7] 中描述了公共安全场景中的一些应用实例，为了支持这些应用实例，侧行链路通信系统需要支持以下功能。

① 网络覆盖：网络覆盖内（In Coverage）、部分网络覆盖（Partial Coverage）和无网络覆盖（Out of Coverage），如图 1-1 所示。

② 传输方式：单播（Unicast）、组播（Groupcast）和广播（Broadcast）。

③ 中继（Relay）：终端到网络的中继（UE to network, U2N），以及终端到终端的中继（UE to UE，U2U）。

终端到网络的中继如图 2-4（a）所示。UE-B（Remote UE，远端终端）位于网络覆盖外，UE-A（Relay UE，中继终端）位于网络覆盖内，UE-B 可以通过 UE-A 与基站连接，从而扩大基站的覆盖范围。

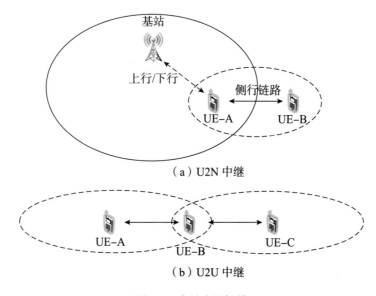

（a）U2N 中继

（b）U2U 中继

图 2-4　中继应用场景

　　终端到终端的中继如图 2-4 (b) 所示，UE-A 需要与 UE-C 通信，但是两者之间的距离超出了双方发送信号的覆盖能力，无法通过侧行链路直接进行通信，此时可以利用位于两个 UE 之间的 UE-B 作为中继终端，实现 UE-A 与 UE-C 之间的通信。

　　基于以上应用实例，参考文献 [7] 和参考文献 [8] 中给出了公共安全场景的通信性能需求指标，但是该指标远低于车联网场景的性能指标，因此，适用于车联网场景的侧行通信系统也同样可以适用于公共安全的场景。正因为如此，在 R16 NR-SL 系统设计过程中，主要考虑的是车联网场景的需求，并没有针对公共安全的场景进行设计和优化，而在 R17 中开始了对终端到网络侧行中继的标准化，以满足公共安全场景中对中继性能的需求。

第 3 章

NR-V2X 时隙结构及物理信道

张世昌 丁 伊 赵振山

本章将介绍NR-V2X中物理层时隙结构的特点、资源池配置方式,以及侧行控制信道、侧行数据信道、侧行反馈信道、侧行广播信道和侧行同步信号的具体设计。

│ 3.1 NR-V2X 时隙结构 │

3.1.1 基础参数

R16 NR-V2X 可以工作在 ITS 专用频谱上。同时,为了扩大的应用范围,NR-V2X 也可以在授权频段上和 NR-Uu 或 LTE-Uu 操作共存。在频谱范围方面,NR-V2X 支持第一频率范围(Frequency Range 1,FR1)和第二频率范围(Frequency Range 2,FR2),然而除了支持相位跟踪参考信号(Phase Tracking-Reference Signal,PT-RS)外,R16 中并没有针对 FR2 进行过多的优化,所以,在 R16 NR-V2X 中并不支持波束管理等增强 FR2 性能的复杂功能 [9]。NR-V2X 在 FR1 和 FR2 支持的子载波间隔(Subcarrier Spacing,SCS)和对应的循环前缀(Cyclic Prefix,CP)长度与 NR-Uu 相同,详见表 3-1。在 NR-Uu 通信中,网络可以为每个终端配置独立的带宽分段(Bandwidth Part,BWP),对应独立的子载波间隔,因此从系统的角度来看,在该系统中可以同时支持多个子载波间隔。但是对于 NR-V2X,由于要支持广播和组播通信,如果不同的终端配置了不同的子载波间隔,对于接收终端而言,为了接收所有其他终端发送的数据,就需要同时支持多个子载波间隔。因此,为了降低 UE 实现复杂度,在一个侧行载波上,仅配置一种 CP 长度类型和一种子载波间隔。

表 3-1　在不同频率范围内 NR-V2X 支持的子载波间隔和 CP 长度

	FR1			FR2	
子载波间隔	15kHz	30kHz	60kHz	60kHz	120kHz
CP 长度	仅常规 CP	仅常规 CP	常规 CP 和长 CP	常规 CP 和长 CP	仅常规 CP

在 NR 上行中支持两种波形，即循环前缀正交频分复用（Cyclic Prefix-Orthogonal Frequency Division Multiplexing，CP-OFDM）和离散傅里叶变换扩频正交频分复用（Discrete Fourier Transform-Spread-Orthogonal Frequency Division Multiplexing，DFT-s-OFDM），在 RAN1#94 次和 RAN1#95 次会议上，RAN1 对 NR-V2X 支持的波形进行了讨论。其中部分公司建议 NR-V2X 沿用 NR 上行设计，支持上述两种波形，而多数公司建议 NR-V2X 仅需要支持 CP-OFDM。支持 DFT-s-OFDM 的公司认为，这种波形的峰均功率比（Peak to Average Power Ratio，PAPR）低于 CP-OFDM，有利于增加侧行传输的覆盖范围，尤其是侧行同步信号（Sidelink Synchronization Signal，SLSS）、侧行控制信道（Physical Sidelink Control Channel，PSCCH）和侧行反馈信道（Physical Sidelink Feedback Channel，PSFCH）。具体的，增加 SLSS 和侧行广播信道（Physical Sidelink Broadcast Channel，PSBCH）的覆盖可以尽可能避免蜂窝网络覆盖范围外出现多组采用不同定时的侧行通信 UE，增加 PSCCH 的覆盖范围，有利于提高资源侦听（Sensing）的性能，而增加 PSFCH 的覆盖，可以保证 HARQ 信息传输的可靠性和 HARQ 反馈机制的正常运行。然而反对的公司认为，如果需要支持两种波形，则 UE 需要同时支持 DFT-s-OFDM 的发送和接收，而 NR-Uu 中 UE 只需要支持 DFT-s-OFDM 的发送，所以支持侧行通信 UE 的实现复杂度将明显增加。另外，在 NR-V2X 中，PSCCH 和侧行数据信道（Physical Sidelink Shared Channel，PSSCH）将在部分 OFDM 符号上通过 FDM 的方式复用，也就是说 UE 需要同时发送 PSCCH 和 PSSCH，这种情况下，DFT-s-OFDM 的低 PAPR 优势将不复存在。此外 SLSS 和 PSFCH 采用的是 ZC（Zadoff-Chu）序列，DFT-s-OFDM 在 PAPR 方面不会带来额外的增益。综合比较下来，支持 DFT-s-OFDM 的弊端远大于带来的收益，所以在 RAN1#96 次会议上，RAN1 决定在 R16 NR-V2X 中仅支持 CP-OFDM。

与 NR-Uu 接口类似，在 NR-V2X 载波上也支持侧行带宽分段（SL BWP）配置，由于侧行通信中存在广播和组播业务，一个 UE 需要面向多个接收 UE 发送侧行信号，因此一个 UE 也可能需要同时接收多个 UE 发送的侧行信号。为了避免 UE 同时在多个 BWP 上发送或接收，在一个载波上，最多只能配置一个 SL BWP，而且该 SL BWP 同时应用于侧行发送和侧行接收。在授权频段上，如果 UE 同时配置了 SL BWP 和上行通信链路（Uplink，UL）BWP，则两者的子载波间隔需要相同，这一限制可以避免 UE 同时支持两个不同的子载波间隔。

　　NR-V2X 中也存在资源池（Resource Pool，RP）的配置，资源池限定了侧行通信的时频资源范围。资源池配置的最小时域粒度为一个时隙，资源池内可以包含时间上不连续的时隙；资源池的最小频域粒度为一个子信道（Sub-channel），子信道是频域上连续的多个物理资源块（Physical Resource Block，PRB），在 NR-V2X 中一个子信道可以为 10 个、12 个、15 个、20 个、25 个、50 个、75 个或 100 个 PRB。由于 NR-V2X 中仅支持 CP-OFDM，因此为了降低侧行发送的 PAPR，资源池内的子信道在频域上必须是连续的。此外，资源池内包含的频域资源应位于一个 SL BWP 范围内，如图 3-1 所示。关于资源池的详细内容请参考第 3.2 节相关内容。

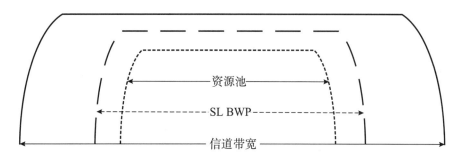

图 3-1　信道带宽、SL BWP 及资源池之间的关系

3.1.2　侧行链路时隙结构

　　NR-V2X 中存在两种不同的时隙结构：第一种时隙结构中存在 PSCCH、PSSCH，可能存在 PSFCH，下文简称为常规时隙结构；第二种时隙结构中，存在侧行同步信号 SLSS 和侧行广播信道 PSBCH 合称侧行同步信号块（Sidelink Synchronization Signal Block，S-SSB，下文简称为 S-SSB 时隙结构）。

　　图 3-2 所示为 NR-V2X 中常规时隙结构的示意图。从图 3-2 中可以看到，在一个时隙内，第一个 OFDM 符号固定用于自动增益控制（Automatic Gain Control，AGC），在 AGC 符号上，UE 复制第二个符号上发送的信息；而时隙的最后一个符号为保护间隔（Guard Period，GP），用于 UE 从发送（或接收）状态转换到接收（或发送）状态。在剩余的 OFDM 符号中，PSCCH 可以占用从第二个侧行符号开始的两个或三个 OFDM 符号。在频域上，PSCCH 占据的 PRB 在一个 PSSCH 的子信道范围内，如果 PSCCH 占用的 PRB 个数小于 PSSCH 的一个子信道的大小，或者 PSSCH 的频域资源包括多个子信道，则在 PSCCH 所在的 OFDM 符号上，PSCCH 可以和 PSSCH 频分复用。

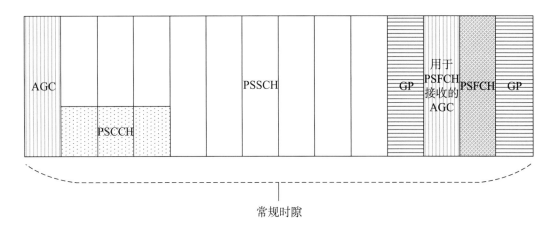

图 3-2　14 个 OFDM 符号的 NR-V2X 时隙结构

在 RAN1#94 次会议上，RAN1 曾对 PSCCH 和 PSSCH 之间的复用方式进行过讨论，会议上共确定了四种备选方案，如图 3-3 所示。

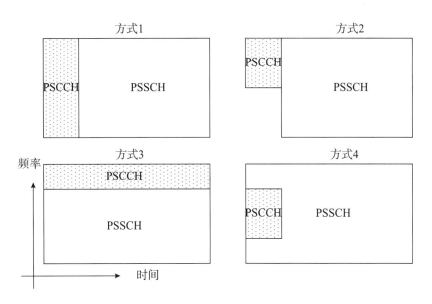

图 3-3　PSCCH 和 PSSCH 复用方案

方式 1：这种方式中 PSCCH 和 PSSCH 在时域上占用不重叠的 OFDM 符号，在频域上占用相同的 PRB，即两者之间完全通过时分的方式复用。这种方式有利于降低 PSSCH 的解码时延，因为 PSCCH 可以在 PSSCH 开始之前便开始解码。然而，由于在该复用方式下 PSCCH 和 PSSCH 在频域上占用的 PRB 个数相同，因此将导致 PSCCH 在频域占用的 PRB 个数随着 PSSCH 占用的 PRB 个数而改变。当 PSSCH 占用 PRB 的个数随着业务负载的波动而动态变化时，接收 UE 需要在每一个子信道起点针对所有可能的 PSCCH 频域大小盲检 PSCCH，增加了接收端盲检的复杂度。

方式 2：与方式 1 相同，这种方式中 PSCCH 和 PSSCH 依然占用不重叠的 OFDM 符号，所以在时延方面，方式 2 与方式 1 的性能相同。但不同于方式 1 的是，方式 2 中 PSCCH 占用的 PRB 个数不随 PSSCH 的频域大小而变化，所以可以避免接收 UE 根据不同 PSCCH 频域大小进行 PSCCH 盲检。但是，由于 PSSCH 占用的 PRB 个数往往多于 PSCCH，因此在这种情况下将导致 PSCCH 所在 OFDM 符号上资源的浪费。

方式 3：方式 3 与 LTE-V2X 中采用的 PSCCH 和 PSSCH 复用方式相同，即 PSCCH 和 PSSCH 占用不重叠的频域资源，但占用相同的 OFDM 符号。这种方式下，PSCCH 占用整个时隙内的所有 OFDM 符号，所以可以采用类似于 LTE-V2X 中的方式，将 PSCCH 的功率谱密度相对于 PSSCH 增加 3dB，从而增强 PSCCH 的可靠性。然而，在这种方式中接收 UE 需要在一个时隙结束后才能开始解码 PSCCH，最终导致 PSSCH 的解码时延高于方式 1 和方式 2。

方式 4：在这种方式中，PSCCH 与一部分 PSSCH 在相同 OFDM 符号上不重叠的频域资源上发送，而与其他部分 PSSCH 在不重叠的 OFDM 符号上发送。方式 4 具备方式 1 和方式 2 低时延的优点，且由于 PSCCH 的频域大小恒定，所以可以避免增加 PSCCH 的盲检复杂度。此外，在 PSCCH 所在的 OFDM 符号上，如果 PSCCH 占用的 PRB 个数小于 PSSCH，则剩余的 PRB 依然可以用于 PSSCH 发送，所以可以避免方式 2 中资源浪费的问题。由于方式 4 兼具其他方式的优势，因此最终成为 NR-V2X 采用的 PSCCH 和 PSSCH 复用方式。

在 NR-V2X 中，PSFCH 资源是周期性配置的，周期可以为 {0, 1, 2, 4} 个时隙，如果为 0，则表示当前资源池内没有 PSFCH 资源配置，而以 2 个或 4 个时隙为周期可以降低 PSFCH 占用的系统资源。如果在一个时隙内存在 PSFCH 资源，则 PSFCH 位于时隙内的倒数第二个 OFDM 符号。由于在 PSFCH 所在的 OFDM 符号上 UE 的接收功率可能发生变化，因此所在时隙内的倒数第三个符号也将用于 PSFCH 发送，以辅助接收 UE 进行 AGC 调整，倒数第三个符号上的信号是倒数第二个符号上信号的重复。此外，发送 PSSCH 的 UE 和发送 PSFCH 的 UE 可能不同，因此，在两个 PSFCH 符号之前，需要额外增加一个符号用于 UE 的收发转换，如图 3-2 所示。

为了支持蜂窝网络覆盖范围外和全球卫星导航系统（Global Navigation Satellite System，GNSS）覆盖范围外终端的同步，NR-V2X 中 UE 需要发送同步信号 SLSS 和 PSBCH，SLSS 和 PSBCH 占用一个时隙，该时隙即为 S-SSB 时隙，S-SSB 时隙的结构将在第 3.6.1 节详细介绍。

| 3.2 资 源 池 |

资源池，顾名思义，即资源的集合，侧行链路的资源池即用于侧行传输的时频资源的集合。资源池分为发送资源池和接收资源池，终端在发送资源池中进行侧行数据的发送，在接收资源池中进行侧行数据的接收。从发送终端的角度看，终端通过接收网络调度或自主资源选择从发送资源池中确定用于发送数据的传输资源。从接收终端的角度看，终端在接收资源池中进行 PSCCH 盲检测并根据接收到的 PSCCH 解调数据。在 NR-V2X 中，最多可以配置 8 个发送资源池和 16 个接收资源池。通过引入资源池，一方面，可以增加系统的灵活性与可配置性，如不同的资源池可以有不同的配置参数，不同的业务可以在不同的资源池中传输；另一方面，可以避免侧行传输与上行业务之间的干扰。在本节中，将首先介绍资源池的类型与功能，再介绍资源池的时域资源和频域资源确定方法。

3.2.1 资源池的类型与功能

首先，如前文所述，资源池分为发送资源池和接收资源池，而根据终端在发送资源池内确定传输资源的方式，发送资源池又可以分为自主选择资源池、调度资源池和异常资源池。

（1）自主选择资源池

在自主选择资源池内，终端通过资源侦听的方式选择传输资源（具体可参考第4.3 节模式 2 资源分配的相关内容）。自主选择资源池可以通过无线资源控制（Radio Resource Control，RRC）信令配置 [包括终端特定的 RRC 信令和系统信息块（System Information Block，SIB）] 或预配置，在一个 SL BWP 上最多可以为一个终端配置 8 个自主选择资源池。

（2）调度资源池

在调度资源池内，终端通过接收网络的调度信息确定传输资源。具体地，网络可以通过下行控制信息（Downlink Control Information，DCI）为终端在调度资源池中动态调度资源（具体可参考第 4.1 节模式 1 动态资源分配的相关内容），也可以通过 RRC 信令配置类型 1 侧行配置授权，或通过 RRC 信令配置加 DCI 激活的方式为终端在调度资源池中配置类型 2 侧行配置授权（具体可参考第 4.2 节模式 1 侧行配置授权的相关内容）。调度资源池可以通过 RRC 信令配置，且在一个 SL BWP 上最多为终端配置 8 个调度资源池。

（3）异常资源池

异常资源池是终端在异常情况下可以使用的发送资源池。例如，在终端开机后的一段时间内或者刚刚切换到目标小区时，由于没有足够的资源侦听结果，为了避免与自主选择资源池中其他终端发生资源碰撞，终端可以临时在异常资源池中随机选择资源发送数据。异常资源池可以通过 RRC 信令配置（包括终端特定的 RRC 信令和 SIB）或预配置，在一个 SL BWP 上为终端配置 1 个异常资源池。

接收资源池用于数据接收，在一个 SL BWP 上最多可以为终端配置 16 个接收资源池。终端在接收资源池中进行 PSCCH 盲检测并根据接收到的 PSCCH 解调数据。一般情况下，为了保证接收端能够收到发送端传输的数据，接收端配置的接收资源池的时频资源要包含发送端配置的发送资源池的时频资源，并且上述接收资源池与发送资源池的多数资源池配置参数要保持一致，如 PSCCH 的时域与频域资源相关参数、PSCCH DRMS 的加扰标识（Identity，ID）等。

在 NR-V2X 中，在配置了 PSFCH 资源的情况下，发送资源池与接收资源池之间存在一一对应关系，否则发送端和接收端对 HARQ 反馈时隙的位置会有不同的理解，导致 HARQ 机制无法正常工作。如图 3-4 所示，假设发送资源池 1 和接收资源池 1 一一对应，且二者的每个时隙都配置了 PSFCH 资源，发送端在时隙 4 发送 PSSCH，则接收端在接收资源池 1 的时隙 4 接收 PSSCH。根据 PSSCH 到 PSFCH 之间的时域映射关系（参见第 5.1 节相关内容），发送端在发送资源池 1 中确定在两个时隙后的时隙 6 接收 HARQ 反馈，接收端同样在接收资源池 1 中确定在两个时隙后的时隙 6 发送 HARQ 反馈，HARQ 反馈机制运行正常。

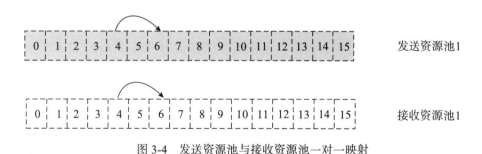

图 3-4　发送资源池与接收资源池一对一映射

但在图 3-5 中，假设发送资源池 1 由偶数时隙构成，发送资源池 2 由奇数时隙构成，二者均对应接收资源池 1，并且发送资源池 1 和 2 以及接收资源池 1 每个时隙都存在 PSFCH 资源，则当发送端在发送资源池 1 中时隙 4 发送 PSSCH 时，接收端在接收资源池 1 中时隙 4 接收该 PSSCH。根据 PSSCH 到 PSFCH 之间的映射关系，发送端在发送资源池 1 中确定在两个时隙后的时隙 8 接收 HARQ 反馈，而接收端在接收资源池 1 中确定在两个时隙后的时隙 6 发送 HARQ 反馈，发送端和接收端对于反馈时隙理解不一致导致反馈机制无法正常工作。需要指出的是，在没有配置 PSFCH 资源的情况下，协议允许如图 3-5 所示的多个发送资源池映射到同一接收资源池的情况。

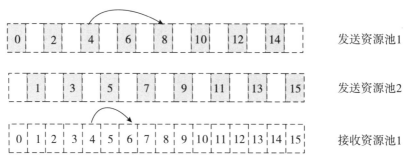

图 3-5   发送资源池与接收资源池多对一映射

3.2.2   资源池时域资源确定

在 NR-V2X 中，PSCCH/PSSCH 的传输是基于时隙级别的，即一个时隙内不支持通过时分复用（Time Division Multiplexing，TDM）的方式传输多个 PSCCH/PSSCH，不同用户在一个时隙内发送的 PSCCH/PSSCH 只可以通过 FDM 的方式复用。NR-Uu 采用灵活时隙结构，即一个时隙内既包括上行符号又包括下行符号，从而可以实现更加灵活的调度，并且可以降低上行或下行的传输时延。当侧行传输系统可以与蜂窝系统共享载波时，侧行传输只能使用蜂窝系统的上行传输资源。对于 NR-V2X，如果仍然需要侧行传输占据一个时隙中的所有时域符号，则需要网络配置全上行符号的时隙用于侧行传输，这样会对 NR 系统的上下行数据传输产生很大的影响，降低蜂窝系统的性能。因此，在 NR-V2X 中，支持将时隙中部分时域符号用于侧行传输，即将一个时隙中部分半静态配置为上行的符号用于侧行传输。另外，考虑到在侧行传输中需要 AGC 符号以及 GP 符号，如果可用于侧行传输的上行符号的个数较少，去掉 AGC 符号和 GP 符号之后，剩余的符号可能无法容纳 PSSCH 和对应的解调参考信号（Demodulation Reference Signal，DMRS），因此，NR-V2X 中侧行链路传输占据的时域符号最少是 7 个（包括 GP 符号）。当侧行传输系统使用专有载波时，不存在与其他系统共享传输资源，可以配置将时隙中所有的符号都用于侧行传输。

在 NR-V2X 中，一个时隙内需要用于侧行传输的符号是通过 SL BWP 配置信息中的 *sl-StartSymbol*（表示符号起点）参数和 *sl-LengthSymbols*（表示符号个数）参数配置的。对于某一个时隙，如果不符合上行符号起点和个数配置，即从 *sl-StartSymbol* 对应的符号开始连续 *sl-LengthSymbols* 个 OFDM 符号中有一个符号没有被半静态配置为上行符号，则该时隙为不能用于侧行传输的时隙。用于侧行传输的时域符号中的最后一个符号用作保护间隔 GP，PSSCH 和 PSCCH 只能使用其余的时域符号，但是如果一个时隙中配置了 PSFCH 传输资源，则 PSSCH 和 PSCCH 不能占用用于 PSFCH 传输的时域符号，以及该符号之前的 AGC 和 GP 符号。

　　例如，当终端工作在专有载波时，*sl-StartSymbol* 可以配置为 0，*sl-LengthSymbols* 可以配置为 14。如图 3-6 所示，符号 0 用于自动增益控制，符号 1 和 2 用于承载 PSCCH 和 PSSCH。如果没有配置 PSFCH，则符号 3 ～ 12 均用于承载 PSSCH，符号 13 为 GP 符号，用于收发转换。否则，符号 3 ～ 9 用于 PSSCH 传输，符号 10 和 13 用于收发转换，符号 11 是针对 PSFCH 符号的自动增益控制符号，符号 12 用于承载 PSFCH。

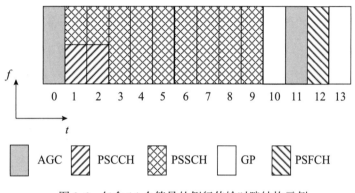

图 3-6　包含 14 个符号的侧行传输时隙结构示例

　　又如，当终端工作在共享载波时，一个时隙内只有部分符号可以用于侧行传输。*sl-StartSymbol* 可以配置为 4，*sl-LengthSymbols* 可以配置为 10，表示一个时隙内从符号 4 开始的连续 10 个符号都用于侧行传输。如果这 10 个符号中有任何一个符号没有被半静态配置为上行符号，该时隙便不能用于侧行传输。具体地，如图 3-7 所示，符号 4 为自动增益控制符号，符号 5 和 6 用于承载 PSCCH 和 PSSCH，符号 7 ～ 12 用于承载 PSSCH，符号 13 为 GP 符号，用于收发转换。同图 3-6 中的示例，在该时隙中也可以配置相应的 PSFCH 资源。

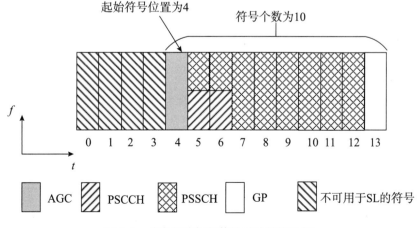

图 3-7　共享载波侧行传输时隙结构示例

另外，同步传输资源所在的时隙不能用于侧行数据传输，因此，在确定资源池的时域资源时，也需要去掉同步资源所在的时隙。在一个系统帧号（System Frame Number，SFN）周期或直接帧号（Direct Frame number，DFN）周期内去掉同步资源所在的时隙和不符合上行符号起点和个数配置的时隙后，如果剩余的时隙数量不能被比特位图长度 L 整除，此时就会导致在不同的 SFN 周期（或 DFN 周期）内，属于该资源池的时隙位置不同。当终端在不同的 SFN 周期（或 DFN 周期）内接收到资源池配置信息时，其确定出来资源池的时域位置不同，就会导致终端之间对于资源池的理解不一致。为了避免这个问题，需要保证根据资源池配置信息确定的资源池的时域资源位置在不同的 SFN 周期（或 DFN 周期）内是相同的。因此，在 NR-V2X 中引入了预留时隙（Reserved Slot），该预留时隙不用于侧行传输，它的作用就是使得在一个 SFN 周期（或 DFN 周期）内去掉同步时隙，不符合上行符号起点和个数配置的时隙，以及预留时隙后，剩余的时隙能够被比特位图的长度 L 整除，从而使得不同 SFN 周期（或 DFN 周期）内属于该资源池的时域资源相同。

在 NR-V2X 系统中，资源池内包含的时隙是通过比特位图指示的，支持的比特位图长度范围是 [10:160]。在确定资源池的可用时隙时，将比特位图在 SFN 周期（或 DFN 周期）内周期性重复，从而可以确定一个 SFN 周期（或 DFN 周期）内属于该资源池的时隙。

具体的，通过下面的过程，根据比特位图确定一个 SFN 周期内资源池包含的时域资源[10]，该方法同样适用于在 DFN 周期内确定资源池的时域资源。一个 SFN 周期内的时隙个数为 $10240 \times 2^{\mu}$，对应的时隙编号为 $\left(l_0, l_1, l_2, \cdots, l_{10240 \times 2^{\mu}-1}\right)$，其中，参数 μ 与子载波间隔大小有关[11]。

① 步骤 1：在 SFN 周期内去掉不属于资源池的时隙，包括同步时隙和不能用于侧行传输的时隙等。剩下的时隙表示为剩余时隙集合，将剩余的时隙重新编号为 $(l_0, l_1, \cdots, l_{(10240 \times 2^{\mu} - N_{\text{S\_SSB}} - N_{\text{nonSL}} - 1)})$。

其中：$N_{\text{S\_SSB}}$ 为一个 SFN 周期内同步时隙的个数；同步时隙根据同步相关配置参数（参照第 5.4 节相关内容）确定，与传输 SSB 的周期和周期内配置的 SSB 的传输资源数目等相关；N_{nonSL} 为一个 SFN 周期内不符合上行符号起点和个数配置的时隙个数：如果一个时隙包括的时域符号 $Y, Y+1, Y+2, \cdots, Y+X-1$ 中至少有一个时域符号不是被半静态配置为上行符号，则该时隙不能用于侧行传输，其中，Y 和 X 分别表示 *sl-StartSymbol* 和 *sl-LengthSymbols*。

② 步骤 2：确定预留时隙的个数以及对应的时域位置。剩余时隙集合中的时隙个数如果不能被比特位图长度整除，需要确定预留时隙的个数以及相应的时域位置。具体的，如果一个时隙 $l_r (0 \leqslant r < 10240 \times 2^{\mu} - N_{\text{S\_SSB}} - N_{\text{nonSL}})$ 满足下面的条件，则该时隙是预留时

隙，即

$$r = \left\lfloor \frac{m \cdot (10240 \times 2^{\mu} - N_{\text{S\_SSB}} - N_{\text{nonSL}})}{N_{\text{reserved}}} \right\rfloor \tag{3.1}$$

其中：$N_{\text{reserved}} = (10240 \times 2^{\mu} - N_{\text{S\_SSB}} - N_{\text{nonSL}}) \bmod L_{\text{bitmap}}$，为预留时隙的个数，$L_{\text{bitmap}}$ 为比特位图的长度，$m = 0, \cdots, N_{\text{reserved}} - 1$。

③ 步骤 3：在剩余时隙集合中将预留时隙去掉，剩下的时隙集合表示为逻辑时隙集合，该时隙集合中的时隙都是可用于资源池的时隙，将逻辑时隙集合中的时隙重新编号为 $(t_0^{\text{SL}}, t_1^{\text{SL}}, \cdots, t_{T_{\max}-1}^{\text{SL}})$，其中，$T_{\max} = 10240 \times 2^{\mu} - N_{\text{S\_SSB}} - N_{\text{nonSL}} - N_{\text{reserved}}$。

④ 步骤 4：根据比特位图确定逻辑时隙集合中属于资源池的时隙。资源池配置信息中的比特位图为 $(b_0, b_1, \cdots, b_{L_{\text{bitmap}}-1})$，对于逻辑时隙集合中的时隙 $t_k^{\text{SL}} (0 \leqslant k < (10240 \times 2^{\mu} - N_{\text{S\_SSB}} - N_{\text{nonSL}} - N_{\text{reserved}}))$，当满足 $b_{k'} = 1$ 时，该时隙是属于资源池的时隙，其中 $k' = k \bmod L_{\text{bitmap}}$。

⑤ 步骤 5：将步骤 4 中确定的属于资源池的时隙重新顺序编号为 $t_i'^{\text{SL}}$，$i \in \{0, 1, \cdots, T'_{\max} - 1\}$，其中，$T'_{\max}$ 表示该资源池包括的时隙数量。

图 3-8 所示给出了一个示例，在该示例中 $\mu = 1$，即子载波间隔是 30kHz，在一个 SFN 周期内包含 20480 个时隙。首先，从 SFN 周期内全部时隙中去除传输 SSB 的时隙以及不符合上行符号起点和个数配置的时隙。如果经过上述排除后剩余时隙的数目不能整除配置的比特位图的长度，则还需要去除一些保留时隙，使得剩余时隙数目可以整除比特位图的长度。在图 3-8 的示例中，配置的比特位图长度为 10，在 SFN 周期内去掉 SSB 传输时隙和不能用于侧行传输的时隙后，剩余 17280 个时隙，刚好可以整除比特位图长度，则无须去除保留时隙。

对经过上述排除的剩余时隙重新编号，这些时隙称为可用于资源池时隙。对于可用于资源池的时隙，虽然逻辑上是连续的，但是为非连续的物理时隙。由于可用于资源池的时隙总数可以整除比特位图，因此只需根据配置的比特位图就可以确定哪些时隙属于配置的资源池。在图 3-8 的示例中，假设配置的比特位图为 (1110000001)，则可用于资源池的时隙中阴影标注的时隙为属于资源池的时隙。同理，属于资源池的时隙，在逻辑上连续，但是为非连续的物理时隙。

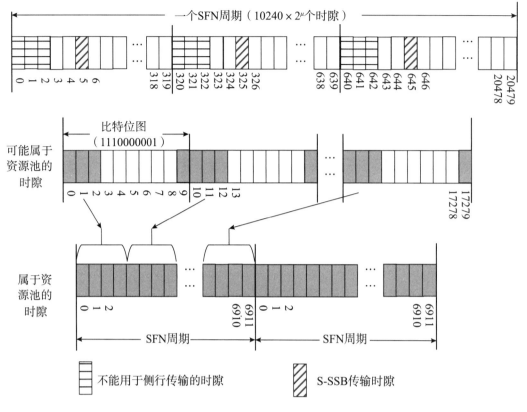

图 3-8　确定资源池的时域资源

3.2.3　资源池频域资源确定

在 NR-V2X 中，资源池的频域资源是连续的，即包括 N_{PRB} 个连续的 PRB，N_{PRB} 由资源池配置参数 *sl-RB-Number* 确定。进一步的，为了便于调度，在该 N_{PRB} 个连续的 PRB 中划分出 M 个连续的子信道，M 由资源池配置参数 *sl-NumSubchannel* 确定。每个子信道由 $n_{subCHsize}$ 个连续的 PRB 组成，$n_{subCHsize}$ 由资源池配置参数 *sl-SubchannelSize* 确定。在 NR-V2X 中，*sl-SubchannelSize* 可能的取值为 {10,12,15,20,25,50,75,100}，即表示资源池内子信道的频域宽度可能为 {10,12,15,20,25,50,75,100} 个 PRB。此外，资源池的频域起始位置由资源池的配置参数 *sl-StartRB-Subchannel* 确定。为了降低 PSCCH 盲检测的复杂度，同时也为了降低 PSSCH 资源分配的复杂度，NR-V2X 中 PSCCH 的频域资源小于或等于 PSSCH 的一个子信道的尺寸。在 NR-V2X 中，PSSCH 子信道的尺寸与 PSCCH 的频域资源大小是独立配置的，但是要保证 PSCCH 的频域资源小于或等于 PSSCH 的子信道尺寸。

NR-V2X 资源池配置信息中的以下配置参数用于确定 PSCCH 和 PSSCH 的频域资源。

① 子信道尺寸（*sl-SubchannelSize*）：指示资源池中一个子信道包括的连续 RB 的个数，取值范围为 {10,12,15,20,25,50,75,100} 个 RB。

② 子信道数（*sl-NumSubchannel*）：指示资源池中包括的子信道数。

③ 子信道起始 RB 索引（*sl-StartRB-Subchannel*）：指示资源池中第一个子信道的起始 RB 索引。

④ PSCCH 频域资源指示（*sl-FreqResourcePSCCH*）：指示 PSCCH 的频域资源大小，取值范围为 {10,12,15,20,25} 个 RB。

⑤ 资源池包括的 RB 数（*sl-RB-Number*）：指示该资源池包括的连续的 RB 数量。

图 3-9 所示为资源池的频域资源示意图，根据资源池配置参数 *sl-StartRB-Subchannel* 确定该资源池在 SL BWP 内的频域起始位置。同时 *sl-StartRB-Subchannel* 也表示该资源池内索引最低的子信道的频域起点。在 N_{PRB} 个连续的 PRB 中包括 M 个连续的子信道。每个子信道的宽度为 $n_{subCHsize}$ 个 PRB。需要指出的是，从物理层的角度，如果 N_{PRB} 不能被 $n_{subCHsize}$ 整除，则在资源池中 N_{PRB} 除以 $n_{subCHsize}$ 后剩余的 PRB 不用于 SL 传输，即会浪费索引值最大的几个 PRB。当终端被网络调度或自主选取传输资源时，频域上的粒度为一个子信道，即被调度的资源或自主选取的资源在频域上占一个或多个连续的子信道，在图 3-9 的示例中，终端被网络调度的传输资源在频域上占据两个连续的子信道。

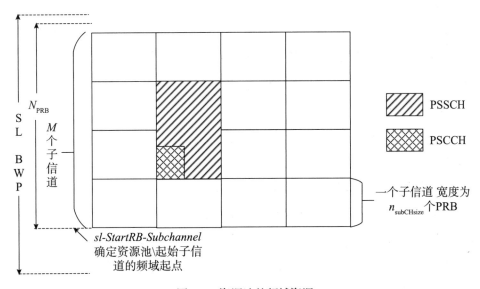

图 3-9　资源池的频域资源

在 NR-V2X 中，PSCCH 与被调度的 PSSCH 的第一个子信道的频域起始位置是对齐的，因此，每个 PSSCH 子信道的起始位置都是可能的 PSCCH 的频域起始位置，根据上面的参数可以确定 PSCCH 与 PSSCH 资源的频域范围，如图 3-10 所示。

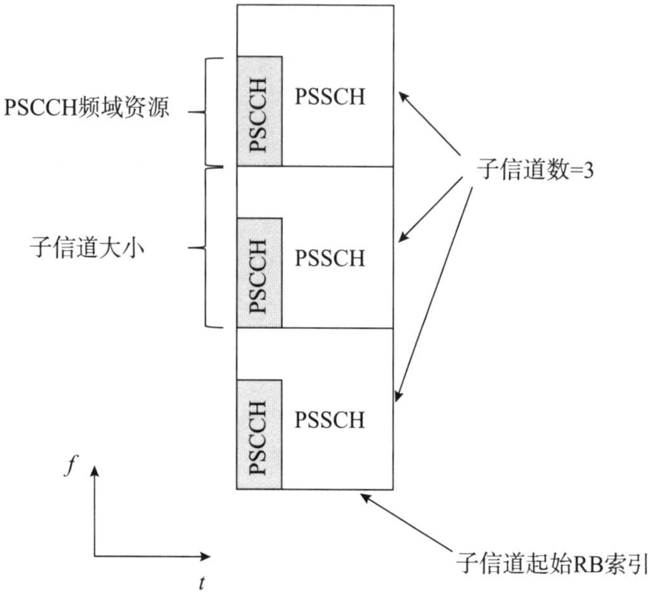

图 3-10　NR-V2X 中 PSCCH 和 PSSCH 的频域资源

| 3.3　侧行控制信道 |

在 NR-V2X 中，PSCCH 用于承载和资源侦听（Sensing，如第 4.3 节所述）相关的侧行控制信息。在时域上 PSCCH 占用 2 个或 3 个 OFDM 符号，在频域上可以占用 {10, 12 15, 20, 25} 个 PRB。一个资源池内 PSCCH 占用的 OFDM 符号个数以及占用的 PRB 个数均是由网络配置或预配置的，其中，PSCCH 占用的 PRB 个数必须小于或等于资源池内一个子信道中包含的 PRB 个数，以免对 PSSCH 资源选择或分配产生额外的限制。

控制信道盲检测对接收 UE 复杂度的影响很大，为了降低 UE 对 PSCCH 的盲检测，在一个资源池内只允许配置一个 PSCCH 符号个数和 PRB 个数，也就是说，PSCCH 只有一种聚合级别；另外，PSCCH 固定采用正交相移键控（Quadrature Phase Shift Keying，QPSK）调制，并和 Uu 接口中的下行控制信道相同，采用 Polar 编码；而且，对于广播、组播和单播，PSCCH 中携带的比特数相同。

3.3.1　PSCCH 解调参考信号

PSCCH 的 DMRS 图案和物理下行控制信道（Physical Downlink Control Channel，

PDCCH）的 DMRS 图案相同，即 DMRS 存在于每一个 PSCCH 的 OFDM 符号上，在频域上位于一个 PRB 的第 $\{\#1, \#5, \#9\}$ 个资源元素（Resource Element, RE），如图 3-11 所示。PSCCH 的 DMRS 序列通过下列公式生成： $r_l(m) = \frac{1}{\sqrt{2}}\left(1-2c(m)\right) + j\frac{1}{\sqrt{2}}\left(1-2c(m+1)\right)$ ，其中伪随机序列 $c(m)$ 由 $c_{\text{init}} = \left(2^{17}\left(N_{\text{symb}}^{\text{slot}}n_{\text{s,f}}^{\mu} + l + 1\right)\left(2N_{\text{ID}}+1\right) + 2N_{\text{ID}}\right)\bmod 2^{31}$ 进行初始化，这里 l 为 DMRS 所在 OFDM 符号在时隙内的索引，m 为序列内元素的索引，$N_{\text{symb}}^{\text{slot}}$ 为一个时隙内的 OFDM 符号个数，$n_{\text{s,f}}^{\mu}$ 为 DMRS 所在时隙在系统帧内的索引，$N_{\text{ID}} \in \{0,1,\cdots,65535\}$，在一个资源池内 N_{ID} 的具体值由网络配置或预配置。

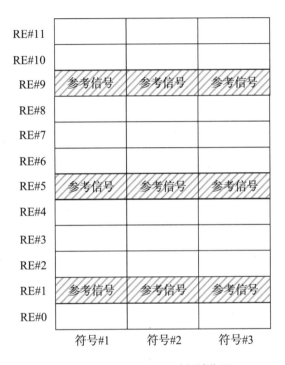

图 3-11　PSCCH DMRS 时频域位置

　　在侧行通信系统中，UE 自主进行资源选择或基于网络的侧行资源调度确定发送资源，均可能导致不同的 UE 在相同的时频资源上发送 PSCCH，为了保证在 PSCCH 资源冲突的情况下接收方至少能够检测出一个 PSCCH，LTE-V2X 中采用了 PSCCH DMRS 随机化的设计方案。具体的，UE 在发送 PSCCH 时，可以随机从 {0, 3, 6, 9} 中随机选择一个值作为 DMRS 的循环移位，如果多个 UE 在相同的时频资源上发送的 PSCCH DMRS 采用不同的循环移位，则接收端 UE 依然可以通过正交的 DMRS 至少检测出一个 PSCCH。出于相同的目的，在 NR-V2X 中引入了 3 个 PSCCH DMRS 频域正交掩码（Orthogonal Covering Code，OCC）供发送 UE 随机选择，从而达到区分不同 UE 的效果。最终，一个 PRB 内每个 RE 上的 DMRS 符号可以表示为

$$a_{k,l}^{(p,\mu)} = \beta_{\text{DMRS}}^{\text{PSCCH}} w_{f,i}(k') r_l(3n+k')$$

$$k = nN_{\text{sc}}^{\text{RB}} + 4k' + 1$$

$$k' = 0,1,2 \tag{3.2}$$

$$n = 0,1,\cdots$$

其中：$\beta_{\text{DMRS}}^{\text{PSCCH}}$ 为 PSCCH DMRS 发送功率调整因子；$w_{f,i}(k')$ 详见表 3-2；i 的值由发送 UE 在 {0,1,2} 中随机选择。

表 3-2 $w_{f,i}(k')$

k'	$w_{f,i}(k')$		
	$i = 0$	$i = 1$	$i = 2$
0	1	1	1
1	1	$e^{j2/3\pi}$	$e^{-j2/3\pi}$
2	1	$e^{-j2/3\pi}$	$e^{j2/3\pi}$

3.3.2 SCI 格式

PSCCH 中携带的侧行控制信息（Sidelink Control Information，SCI）格式称为 SCI 格式 1-A，其中包含的信息比特域以及对应的比特数如下[12]。

① 调度的数据的优先级：为 3 比特，000 表示优先级值 1,001 表示优先级值 2，以此类推。

② 频域资源分配（Frequency Resource Assignment）。

- 包含一个频域资源指示值（Frequency Resource Indicator Value，FRIV）。

- 如果一个 SCI 可以指示当前传输资源和一个用于当前传输块（Transport Block，TB）重传的预留资源，FRIV 为 $\left\lceil \log_2\left(\dfrac{N_{\text{Subchnnel}}^{\text{SL}}\left(N_{\text{Subchnnel}}^{\text{SL}}+1\right)}{2}\right)\right\rceil$ 比特，

  用于指示所述预留资源的初始子信道索引及当前传输资源和所述一个预留资源包含的子信道个数。

- 如果一个 SCI 可以指示当前传输资源和两个用于当前 TB 重传的预留资源，则 FRIV 为 $\left\lceil \log_2\left(\dfrac{N_{\text{Subchnnel}}^{\text{SL}}\left(N_{\text{Subchnnel}}^{\text{SL}}+1\right)\left(2N_{\text{Subchnnel}}^{\text{SL}}+1\right)}{6}\right)\right\rceil$ 比特，用于指示所述两

  个预留资源的初始子信道索引及当前传输资源和所述两个预留资源包含的子信道个数，即图 3-12 中 f_1，f_2 和 F 的值。

③ 时域资源分配（Time Resource Assignment）：

■ 包含一个时域资源指示值（Time Resource Indicator Value，TRIV）。

■ 如果一个 PSCCH 可以指示当前传输资源和用于当前 TB 重传的一个预留资源，则 TRIV 为 5 比特，用于指示所述预留资源相对于当前传输资源的时隙间隔。

■ 如果一个 PSCCH 可以指示当前传输资源和另外两个用于当前 TB 重传的预留资源，则 TRIV 为 9 比特，用于指示所述两个预留资源相对于当前传输资源的时隙间隔，如图 3-12 中 t_1 和 t_2 的值，时隙间隔表示为属于当前资源池的时隙个数。

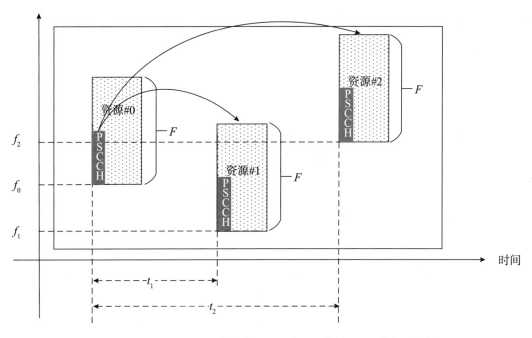

图 3-12　通过 PSCCH 指示当前资源及两个用于当前 TB 重传的预留资源

④ PSSCH 的参考信号图案：为 $\log_2 N_{pattern}$ 比特，其中 $N_{pattern}$ 为当前资源池内允许的 DMRS 图案个数。

⑤ 第二阶 SCI 格式：为 2 比特。00 代表 SCI 格式 2-A，01 代表 SCI 格式 2-B，10 代表 SCI 格式 2-C，11 为用于将来版本的保留状态。

⑥ 第二阶 SCI 码率偏移：为 2 比特，00、01、10 和 11 分别表示 RRC 层配置的第一、第二、第三和第四个码率偏移值。

⑦ PSSCH DMRS 端口数：为 1 比特，0 表示一个端口（端口 1000），1 表示两个端口（端口 1000 和 1001）。

⑧ 调制编码机制（Modulation and Coding Scheme，MCS）：为 5 比特。

⑨ MCS 表格指示：为 0～2 比特，取决于资源池内配置的允许使用的 MCS 表格个数。

⑩ PSFCH 符号数：如果 PSFCH 周期为 2 个或 4 个时隙则为 1 比特，否则为 0。

⑪ 资源预留周期（Resource Reservation Period）：为 4 比特；预留用于下个周期另外一个 TB 发送的资源，如果当资源池配置中没有激活 TB 间资源预留时，不存在该信息比特域。

⑫ 保留比特：为 2 ～ 4 比特，具体比特个数由网络配置或预配置。

- 当资源池内配置了通过保留比特的最低有效位（Least Significant Bit，LSB）指示终端是否支持接收资源冲突指示（详见第 7.2.1 节相关内容），如果终端支持该功能，则将第一个保留比特设为"1"，否则设为"0"。
- 其他保留比特的值均设为"0"。

由于 PSCCH 总是和被调度的 PSSCH 在一个时隙内发送，而且 PSCCH 占用的 PRB 的起始位置即为被调度的 PSSCH 的第一个子信道的起始位置，如图 3-12 所示，SCI 格式 1-A 中并没有明确指示被调度的 PSSCH 的时频域起始位置。

| 3.4 侧行数据信道 |

侧行数据信道 PSSCH 用于承载第二阶 SCI（SCI 格式 2-A，SCI 格式 2-B 或 SCI 格式 2-C 详见下文）和数据信息，其中数据信息部分采用低密度奇偶校验码（Low Density Parity Check，LDPC），最高支持到 256 阶正交幅相调制（Quadrature Amplitude Modulation，QAM）调制和两个流传输。在一个资源池内 PSSCH 的数据部分可以采用多个不同的 MCS 表格，包括常规 64QAM MCS 表格、256QAM MCS 表格和低频谱效率 64QAM MCS 表格[10]，而在一次传输中具体采用的 MCS 表格由 SCI 格式 1-A 中的"MCS 表格指示"域指示。为了控制 PAPR，PSSCH 必须采用连续的 PRB 发送，由于子信道为 PSSCH 的最小频域资源粒度，这就要求 PSSCH 必须占用连续的子信道。

3.4.1 第二阶 SCI

在介绍第二阶 SCI 之前，有必要先介绍一下二阶 SCI 设计。

由于 NR-V2X 中支持广播、组播和单播三种传输类型，因此不同的传输类型需要不同 SCI 格式以支持 PSSCH 的传输。表 3-3 总结了不同的传输类型下可能需要的 SCI 信息域。可以看到，不同的传输类型所需的 SCI 信息域存在交集，但是，相对于广播业务而言，组播和单播业务需要更多的比特域。如果采用相同的 SCI 大小，则意味着对于广播业务需要在 SCI 中添加很多冗余比特，影响资源利用效率；而如果采用不同的 SCI 大小，则接收 UE 需要盲检不同的 SCI。

表 3-3　不同传输类型所需的 SCI 比特域

SCI 域	广　播	组　播	单　播
时频域资源指示	✓	✓	✓
PSSCH 优先级	✓	✓	✓
MCS	✓	✓	✓
HARQ 进程号	✓	✓	✓
源 ID	✓	✓	✓
目标 ID			
新数据指示（New Data Indicator，NDI）	✓	✓	✓
HARQ 反馈指示信息		✓	✓
区域（Zone）ID		✓	
通信距离要求		✓	
信道状态信息（Channel State Information，CSI）反馈指示			✓

此外，对于单播业务，不同的信道状态需要不同的 SCI 码率，无论采用固定 SCI 码率还是根据信道状态动态调整 SCI 码率，都会导致上面的问题。

经过数次会议的激烈角逐，最终二阶 SCI 设计获得了多数公司的支持，在 2019 年 8 月 RAN#98 次会议上，最终决定 NR-V2X 支持二阶 SCI 设计。二阶 SCI 设计的原则是尽可能缩小第一阶 SCI 的比特数，并且保证第一阶 SCI 的比特数不随传输类型、信道状态等因素而改变，从而使得 NR-V2X 无须根据不同的应用场景来调整第一阶 SCI 的聚合级别。基于这一原则，第一阶 SCI 用于承载资源侦听相关的信息，包括被调度的 PSSCH 的时域和频域资源，同时指示第二阶 SCI 的码率、格式等信息。相比之下，第二阶 SCI 提供 PSSCH 解码所需的其他信息，由于第一阶 SCI 提供了第二阶 SCI 的相关信息，所以第二阶 SCI 可以采用多种不同的格式和码率，但接收 UE 不需要对第二阶 SCI 进行盲检。所以，二阶 SCI 设计可以有效降低第一阶 SCI 的比特数，提高第一阶 SCI 的解码性能，从而提高资源侦听的准确性，而且第一阶 SCI 的比特数保持不变，可以实现单播、组播和广播在同一个资源池内的共存，而不会影响 PSCCH 的接收性能。

在 3GPP R16 中定义了两种第二阶 SCI 格式，即 SCI 格式 2-A 和 SCI 格式 2-B。SCI 格式 2-B 适用于基于距离信息进行侧行 HARQ 反馈的组播通信方式；SCI 格式 2-A 适用于其余的场景，如不需要侧行 HARQ 反馈的单播、组播、广播，需要侧行 HARQ 反馈的单播通信方式，需要反馈肯定应答（Acknowledgement，ACK）或否定应答（Negative Acknowledgement，NACK）的组播通信方式等。

SCI 格式 2-A 共有 35 比特，包含以下信息。

① HARQ 进程为 4 比特。

② NDI 为 1 比特。

③ 冗余版本（Redundancy Version，RV）为 2 比特。

④ 源 ID 为 8 比特。

⑤ 目标 ID 为 16 比特。

⑥ HARQ 反馈激活 / 去激活为 1 比特。

⑦ 单播 / 组播 / 广播指示为 2 比特。

00 表示广播，01 表示需要反馈 ACK 或 NACK 的组播通信方式，10 表示单播，11 表示仅需要反馈 NACK 的组播通信方式。

⑧ CSI 反馈请求为 1 比特。

SCI 格式 2-B 共 48 比特，只用于指示组播业务发送，所以和 SCI 格式 2-A 相比，SCI 格式 2-B 不包含单播 / 组播 / 广播指示域和 CSI 反馈请求域，但额外包含以下两个信息域：

① 区域（Zone）ID 为 12 比特。

② 通信距离要求为 4 比特。

其中区域 ID 用于指示发送 UE 所在地理位置对应的区域，通信距离要求用于指示当前传输的目标通信距离。在这种组播通信模式下，如果在发送端 UE 通信距离要求范围内的接收端 UE 没能成功解调 PSSCH，则应该反馈 NACK，而如果成功解调 PSSCH，则不应反馈任何 HARQ 信息，详见第 5.1 节相关内容。

在 3GPP R17 中又额外引入了一种第二阶 SCI 格式，即 SCI 格式 2-C，用于在特定情况下指示参考资源集合和触发信令（详见第 7.1.2 节相关内容）。SCI 格式 2-C 将在第 7.1.2 节进行详细介绍，这里不再赘述。

第二阶 SCI 的循环冗余校验（Cyclic Redundancy Check，CRC）长度为 24 比特，采用 Polar 编码方式，固定采用 QPSK 调制，并且与 PSSCH 的数据部分采用相同的发送端口，所以可以利用 PSSCH 的解调参考信号进行解调。然而，与 PSSCH 数据部分的发送方式不同，当 PSSCH 采用双流发送方式时，第二阶 SCI 在两个流上发送的调制符号完全相同，这样的设计可以保证第二阶 SCI 在高相关信道下的接收性能。第二阶 SCI 的码率可以在一定范围内动态调整，具体采用的码率由第一阶 SCI 中"第二阶 SCI 码率偏移"域的指示值和"MCS"域指示的 MCS 索引所对应的码率确定，所以即使在码率改变后接收端也无须对第二阶 SCI 进行盲检测。但接收端在通过第一阶 SCI 确定第二阶 SCI 的码率之后，还需要确定第二阶 SCI 占用的 RE 数，以便对第二阶 SCI 进行解码。第二阶 SCI 的 RE 数 Q'_{SCI2} 由式（3.3）确定，即

$$Q'_{\text{SCI2}} = \min \left\{ \left\lceil \frac{(O_{\text{SCI2}} + L_{\text{SCI2}}) \cdot \beta_{\text{offset}}^{\text{SCI2}}}{Q_{\text{m}}^{\text{SCI2}} \cdot R} \right\rceil, \left\lceil \alpha \sum_{l=0}^{N_{\text{symbol}}^{\text{PSSCH}}-1} M_{\text{sc}}^{\text{SCI2}}(l) \right\rceil \right\} + \gamma \tag{3.3}$$

其中：O_{SCI2} 为第二阶 SCI 信息比特个数，由第二阶 SCI 的格式决定；L_{SCI2} 为表示第二阶 SCI 的 CRC 长度，为 24 比特；$\beta_{\text{offset}}^{\text{SCI2}}$ 为第二阶 SCI 的码率偏移，在一个资源池内 $\beta_{\text{offset}}^{\text{SCI2}}$ 有四个可选值，最小可选值为 1.125，最大可选值为 20，上述四个可选值由 RRC 信令配置，在一次传输中 $\beta_{\text{offset}}^{\text{SCI2}}$ 的值由发送终端选择，并通过 SCI 格式 1-A 中的"第二阶 SCI 码率偏移"域指示，由于在确定 PSSCH 承载的 TB 大小时采用的是真实的第二阶 SCI 占用的 RE 数（如 3.4.3 节所述），因此为了保证一个 PSSCH 重传过程中接收端确定的 TB 大小相同，第二阶 SCI 采用的码率在一个 PSSCH 的重传过程中不能发生改变；$Q_{\text{m}}^{\text{SCI2}} = 2$，为第二阶 SCI 的调制阶数；$R$ 为 SCI 格式 1-A 中"MCS"域指示的 MCS 索引所对应的码率，即 PSSCH 数据部分采用的码率；$M_{\text{sc}}^{\text{SCI2}}(l) = M_{\text{sc}}^{\text{PSSCH}}(l) - M_{\text{sc}}^{\text{PSCCH}}(l)$，表示第 l 个 OFDM 符号上可用于映射第二阶 SCI 的 RE 的个数，$M_{\text{sc}}^{\text{PSSCH}}(l)$ 表示 PSSCH 的发送带宽内的 RE 个数，$M_{\text{sc}}^{\text{PSCCH}}(l)$ 为第 l 个 OFDM 符号上用于 PSCCH 的 RE 个数。

$l = 0, 1, \cdots, N_{\text{symbol}}^{\text{PSSCH}} - 1$，而 $N_{\text{symbol}}^{\text{PSSCH}} = N_{\text{symbol}}^{\text{sh}} - N_{\text{symbol}}^{\text{PSFCH}}$，其中 $N_{\text{symbol}}^{\text{sh}}$ 由侧行链路的时隙结构决定（详见第 3.2.2 节相关内容），表示当前时隙内除第一个 AGC 符号和最后一个 GP 符号外可以用于侧行的 OFDM 符号个数，$N_{\text{symbol}}^{\text{PSFCH}}$ 为 SCI 格式 1-A 中"PSFCH 符号数"域指示的用于 PSFCH 的符号数；γ 的取值范围为 0～11，为最后一个第二阶 SCI 调制符号所在的 PRB 剩余的 RE 个数，该参数用以保证第二阶 SCI 占用的资源为整数个 PRB；α 为 RRC 配置的第二阶 SCI 的最大频谱效率。

由于在 NR-V2X 中一个 PSSCH 最多可以传输 32 次，如果资源池内存在 PSFCH 资源，而且 PSFCH 资源的配置周期为 2 或 4，则一个 PSSCH 的不同传输所在的时隙内可用的 OFDM 符号可能会发生变化。如果按照一个时隙内真实的 OFDM 符号数计算 $N_{\text{symbol}}^{\text{PSSCH}}$，可能会由于一个时隙内可用于 PSSCH 传输的符号个数不同导致 Q'_{SCI2} 不同，而 Q'_{SCI2} 的改变会导致 PSSCH 承载的 TB 的大小的变化（详见第 3.4 节相关内容）。为了保证 PSSCH 多次传输中传输块大小（Transport Block Size，TBS）保持不变，在计算 $N_{\text{symbol}}^{\text{PSSCH}}$ 时并没有采用真实的 PSFCH 符号数，另外在计算 $M_{\text{sc}}^{\text{SCI2}}(l)$ 时，可能在重传过程中发生变化的 PSSCH、DMRS 占用的 RE 个数和 PT-RS 占用的 RE 个数也没有考虑在内。

第二阶 SCI 的调制符号从第一个 PSSCH 调制解调参考信号所在的符号起采用先频域后时域的方式开始映射，并在该符号上通过交织的方式与 DMRS 的 RE 复用，而且第二阶 SCI 的调制符号不能映射到 PT-RS 所在的 RE 上，如图 3-13 所示。

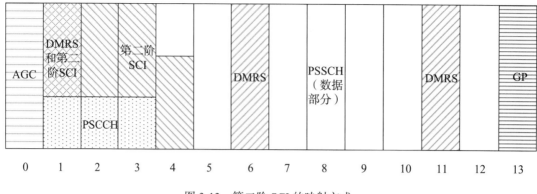

图 3-13 第二阶 SCI 的映射方式

3.4.2 PSSCH 参考信号

PSSCH 资源上需要复用解调参考信号 DMRS，如果在 FR2，则还需要复用 PT-RS，而当需要支持 UE 间 CSI 反馈的情况下，还进一步复用信道状态信息参考信号（Channel State Information-Reference Signal，CSI-RS）。

1. DMRS

与 NR-Uu 接口类似，PSSCH 支持多个时域 DMRS 图案。在一个资源池内，如果 PSSCH 的符号数大于或等于 10，则最多可以配置 3 个不同的时域 DMRS 图案，即 2 个、3 个，或 4 个符号的时域 DMRS 图案；如果 PSSCH 的符号数为 9 或 8，则可以配置 2 个或 3 个符号的时域 DMRS 图案；对于更短的 PSSCH 长度，则只能配置 2 个符号的时域 DMRS 图案。需要注意的是，上述 PSSCH 的符号数并不包括用作 AGC 的第一个侧行符号、用作 GAP 的最后一个侧行符号、PSFCH 符号以及 PSFCH 符号之前的 AGC 和 GAP 符号。

如图 3-14 所示为 12 个符号长度 PSSCH 可以采用的时域 DMRS 图案。这样的设计允许高速运动的 UE 选择高密度的 DMRS 图案，从而保证信道估计的精度；而对于低速运动的 UE，则可以采用低密度的 DMRS 图案，从而提高频谱效率。

如果资源池内配置了多个时域 DMRS 图案，则具体采用的时域 DMRS 图案由发送 UE 选择，并在第一阶 SCI 中予以指示（详见第 3.3 节相关内容）。然而，为了不增加接收 UE 在一个 OFDM 符号上进行信道估计的计算量，当子信道内包含的 PRB 个数不大于 20，且 PSCCH 占用的 PRB 个数小于一个子信道内的 PRB 总数时，发送 UE 不能在 PSCCH 所在的 OFDM 符号上发送 DMRS，这样将限制发送 UE 对 DMRS 图样的选择。

NR-Uu 接口支持两种频域 DMRS 图案，即 DMRS 频域类型 1 和 DMRS 频域类型 2，而且对于每一种频域类型，均存在单 DMRS 符号和双 DMRS 符号两种不同类型。单符号 DMRS 频域类型 1 支持 4 个 DMRS 端口；单符号 DMRS 频域类型 2 可以支持 6 个

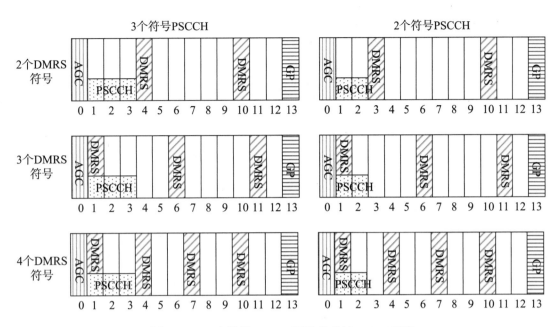

图 3-14　12 个符号 PSSCH 可选的时域 DMRS 图案

DMRS 端口；双 DMRS 符号情况下，支持的端口数均翻倍。然而，在 NR-V2X 中，由于最多只需要支持两个 DMRS 端口，所以仅支持单符号的 DMRS 频域类型 1，如图 3-15 所示。

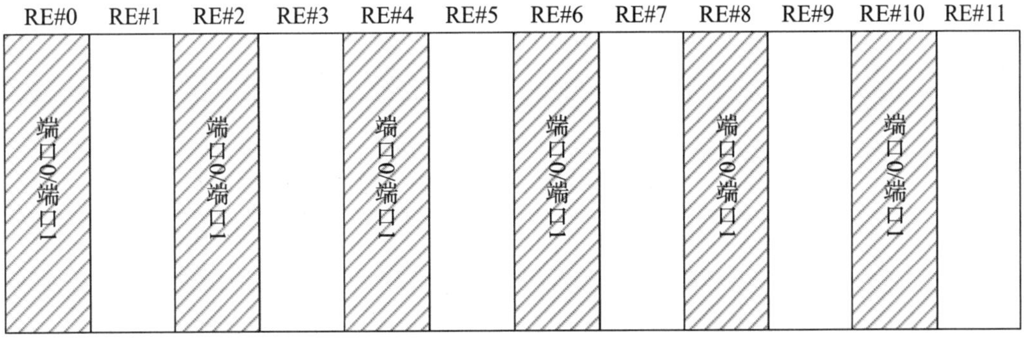

图 3-15　单符号 DMRS 频域类型 1 示意图

　　与 NR-Uu 接口中物理下行共享信道（Physical Downlink Shared Channel，PDSCH）和物理上行共享信道（Physical Uplink Shared Channel，PUSCH）的 DMRS 类似，PSSCH 的 DMRS 采用的也是 Gold 序列，对于一个时隙内每一个用于发送 DMRS 的 OFDM 符号，DMRS 序列均是单独生成的。另外，在侧行链路上不可避免地存在位于不同位置的终端使用相同时频资源的情况，为了保证在这种存在冲突的资源上接收终端也能够尽可能地接收到已经成功解码的 PSCCH 调度的 PSSCH，不同终端发送的 PSCCH 调度的 PSSCH DMRS 序列应该正交，为此，PSCCH 的 CRC 被用于初始化 PSSCH 的

DMRS 序列。

2. PT-RS

NR-V2X 在 FR2 支持 SL PT-RS，SL PT-RS 很大程度上重用 Uu 上行中基于 OFDM 的 PT-RS 设计，包括 PT-RS 的序列和时频域密度等。SL PT-RS 采用的天线端口和与之一同发送 PSSCH 的 DMRS 相同，如果 PSSCH 采用的是两个发送端口，则每个 SL PT-RS 端口均唯一关联一个 PSSCH DMRS 端口。

SL PT-RS 序列采用的是时隙内第一个 PSSCH DMRS 符号上与之关联的 DMRS 序列，SL PT-RS 物理资源映射过程中，时域的间隔可以为 1 个、2 个或 4 个 OFDM 符号，发送端和接收端会根据资源池内配置的 MCS 门限以及所发送 / 接收的 PSSCH 所用的 MCS 确定 PT-RS 的时域间隔，具体见表 3-4，其中 ptrs-MCS1 ～ ptrs-MCS4 为当前资源池内由 RRC 层配置的 MCS 门限。PT-RS 的频域间隔可以为 2 个或 4 个 PRB，由 RRC 层配置的带宽门限和 PSSCH 的发送带宽确定，具体见表 3-5 所示，其中 N_{RB0} 和 N_{RB1} 为当前资源池内由 RRC 层配置的带宽门限。

表 3-4　PT-RS 时域间隔与 PSSCH MCS 的对应关系

PSSCH MCS（I_{MCS}）	PT-RS 时域间隔
I_{MCS} < ptrs-MCS1	不发送 PT-RS
ptrs-MCS1 $\leqslant I_{MCS}$ < ptrs-MCS2	4 个 OFDM 符号
ptrs-MCS2 $\leqslant I_{MCS}$ < ptrs-MCS3	2 个 OFDM 符号
ptrs-MCS3 $\leqslant I_{MCS}$ < ptrs-MCS4	1 个 OFDM 符号

表 3-5　PT-RS 频域间隔与 PSSCH 发送带宽的对应关系

PSSCH 发送带宽（N_{RB}）	PT-RS 频域间隔
N_{RB} < N_{RB0}	不发送 PT-RS
$N_{RB0} \leqslant N_{RB}$ < N_{RB1}	2 个 PRB
$N_{RB1} \leqslant N_{RB}$	4 个 PRB

为了降低不同终端在相同资源上发送 PT-RS 的概率，在一个既定的 PT-RS 频域间隔内，调度 PSSCH 的 PSCCH 的 CRC 将用于确定具体在哪一个 PRB 上发送 PT-RS，而在该 PRB 上 PT-RS 的发送 RE 位置由 RRC 配置 RE 偏移参数及 PT-RS 所关联的 DMRS 端口决定，详见表 3-6。

表 3-6　用于发送 PT-RS 的 RE 与 PSSCH DMRS 端口及 RE 偏移的对应关系

与 PT-RS 关联的 PSSCH DMRS 端口	用于发送 PT-RS 的 RE 资源池内配置的 RE 偏移参数			
	offset00	offset01	offset10	offset11
1000	0	2	6	8
1001	2	4	8	10

此外，如果根据以上规则确定的 PT-RS 的发送 RE 与 PSCCH 或 PSSCH DMRS 占用的 RE 重叠，则在重叠 RE 上的 PT-RS 将被打孔；而如果发送终端同时发送 CSI-RS，则其在确定 CSI-RS 的发送 RE 时也需要避免与 PT-RS 重叠。图 3-16 所示为一个示例，在该图中与 PT-RS 关联的 PSSCH DMRS 端口为 1000，RE 偏移为 00，PT-RS 的时域间隔为一个 OFDM 符号。

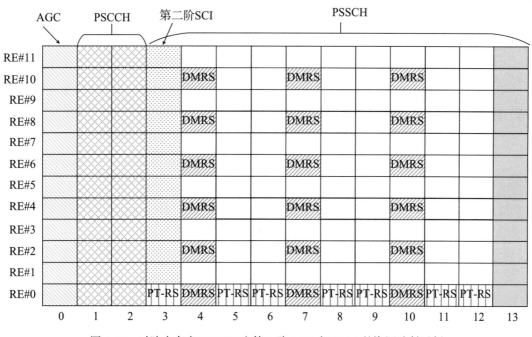

图 3-16　时隙内存在 PSCCH 和第二阶 SCI 时 PT-RS 的资源映射示例

3. SL CSI-RS

为了更好地支持单播通信，NR-V2X 中支持 SL CSI-RS，SL CSI-RS 只有满足以下三个条件时才会发送。

① UE 发送对应的 PSSCH，也就是说，UE 不能只发送 SL CSI-RS。

② 高层信令激活了侧行 CSI 上报。

③ 在高层信令激活侧行 CSI 上报的情况下，UE 发送的二阶 SCI 中的相应比特触发

了侧行 CSI 上报。

因为 NR 侧行链路上 PSSCH 最大仅支持双流发送，因此 SL CSI-RS 的最大端口数为 2，在 NR 侧行链路上仅支持密度为 1 的 SL CSI-RS 发送，即对于任何一个端口，在一个 PRB 上仅存在一个 CSI-RS。在一次发送中，SL CSI-RS 端口数以及用于发送该 SL CSI-RS 的 RE 所在的时频域位置均由发送终端决定，并通过 PC5-RRC 通知接收 UE。

PC5-RRC 指示 SL CSI-RS 的时频资源位置信息包括 SL CSI-RS 的 RE 频域位置和时域起始符号，SL CSI-RS 所在时隙与触发 CSI 上报 SCI 所在的时隙相同。SL CSI-RS 类型假设为 NZP（Non-Zero Power）CSI-RS。为了避免对 PSCCH 和第二阶 SCI 的资源映射产生影响，SL CSI-RS 不能与 PSCCH 所在的时频资源冲突，也不能与第二阶 SCI 在同一个 OFDM 符号上发送。由于 PSSCH DMRS 所在 OFDM 符号的信道估计精度较高，而且两个端口的 SL CSI-RS 将在频域上占用两个连续的 RE，所以 SL CSI-RS 也不能与 PSSCH 的 DMRS 在同一个 OFDM 符号上发送。此外，SL CSI-RS 不能与 PT-RS 发生冲突。

3.4.3　TBS 确定

PSSCH 的 TB 大小确定机制与 NR-Uu 接口的 PDSCH 和 PUSCH 的 TBS 确定机制相同，总体分为三个步骤，如图 3-17 所示。

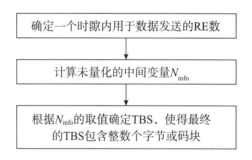

图 3-17　NR PDSCH/PUSCH/PSSCH TBS 确定流程

然而，由于侧行时隙中存在第二阶 SCI、PSFCH、AGC 和 GP 等 PDSCH/PUSCH 中不存在的信道或符号，所以对于 PSSCH 而言，如何确定一个时隙内用于数据发送的 RE 数 N_{RE} 和 PDSCH/PUSCH 有很大的不同。具体地，在 PSSCH 的 TBS 确定过程中 N_{RE} 按照式（3.4）确定，即：

$$N_{RE} = N'_{RE} \cdot n_{PRB} - N_{RE}^{SCI,1} - N_{RE}^{SCI,2} \tag{3.4}$$

其中：n_{PRB} 为 PSSCH 占用的 PRB 个数；$N_{RE}^{SCI,1}$ 为第一阶 SCI 占用的 RE 个数（包括 PSCCH 的 DMRS 占用的 RE）；$N_{RE}^{SCI,2}$ 为假定 γ 为 0 的情况下根据式（3.3）确定的第二阶 SCI 占用的 RE 数，假定 γ 为 0 主要是因为在 PSSCH 的重传过程中 γ 的取值可能因为

PT-RS 的影响而发生变化（详见第 3.4.2 节相关内容），有可能导致最终确定的 TBS 不同；N'_{RE} 为一个 PRB 内可用于 PSSCH 的参考 RE 数，由式（3.5）确定，即：

$$N'_{RE} = N_{sc}^{RB}\left(N_{symb}^{sh} - N_{symb}^{PSFCH}\right) - N_{oh}^{PRB} - N_{RE}^{DMRS} \tag{3.5}$$

其中：$N_{sc}^{RB} = 12$ 为一个 PRB 内的子载波个数；N_{symb}^{sh} 为 RRC 层配置的一个时隙内可用于侧行的符号数减 2，即排除掉最后一个 GP 符号和第一个用于 AGC 的符号；$N_{symb}^{PSFCH} = 0$ 或 3，为 PSFCH 占用的符号数的参考值，具体值由第一阶 SCI 中的 "PSFCH 符号数" 域指示，采用参考值而非当前时隙内用于 PSFCH 真实符号数的原因与第二阶 SCI 速率匹配相同，即因为不同时隙内 PSFCH 资源的变化导致最终确定的 TBS 不同；N_{oh}^{PRB} 的值由 RRC 层参数配置，为 PT-RS 和 CSI-RS 占用 RE 数的参考值，可选值为 $\{0,3,6,9\}$；N_{RE}^{DMRS} 为一个时隙中的平均 DMRS RE 个数，与资源池内允许的 DMRS 图案有关，详见表 3-7，这里采用平均 DMRS RE 而不是真实的 DMRS RE 数也是为了保证在 DMRS 图样发生变化时所确定的 TBS 相同。

表 3-7　资源池内允许的 DMRS 图案和 N_{RE}^{DMRS} 的对应关系

一个时隙内的 DMRS 符号数	N_{RE}^{DMRS}
$\{2\}$	12
$\{3\}$	18
$\{4\}$	24
$\{2,3\}$	15
$\{2,4\}$	18
$\{3,4\}$	21
$\{2,3,4\}$	18

3.5　侧行反馈信道

在 NR-V2X 中支持低 PAPR 序列类型的 PSFCH，称为 PSFCH 格式 0，该类型 PSFCH 在频域上占用一个 PRB，在时域上占用一个 OFDM 符号，采用的序列类型与物理上行控制信道（Physical Uplink Control Channel，PUCCH）格式 0 相同，多个 PSFCH 可以在相同的 RB 中码分复用（Code Division Multiplexing，CDM）。在一个资源池内，PSFCH 资源以 1 个、2 个或 4 个时隙为周期配置。存在 PSFCH 资源的时隙上，PSFCH 资源位于时隙内倒数第二个可用于侧行传输的 OFDM 符号上。然而，为了支持收发转换以及 AGC 调整，如图 3-2 所示，PSFCH 符号之前存在两个 OFDM 符号分别用于收发转换和 AGC 调整。此外，在上述三个 OFDM 符号上 UE 不能发送 PSCCH 和 PSSCH。

从图 3-2 可以看到，目前与 PSFCH 相关的 3 个 OFDM 符号中，只有一个 OFDM 符号用于反馈信息的传输，另外两个 OFDM 符号仅用于收发转换或 AGC 调整，资源利用率比较低。因此，在 NR-V2X 标准制定过程中，一度考虑引入长 PSFCH 结构以提高资源利用效率。如图 3-18 所示，长 PSFCH 在频域上占用一个 PRB，在时域上将占用 12 个 OFDM 符号（一个时隙内除 AGC 符号和 GP 符号外的所有 OFDM 符号）。采用这种结构，假设资源池内需要的 PFSCH 总数为 N，则用于 PSFCH 的 RE 总数为 $N \times 12 \times 12$。而如果为短 PSFCH 结构，假设资源池包含的 PRB 个数为 B，则资源池内与 PFSCH 相关的 3 个 OFDM 符号占据的 RE 总数为 $B \times 12 \times 3$。比较两者占用的 RE 数可以发现，当资源池内包含的 PRB 个数较大而系统内需要的 PSFCH 个数较少时，长 PSFCH 结构可以有效降低 PSFCH 所需的资源数量。以 $N=10$、$B=100$ 为例，长 PSFCH 结构所需的资源数量仅为短 PSFCH 结构的 40%。

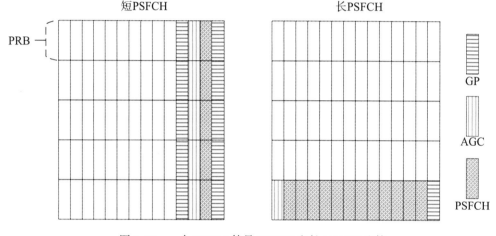

图 3-18　一个 OFDM 符号 PSFCH 和长 PSFCH 比较

然而，由于在 NR-V2X 系统中需要支持组播业务的 HARQ 反馈，对于组播业务，每一个 PSSCH 可能需要多个 PSFCH 反馈资源（与组内接收 UE 个数有关），因此随着系统内需要的 PSFCH 反馈资源的增加，长 PSFCH 结构在资源效率方面的优势变得不再那么明显。此外，长 PSFCH 的时延大于短 PSFCH，如果要支持长 PSFCH，则资源池内还需要配置专用于 PSFCH 的频域资源，这样将增加系统设计的复杂度。所以，长 PSFCH 结构最终没有被采用。

在 R16 NR-V2X 中，PSFCH 只用于承载 HARQ-ACK 反馈信息，一个 PSFCH 通过不同的循环移位发送一个比特信息，而 PSFCH 的循环移位由初始循环移位 m_0 和相对循环移位 m_{cs} 两部分组成。m_0 由终端当前所使用的 PSFCH 资源索引所对应的循环移位对（Cyclic Shift Pair）和表 3-8 确定。其中，表 3-8 中 N_{CS}^{PSFCH} 由资源池配置参数 *sl-NumMuxCS-Pair* 指示，表示一个 RB 中实际支持的循环移位对的个数。而 m_{cs} 由反馈信息决定，如果 PSFCH 承载的是 NACK 反馈，则 $m_{cs} = 0$，如果为 ACK，则 $m_{cs} = 6$。

表 3-8　N_{CS}^{PSFCH} 和 m_0 的对应关系

N_{CS}^{PSFCH}	m_0					
	循环移位对 #0	循环移位对 #1	循环移位对 #2	循环移位对 #3	循环移位对 #4	循环移位对 #5
1	0	—	—	—	—	—
2	0	3	—	—	—	—
3	0	2	4	—	—	—
6	0	1	2	3	4	5

在一个资源池中发送的 PSSCH，其关联的 PSFCH 也在该资源池中，而 PSFCH 索引由与其对应的 PSSCH 的传输资源和发送终端 ID 确定，如何根据 PSSCH 的传输资源和发送终端 ID 在 PSFCH 候选传输资源集合中确定与其对应的 PSFCH 传输资源，相关内容将在第 5.1 节中详细描述。

在 R17 中为了支持终端间资源协调方案 2，PSFCH 格式 0 被进一步用于承载资源冲突指示，详见第 7.1.2 节相关内容。

3.6　同步信号及侧行广播信道

在 NR-V2X 中支持多种类型的同步源，同步源包括 {GNSS，5G 基站（Generation Node B，gNB），演进型基站（evolved Node B，eNB），UE}，终端从同步源获取同步信息，在侧行链路上转发侧行同步信号 SLSS 和 PSBCH，以辅助其他终端进行同步，SLSS 和 PSBCH 占用一个时隙，该时隙即为 S-SSB。如果终端无法从 GNSS 或 gNB/eNB 获取同步信息，则会在侧行链路上搜索其他终端发送的 S-SSB（即搜索 UE 类型的同步源），获取同步信息以及 PSBCH 信道承载的系统信息。

3.6.1　S-SSB 时隙结构

如前文所述，NR-V2X 中 S-SSB 包括 SLSS 和 PSBCH，而 SLSS 又分为侧行主同步信号（Sidelink Primary Synchronization Signal，S-PSS）和侧行辅同步信号（Sidelink Secondary Synchronizatio Signal，S-SSS）。S-PSS 占据该时隙中的第二、第三个 OFDM 符号，S-SSS 占据该时隙中的第四、第五个 OFDM 符号，最后一个符号为 GP，其余符号用于传输 PSBCH。S-PSS 和 S-SSS 在时域上是连续的，这样可以将根据 S-PSS 获取的信道估

计结果应用于 S-SSS 检测，有利于提高 S-SSS 的检测性能。

在频域上，PSBCH 占用 11 个连续的 PRB，共 132 个子载波，由于 S-PSS 和 S-SSS 的长度仅为 127，所以，在 S-PSS 和 S-SSS 所在的 OFDM 符号上，子载波 #0、#1、#129、#130 和 #131 置为零，如图 3-19 所示。

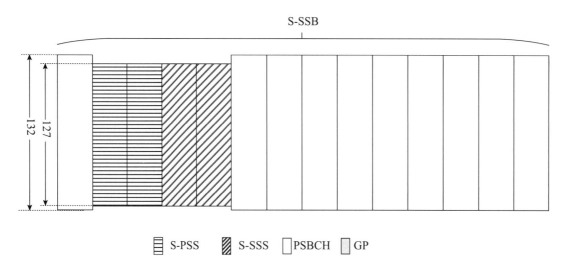

图 3-19　NR-V2X 中 SLSS 和 PSBCH 符号在时隙内的时频域位置

在每个 PSBCH 的符号上都包括 PSBCH DMRS，并且 DMRS 映射到每个 PSBCH 所占用的 RB 中的子载波 #0、子载波 #4 和子载波 #8。另外，在 PSCCH/PSSCH 时隙结构中，第一个符号通常在接收端用作 AGC 调整，该符号上的数据是第二个符号上数据的重复。但是在 S-SSB 时隙中，并没有采用相同的设计，第一个符号上也是映射的 PSBCH 的有效数据，这主要是考虑到 PSBCH 信道本身的码率很低，即使接收端利用第一个符号做 AGC 调整，也不会对接收性能有太大的影响。

3.6.2　侧行同步信号

NR-V2X 支持共计 672 个侧行同步信号标识（Sidelink Synchronization Signal Identity，SLSSID），对应两个主同步信号标识 $N_{\mathrm{ID},2}^{\mathrm{SL}}$ 和 336 个辅同步标识 $N_{\mathrm{ID},1}^{\mathrm{SL}}$，即

$$N_{\mathrm{ID}}^{\mathrm{SL}} = N_{\mathrm{ID},1}^{\mathrm{SL}} + 336 \times N_{\mathrm{ID},2}^{\mathrm{SL}} \tag{3.6}$$

其中：$N_{\mathrm{ID},1}^{\mathrm{SL}} \in \{0,1,\cdots,335\}$ ； $N_{\mathrm{ID},2}^{\mathrm{SL}} \in \{0,1\}$ 。

同步信号标识分为两组，小区内同步信号标识（id_net）包括 $N_{\mathrm{ID}}^{\mathrm{SL}} = 0,1,\cdots,335$ ；小区外同步信号标识（id_oon）包括 $N_{\mathrm{ID}}^{\mathrm{SL}} = 336,337,\cdots,671$ 。

S-PSS 由 M 序列（M-sequence）生成，序列长度为 127 点，即

$$d_{\mathrm{S\text{-}PSS}}(n) = 1 - 2x(m)\quad m = \left(n + 22 + 43 N_{\mathrm{ID},2}^{\mathrm{SL}}\right)\mathrm{mod}127 ，其中 \ 0 \leqslant n < 127 \tag{3.7}$$

其中

$$x(i+7) = (x(i+4) + x(i)) \bmod 2$$

初始化取值为

$$\begin{bmatrix} x(6) & x(5) & x(4) & x(3) & x(2) & x(1) & x(0) \end{bmatrix} = \begin{bmatrix} 1 & 1 & 1 & 0 & 1 & 1 & 0 \end{bmatrix}$$

S-SSS 由 Gold 序列生成，序列长度为 127 点，即

$$d_{\text{s-SSS}}(n) = \left[1 - 2x_0\left((n+m_0)\bmod 127\right)\right]\left[1 - 2x_1\left((n+m_1)\bmod 127\right)\right]$$

$$m_0 = 15\left\lfloor \frac{N_{\text{ID},1}^{\text{SL}}}{112} \right\rfloor + 5N_{\text{ID},2}^{\text{SL}}$$

$$m_1 = N_{\text{ID},1}^{\text{SL}}\bmod 112$$

$$0 \leqslant n < 127$$

(3.8)

其中

$$x_0(i+7) = (x_0(i+4) + x_0(i))\bmod 2$$

$$x_1(i+7) = (x_1(i+1) + x_1(i))\bmod 2$$

初始化取值为

$$\begin{bmatrix} x_0(6) & x_0(5) & x_0(4) & x_0(3) & x_0(2) & x_0(1) & x_0(0) \end{bmatrix} = \begin{bmatrix} 0 & 0 & 0 & 0 & 0 & 0 & 1 \end{bmatrix}$$

$$\begin{bmatrix} x_1(6) & x_1(5) & x_1(4) & x_1(3) & x_1(2) & x_1(1) & x_1(0) \end{bmatrix} = \begin{bmatrix} 0 & 0 & 0 & 0 & 0 & 0 & 1 \end{bmatrix}$$

3.6.3　侧行广播信道

在 NR-V2X 中，对于位于小区覆盖范围内的终端，其发送的 PSBCH 内容是根据网络配置信息确定的；对于位于小区覆盖范围外的终端，如果选取了其他终端作为参考同步源，该终端发送的 PSBCH 的内容根据参考同步源终端发送的 PSBCH 内容确定的，否则，该终端发送的 PSBCH 的内容是根据预配置信息确定的。具体地，PSBCH 主要包含以下内容。

① 侧行传输所在载波的时分双工（Time Division Duplex，TDD）配置（*sl-TDD-Config*）：指示可用于侧行传输的时隙信息。对于位于小区覆盖范围内的终端，这一配置是根据网络发送的 *TDD-UL-DL-ConfigCommon* 信息确定的；对于位于小区覆盖范围外的终端，这一配置是根据预配置信息或接收到的 PSBCH 确定的。该信息域共 12 比特，可以进一步划分为三个子信息域：第一个子信息域包含 1 比特，用于指示图案（Pattern）个数；第二个子信息域包含 4 比特，用于指示图案的周期；第三个子信息域包含 7 比特，用于指示每个图案内的上行时隙个数。

② 覆盖范围内指示（*inCoverage*）：指示发送 S-SSB 的终端是否在小区覆盖范围内，

或指示终端是否是直接从 GNSS 获取同步信号。

③ 直接帧号（*directFrameNumber*）：用于指示该 S-SSB 所在的 DFN 帧号。

④ 时隙索引（*slotIndex*）：用于指示该 S-SSB 所在的时隙索引，该时隙索引是在一个 DFN 内的时隙索引。

在 NR 系统中，网络通过 *TDD-UL-DL-ConfigCommon* 半静态配置小区时隙配比，在配置信息 *TDD-UL-DL-ConfigCommon* 中包括参考子载波间隔，该参数用于确定 *TDD-UL-DL-ConfigCommon* 信令中指示图案的时域边界。然而，终端在发送 PSBCH 时，按照侧行链路子载波间隔发送该 PSBCH，其中的 *sl-TDD-Config* 信息域指示的每个图案中的上行时隙个数也是根据侧行链路子载波间隔确定的。因此，终端在发送 PSBCH 时，需要将 *TDD-UL-DL-ConfigCommon* 指示的基于参考子载波间隔的上行时隙和上行符号转换为基于侧行链路子载波间隔的上行时隙个数。根据 *TDD-UL-DL-ConfigCommon* 中配置的图案个数，终端按照以下方式设置 *sl-TDD-Config* 中的三个子信息域 [13]。

1. *TDD-UL-DL-ConfigCommon* 只配置一个图案

① 用于指示图案个数的 1 比特设置为 0。

② 用于指示图案周期的 4 比特设置为图案周期所对应的索引，详见表 3-9。

表 3-9　网络配置一个图案时 PSBCH 中的图案周期索引

PSBCH 中周期指示信息索引	周期 (ms)
0	0.5
1	0.625
2	1
3	1.25
4	2
5	2.5
6	4
7	5
8	10
9 ～ 15	预留

③ 用于指示图案内上行时隙个数的 7 比特设置为根据子载波间隔转换后的上行时隙个数：对于单个图案，周期最大是 10ms，在侧行链路采用最大子载波间隔，即 120kHz，最多包括 80 个上行时隙，可以通过该 7 比特完全指示根据子载波间隔转换后的上行时隙个数。

2. *TDD-UL-DL-ConfigCommon* 配置两个图案

① 用于指示图案个数的 1 比特设置为 1。

② 用于指示图案周期的 4 比特设置为图案周期组合所对应的索引：网络配置两个图案时，两个图案的总周期 $P+P_2$（其中 P 为第一个图案的周期，P_2 为第二个图案的周期）需要能够被 20ms 整除，因此，可能的周期组合以及对应的组合索引详见表 3-10。

表 3-10　网络配置两个图案时 PSBCH 中的周期指示信息

PSBCH 中周期指示信息索引	总周期（$P+P_2$）(ms)	两个图案中每个图案周期	
		P(ms)	P_2(ms)
0	1	0.5	0.5
1	1.25	0.625	0.625
2	2	1	1
3	2.5	0.5	2
4	2.5	1.25	1.25
5	2.5	2	0.5
6	4	1	3
7	4	2	2
8	4	3	1
9	5	1	4
10	5	2	3
11	5	2.5	2.5
12	5	3	2
13	5	4	1
14	10	5	5
15	20	10	10

③ 用于指示各个图案内上行时隙个数的 7 比特设置为 $\tilde{N}_{P2} \times \tilde{N}_P^{\max} + \tilde{N}_P$：对于两个图案，周期最大是 20ms，在不同侧行链路子载波大小的情况下，7 比特难以完全指示所有可能的两个图案中上行时隙数的组合情况，因此需要对指示信息进行粗粒度化指示，具体的，在不同子载波间隔、不同的周期组合时采用不同的粒度 w 指示上行时隙个数，详见表 3-11。所以，在上面的算式中，有 $\tilde{N}_{P2} = \lceil N_{P2}/w \rceil$，$N_{P2}$ 表示第二个图案周期中根据子载波间隔转换后上行时隙个数；$\tilde{N}_P = \lceil N_P/w \rceil$，$N_P$ 表示第一个图案周期中根据子载波间隔转换后上行时隙个数；$\tilde{N}_P^{\max} = \lceil N_P^{\max}/w \rceil$，$N_P^{\max}$ 表示第一个图案周期中根据子载波间隔转换后最大可能的上行时隙个数（即假设整个周期内均为上行符号）。

表 3-11　网络配置两个图案时 PSBCH 中的时隙指示粒度

PSBCH 中周期指示信息索引	总周期 (P+P₂) (ms)	两个图案中每个图案周期		不同侧行链路子载波间隔时的指示粒度 w			
		P	P_2	15kHz	30 kHz	60 kHz	120 kHz
0	1	0.5	0.5	1	1	1	1
1	1.25	0.625	0.625	1	1	1	1
2	2	1	1	1	1	1	1
3	2.5	0.5	2	1	1	1	1
4	2.5	1.25	1.25	1	1	1	1
5	2.5	2	0.5	1	1	1	1
6	4	1	3	1	1	1	2
7	4	2	2	1	1	1	2
8	4	3	1	1	1	1	2
9	5	1	4	1	1	1	2
10	5	2	3	1	1	1	2
11	5	2.5	2.5	1	1	1	2
12	5	3	2	1	1	1	2
13	5	4	1	1	1	1	2
14	10	5	5	1	1	2	4
15	20	10	10	1	2	4	8

3.7　小　　结

本章介绍了 NR-V2X 的时隙结构及物理信道。NR-V2X 支持不同的时隙长度，在一个常规时隙内，可以复用 PSCCH、PSSCH 和 PSFCH，而在一个侧行同步时隙内，可以复用侧行同步信号和侧行广播信道。

PSCCH 用于承载 SCI 格式 1-A，占用侧行时隙开始的 2～3 个 OFDM 符号上一个子信道内的 PRB 发送，SCI 格式 1-A 中包含用于接收第二阶 SCI 以及 PSSCH 数据部分的必要信息。第二阶 SCI 与数据信息均由 PSSCH 承载，与数据部分采用相同的发送端口，截至 R17 一共定义了 3 种第二阶 SCI 格式。PSSCH 支持多种不同的 DMRS 图案，终端可以根据不同的传输环境灵活选择。在 NR-V2X 中 PSFCH 格式 0 目前可以用于承载 HARQ-ACK 反馈信息和资源冲突指示信息。另外，NR-V2X 中的侧行同步信号和侧行广播信道用于支持基于终端的侧行同步。

本章重点介绍了各种物理信道的结构，而与之相关的物理过程将在第 5 章进行详细介绍。

第 4 章

NR-V2X 资源分配

赵振山 丁 伊

通信数据的传输需要时频资源进行承载，因此终端如何通过资源分配算法确定合理的时频资源，进而避免相互间的干扰是 NR-V2X 的重要研究课题之一。在 NR-V2X 中存在两种资源分配模式：一种是终端基于网络的调度或配置确定传输资源，称为模式 1（Mode 1）；另一种是终端自主在网络配置或预配置的资源池中选择传输资源，称为模式 2（Mode 2）。本章将首先介绍 NR-V2X 模式 1 的资源分配方案，包括动态调度和侧行配置授权的方案；之后介绍模式 2 的资源分配方案，包括基本的资源预留、资源选择算法以及重评估（Re-evaluation）和资源抢占（Pre-emption）机制。

4.1 模式 1 动态资源分配

动态资源分配方式即网络通过下行控制信息 DCI 为终端动态分配侧行传输资源的资源分配方式。在 NR-V2X 系统中，终端的业务主要包括两种，即周期性的业务和非周期性的业务。对于周期性的业务，终端的侧行数据通常具有周期性，因此可以利用网络分配的半静态的传输资源进行传输；对于非周期性的业务，其数据到达是随机的，数据包的大小也是可变的，因此很难利用半静态分配的传输资源进行传输，通常是采用动态分配的传输资源进行传输。在动态资源分配方式中，终端向网络发送资源调度请求（Scheduling Request，SR）和缓存状态报告（Buffer Status Report，BSR），网络根据终端的缓存状态为终端分配侧行传输资源。

在动态资源分配方式中，网络通过 DCI 为终端分配侧行传输资源，在一次 DCI 调度中最多指示三个侧行传输资源，这三个侧行传输资源用于传输相同的 TB。另外，NR-V2X 系统引入了侧行反馈信道 PSFCH，以提高侧行链路传输的可靠性。在 NR-V2X 动态调度资源分配中，基站为发送终端分配侧行传输资源，发送终端在网络分配的侧行传输资源上向接收终端发送 PSCCH/PSSCH，接收终端根据检测结果向发送端发送 PSFCH，用于指示该 PSSCH 是否被正确接收。在模式 1 的资源分配方式中，侧行传输资源是网络分配的，因此发送终端需要将侧行 HARQ 反馈信息上报给网络，从而使得网络可以根据上报的侧行 HARQ 反馈信息判断是否需要为该发送终端分配重传资源。在模式 1 的资源分配方式中，网络为终端分配 PUCCH 传输资源，终端在该 PUCCH 上向网络上报侧行 HARQ 反馈信息。上述网络调度侧行传输流程、接收端进行侧行 HARQ 反馈的流程，以及发送端向网络上报 HARQ 反馈的流程如图 4-1 所示。

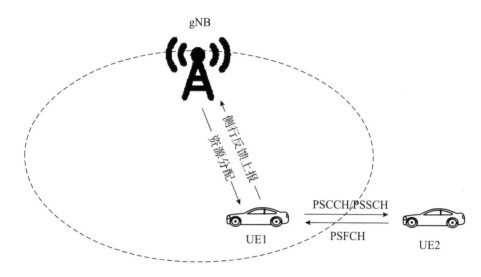

图 4-1　网络分配侧行传输资源并接收反馈信息

为了支持动态资源分配，在 NR-V2X 中引入了新的 DCI 格式，即 DCI 格式 3_0 (DCI format 3_0)。在用于动态资源分配时，该 DCI 用侧行无线网络临时标识（Sidelink-Radio Network Temporary Identifier，SL-RNTI）加扰。此外，该 DCI 格式也可以用于侧行配置授权的激活或去激活（详见第 4.2.1 节相关内容），在这种情况下，该 DCI 用侧行配置调度无线网络临时标识（Sidelink-Configured Scheduling-Radio Network Temporary Identifier，SL-CS-RNTI）加扰。

在 DCI 格式 3_0 中主要包括以下信息。

① 资源池索引（Resource Pool Index）：在 NR-V2X 中支持网络配置多个模式 1 资源池。在通过 DCI 调度侧行传输资源时，需要在 DCI 中指示资源池索引信息，终端根据该资源池索引信息确定该 DCI 调度的侧行传输资源属于哪个资源池。此外，由于不同的资源池可以配置不同的参数，如子信道个数、子信道尺寸等，而 DCI 中资源分配指示信息域的比特位数与这些参数有关，因此如果在 DCI 中不指示资源池索引，则终端无法确定该 DCI 中各个信息域对应的比特长度是多少，也就无法正确解析该 DCI 中的信息域。

② 侧行传输资源指示信息：网络可以为终端分配 N 个侧行传输资源，用于传输

PSCCH 和 PSSCH。其中，$1 \leqslant N \leqslant N_{\text{max}}$，$N_{\text{max}}$ 为 2 或 3，N_{max} 是预配置或网络配置的参数。网络设备在 DCI 中指示该 N 个侧行传输资源的时域和频域信息，具体地，在 DCI 中通过以下信息指示该 N 个侧行传输资源的时频资源信息。

- **时间间隔（Time Gap）**：用于指示第一个侧行传输资源与该 DCI 所在时隙的时隙间隔。根据该信息以及终端接收该 DCI 所在的时域位置，可以确定第一个侧行传输资源的时域位置。网络通过高层信令 *sl-DCI-ToSL-Trans* 配置时间间隔的表格，表格中的元素表示侧行时隙的个数，DCI 中携带的该参数是一个索引值，根据该索引值和时间间隔表格，即可确定具体的时间间隔大小。

- **时域资源分配（Time Resource Assignment）**：该信息域指示时域资源的方式与 SCI 格式 1-A 相同。该参数用时域资源指示值（Time Resource Indication Value, TRIV）表示，用于确定除第一个侧行传输资源外的其他 $N-1$ 个侧行传输资源相对于第一个侧行传输资源的时隙间隔。根据上面确定的第一个传输资源的时域位置，结合该信息即可确定剩余 $N-1$ 个传输资源的时域位置。

TRIV 的值与网络分配侧行传输资源个数 N 之间的关系为 [10]：如果 $N = 1$，则 $TRIV = 0$。如果 $N = 2$，则 $TRIV = t_1$。如果 $N = 3$，则当 $(t_2 - t_1 - 1) \leqslant 15$ 时，有 $TRIV = 30(t_2 - t_1 - 1) + t_1 + 31$；否则 $TRIV = 30(t_2 - t_1 - 1) + t_1 + 31$；

其中：t_1、t_2 分别表示第二个、第三个传输资源相对于第一个传输资源的时间间隔。当 $N = 2$ 时，$1 \leqslant t_1 \leqslant 31$；当 $N = 3$ 时，$1 \leqslant t_1 \leqslant 30$，$t_1 < t_2 \leqslant 31$。

- **初传的频域起始子信道指示（lowest Index of the Subchannel Allocation to the Initial Transmission）**：用于指示第一个侧行传输资源占据的子信道的最低索引。由于 PSCCH 和 PSSCH 的频域起始位置是对齐的。因此，根据该信息可以确定 PSCCH 和 PSSCH 的频域起始位置。

- **频域资源分配（Frequency Resource Assignment）**：该信息域指示频域资源的方式与 SCI 格式 1-A 相同，该参数用 FRIV 表示，用于确定侧行传输资源的频域资源大小（即子信道个数），以及除第一个侧行传输资源外其他 $N-1$ 个侧行传输资源的频域起始位置。

FRIV 的值与 N_{max} 之间的关系如下 [10]。

如果 $N_{\text{max}} = 2$，则有：

$$FRIV = n_{\text{subCH},1}^{\text{start}} + \sum_{i=1}^{L_{\text{subCH}}-1} \left(N_{\text{subchannel}}^{\text{SL}} + 1 - i \right) \tag{4.1}$$

如果 $N_{\text{max}} = 3$，则有：

$$FRIV = n_{\text{subCH},1}^{\text{start}} + n_{\text{subCH},2}^{\text{start}} \cdot \left(N_{\text{subchannel}}^{\text{SL}} + 1 - L_{\text{subCH}} \right) + \sum_{i=1}^{L_{\text{subCH}}-1} \left(N_{\text{subchannel}}^{\text{SL}} + 1 - i \right)^2 \tag{4.2}$$

其中：$N_{subchannel}^{SL}$ 为资源池中的子信道的个数；$n_{subCH,1}^{start}$、$n_{subCH,2}^{start}$ 分别为第二个和第三个侧行传输资源的起始子信道索引；L_{subCH} 表示网络分配的 PSSCH 占据的子信道个数。

③ PUCCH 传输资源指示信息：用于指示终端向网络上报侧行 HARQ 反馈信息的 PUCCH 传输资源，在 DCI 格式 3_0 中通过两个信息域指示 PUCCH 的传输资源。

- PUCCH 资源指示（PUCCH Resource Indicator）：通常网络通过 RRC 配置信令配置 PUCCH 的资源集合。该信息域用于指示 PUCCH 资源索引，通过该索引信息可以在 PUCCH 资源集合中确定 PUCCH 的传输资源。

- PSFCH 与 PUCCH 之间的时间间隔（PSFCH-to-HARQ Feedback Timing Indicator）：该指示信息用于指示 PSFCH 和 PUCCH 之间的时隙间隔，用 PUCCH 子载波间隔所对应的时隙个数表示。如果网络分配的侧行传输资源对应至少一个 PSFCH 传输资源，则该时隙间隔表示最后一个 PSFCH 的传输资源与 PUCCH 传输资源之间的时隙间隔。网络通过高层信令 sl-PSFCH-ToPUCCH 配置 PSFCH 与 PUCCH 之间时间间隔的表格，表格中的元素表示上行时隙个数。DCI 中的该参数是一个索引值，根据该索引值及时间间隔表格，即可确定具体的时间间隔大小。

④ HARQ 进程号（HARQ Process Number）：用于指示网络为终端分配的侧行传输资源所对应的 HARQ 进程号。终端使用网络分配的侧行传输资源进行侧行数据传输，在 SCI 中指示的侧行 HARQ 进程号（记为第一 HARQ 进程号）与网络在 DCI 中指示的 HARQ 进程号（记为第二 HARQ 进程号）可以不同，如何确定侧行 HARQ 进程号通过终端实现，但是终端需要确定第一 HARQ 进程号与第二 HARQ 进程号之间的对应关系。当网络通过 DCI 调度重传资源时，在重传调度的 DCI 中指示第二 HARQ 进程号，并且 NDI 不翻转，因此终端可以确定该 DCI 用于调度重传资源，并且基于第一 HARQ 进程号和第二 HARQ 进程号的对应关系确定该 DCI 调度的侧行传输资源是用于第一 HARQ 进程号所对应的侧行数据传输的重传。

⑤ 新数据指示 NDI：当 DCI 格式 3_0 调度的侧行传输资源用于新数据传输时，NDI 翻转，否则不翻转。

⑥ 配置索引（Configuration Index）：当终端被配置 SL-CS-RNTI 时，DCI 格式 3_0 可以用于激活或去激活 Type-2 侧行配置授权，网络可以配置多个并行的 Type-2 侧行配置授权，该索引用于指示该 DCI 激活或去激活的侧行配置授权，详见第 4.2 节相关内容。当终端没有被配置 SL-CS-RNTI 时，该信息域为 0 比特。

⑦ 累积侧行授权索引（Counter Sidelink Assignment Index）：用于指示网络累积发送的用于调度侧行传输资源的 DCI 个数，终端向基站上报侧行 HARQ 反馈信息时，根据该信息确定生成的 HARQ-ACK 码本包含的信息比特个数。

下面通过图 4-2 示意性地给出各个传输资源之间的时间关系。该示例中，DCI 用于分配三个侧行传输资源，并且分配了 PUCCH 的传输资源。

① A 表示承载包含侧行资源分配信息的 DCI 的 PDCCH 与第一个侧行传输资源之间的时间间隔，通过 DCI 中的 Time Gap 域确定。基于 DCI 所在的时隙和 Time Gap 信息域，即可确定第一个侧行传输资源所在的时隙位置。具体的，第一个侧行传输资源的时隙是位于资源池中且不早于 $T_{DL} - \dfrac{T_{TA}}{2} + K_{SL} \times T_{slot}$ 时刻的第一个时隙。其中，T_{DL} 为 DCI 所在下行时隙起始位置对应的时刻；T_{TA} 为根据定时提前量确定的时间；K_{sL} 为根据 DCI 中的 Time Gap 信息域确定的时间间隔对应的时隙个数；T_{slot} 为时隙的时长。

② B 表示分配的侧行传输资源相对于第一个侧行传输资源之间的时隙间隔，根据 DCI 中 Time Resource Assignment 域包括的 TRIV 确定。

③ C 表示 PSFCH 传输资源与 PUCCH 传输资源之间的时隙间隔，根据 DCI 中的 *PSFCH-to-HARQ* Feedback Timing Indicator 域确定，如果有多个与 PSSCH 对应的 PSFCH，则按照最后一个 PSFCH 的时隙位置确定。

④ K 表示 PSSCH 的时隙与其对应的 PSFCH 时隙之间的时间间隔，该间隔根据资源池配置信息 *sl-MinTimeGapPSFCH* 确定。

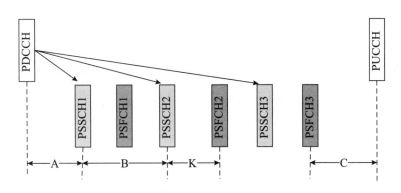

图 4-2　网络分配侧行传输资源的时序关系图

网络为终端分配侧行传输资源和 PUCCH 传输资源时，需要考虑到终端的处理时间。因此，网络分配的传输资源需要满足以下条件。

① 终端根据 PSFCH 检测结果决定向网络上报 ACK 或 NACK。因此，PUCCH 的传输资源与 PSFCH 之间的时间间隔需要大于终端的处理时间 T_{prep1}。该处理时间包括 PSFCH 的检测时间以及向网络上报侧行反馈信息的准备时间，标准中规定该处理时间为

$$T_{prep1} = (N+1) \cdot (2048 + 144) \cdot \kappa \cdot 2^{-\mu} \cdot T_c \tag{4.3}$$

其中：$T_c = 1/(\Delta f_{max} \cdot N_f)$，$\Delta f_{max} = 480 \cdot 10^3 \ \mathrm{Hz}$，$N_f = 4096$，$\kappa = 64$；$\mu = min(\mu_{SL}, \mu_{UL})$，$\mu_{SL}$ 为侧行 BWP 对应的子载波间隔，μ_{UL} 为上行 BWP 对应的子载波间隔，N 为与子载波

间隔相关的参数，具体的取值详见表 4-1。

表 4-1　N 的取值

μ	N
0	14
1	18
2	28
3	32

② 网络为终端分配侧行传输资源，终端利用该侧行传输资源进行侧行传输，该侧行传输可以激活或去激活侧行反馈。如果激活侧行反馈，终端根据 PSFCH 的检测结果决定是否进行重传。因此，重传的资源需要位于 PSFCH 资源之后。如果去激活侧行反馈，此时没有侧行反馈信息，则终端通常进行盲重传。此时重传资源与前一次传输的资源之间的时间间隔通常没有限制，如可以位于相邻的两个时隙。但是网络在为终端分配侧行传输资源时，并不知道终端在该侧行传输资源上进行的侧行传输是否激活侧行反馈。在标准讨论过程中，为了简化方案设计，无论侧行传输是否激活侧行反馈，都对网络分配的相邻两个侧行传输资源之间的最小时间间隔做了限定，即网络分配的重传资源的时域位置位于其前一次传输所对应的 PSFCH 资源之后，并且满足终端的处理时间 T_{prep2}，该处理时间包括 PSFCH 检测时间以及重传 PSSCH 的准备时间。具体地，重传资源的起始位置不早于其前一次传输所对应的 PSFCH 的最后一个时域符号的结束位置加上处理时间（ $T_{prep2} = T_{prep1} + \delta$ ）所对应的位置。否则，终端可以忽略该调度的重传资源，即不利用该重传资源进行侧行传输。其中， T_{prep1} 由式（4.3）确定； $\delta = 5 \times 10^{-4} s$ 。

| 4.2　模式 1 侧行配置授权 |

对于周期性的业务，网络通常为终端分配半静态的传输资源。在 NR-V2X 中，借鉴了 NR-Uu 系统中上行配置授权（Uplink Configured Grant，UL-CG），在侧行链路中引入了侧行链路配置授权（Sidelink-CG，SL-CG）。当终端被配置了侧行配置授权传输资源，在有侧行数据到达时，终端可以使用该侧行配置授权传输资源传输该侧行数据，而不需要向网络重新申请传输资源。因此，侧行配置授权传输资源可以降低侧行传输的时延。侧行配置授权传输资源是周期性的传输资源，因此可以适用于周期性的侧行数据传输，当然也可以用于传输非周期的侧行数据。

SL-CG 分为类型 1（Type-1）侧行配置授权和类型 2（Type-2）侧行配置授权。

① Type-1 SL-CG：类似于 Type-1 UL-CG，即网络通过 RRC 信令为终端配置侧行配置授权传输资源和传输参数。

② Type-2 SL-CG：类似于 Type-2 UL-CG，即网络通过 RRC 信令为终端配置部分传输参数，通过 DCI 信令激活该侧行配置授权，并且该 DCI 用于配置侧行传输资源。如果网络希望终端上报侧行反馈信息，则该 DCI 还用于配置 PUCCH 传输资源。

网络可以在每个侧行配置授权周期内为终端分配 N 个侧行传输资源。其中，$1 \leq N \leq N_{max}$，N_{max} 为 2 或 3，N_{max} 为网络配置参数。如果网络希望终端上报侧行 HARQ 反馈信息，则在每个侧行配置授权周期内分配一个 PUCCH 传输资源。该 PUCCH 传输资源位于该周期内最后一个 PSSCH 所对应的 PSFCH 的时隙之后，使得终端根据该侧行配置授权周期内的所有侧行传输资源的传输状况决定向网络上报侧行 HARQ 反馈信息的状态。

4.2.1　侧行配置授权的配置与激活 / 释放

对于 Type-1 SL-CG，网络通过 RRC 信令配置 SL-CG 的传输资源和传输参数，当终端接收到网络发送的 RRC 配置信令时，即可使用该配置信息所配置的侧行传输资源。对于 Type-2 SL-CG，网络通过 RRC 信令配置部分传输参数，通过 DCI 格式 3_0 激活或释放该 SL-CG。具体地，当 DCI 格式 3_0 用于激活或释放 Type-2 SL-CG 时，该 DCI 用 SL-CS-RNTI 加扰，DCI 中的 NDI 信息域设置为 0 值，并且其中的某些信息域设置为特殊值，详见表 4-2 和表 4-3。

表 4-2　DCI 格式 3_0 用于激活 Type-2 SL-CG

DCI 格式 3_0 中的信息域	取　值
HARQ Process Number	设置全"0"

表 4-3　DCI 格式 3_0 用于释放 Type-2 SL-CG

DCI 格式 3_0 中的信息域	取　值
HARQ Process Number	设置全"1"
Frequency Resource Assignment	设置全"1"

4.2.2　侧行配置授权传输资源的确定

终端接收到网络的配置授权信令，如 RRC 或 DCI，可以根据配置授权信令确定网络分配的侧行传输资源对应的时域位置。

对于 Type-1 SL-CG，终端根据式（4.4）确定每个配置授权周期内第一个侧行传输资源在资源池中对应的时隙位置，即

$$CURRENT\_slot = (sl\text{-}ReferenceSlotCG\text{-}Type1 + sl\text{-}TimeOffsetCG\text{-}Type1 + S \times periodicitySL) \text{ modulo } T'_{max}$$ (4.4)

其中：$sl\text{-}ReferenceSlotCG\text{-}Type1$ 为根据参数 $sl\text{-}TimeReferenceSFN\text{-}Type1$ 确定的参考时隙位置，而 $sl\text{-}TimeReferenceSFN\text{-}Type1$ 用于确定参考时隙的位置，根据终端接收到网络发送的针对 Type-1 SL-CG 的 RRC 配置信令之前并且最近的一个 $sl\text{-}TimeReferenceSFN\text{-}Type1$ 所对应的 SFN 位置确定参考时隙的位置，该参考时隙是位于该 SFN 位置之后并属于资源池的第一个时隙；$sl\text{-}TimeOffsetCG\text{-}Type1$ 为相对于参考时隙的时隙偏移量；$periodicitySL = \left\lceil \dfrac{T'_{max}}{10240ms} \times sl\_periodCG \right\rceil$，$sl\_periodCG$ 为配置的侧行配置授权周期，T'_{max} 为一个 SFN 周期内属于资源池的时隙数量，该等式用于将侧行配置授权的周期等效为在资源池内对应的时隙个数；S 为整数，S 的取值对应侧行配置授权的不同周期。

对于 Type-2 SL-CG，终端根据式（4.5）确定每个配置授权周期内第一个侧行传输资源在资源池中对应的时隙位置，即

$$CURRENT\_slot = (sl\text{-}StartSlotCG\text{-}Type2 + S \times periodicitySL) \text{ modulo } T'_{max}$$ (4.5)

其中：$sl\text{-}StartSlotCG\text{-}Type2$ 为 Type-2 侧行配置授权的第一个侧行传输资源对应的时隙位置，第一个侧行传输资源的时隙是位于资源池中且不早于 $T_{DL} - \dfrac{T_{TA}}{2} + K_{SL} \times T_{slot}$ 时刻的第一个时隙，具体的确定方式可以参见图 4-2 中的示例。

利用式 (4.4) 或式 (4.5) 可以确定每个侧行配置授权周期内的第一个侧行传输资源的时域位置。进一步地，结合 Type-1 SL-CG 的 RRC 配置信令中的 $sl\text{-}TimeResourceCG\text{-}Type1$ 信息域，或者 Type-2 SL-CG 的 DCI 格式 3_0 中的 Time Resource Assignment 信息域，即可确定每个侧行配置授权周期内所有侧行传输资源对应的时域位置。若资源池中配置了侧行反馈资源，则根据资源池配置参数 $sl\text{-}MinTimeGapPSFCH$ 确定每个侧行传输资源所对应的 PSFCH 传输资源。根据每个周期内侧行传输资源对应的最后一个 PSFCH 资源，结合 Type-1 SL-CG 的 RRC 配置信令中的 $sl\text{-}PSFCH\text{-}ToPUCCH\text{-}CG\text{-}Type1$ 信息域或者 Type-2 SL-CG 的 DCI 格式 3_0 中的 $PSFCH\text{-}to\text{-}HARQ\ feedback\ timing\ indicator$ 信息域，即可确定每个侧行配置授权周期内对应的 PUCCH 传输资源。

4.2.3　侧行配置授权的 HARQ 进程号

NR-V2X 支持多个并行的侧行配置授权，每个侧行配置授权可以对应多个 HARQ 进程，一个侧行配置授权周期内的多个侧行传输资源对应相同的 HARQ 进程。第一个侧行传输资源对应的 HARQ 进程号可以根据配置参数 $sl\text{-}NrOfHARQ\text{-}Processes$ 和 $sl\text{-}HARQ\text{-}$

ProcID-offset，利用式（4.6）确定，即

$$HARQ\ Process\ ID = [floor(CURRENT\_slot\ /\ PeriodicitySL)]$$
$$modulo\ sl\text{-}NrOfHARQ\text{-}Processes + sl\text{-}HARQ\text{-}ProcID\text{-}offset \tag{4.6}$$

其中：*CURRENT_slot* 根据式 (4.4) 或式 (4.5) 确定；*sl-NrOfHARQ-Processes* 为该侧行配置授权支持的 HARQ 进程数；*sl-HARQ-ProcID-offset* 为在确定该侧行配置授权对应的 HARQ 进程号时使用的 HARQ 进程号偏移量。

4.2.4　针对侧行配置授权的重传调度

如上所述，对于 Type-1 SL-CG 和 Type-2 SL-CG，一个侧行配置授权周期内最多配置三个侧行传输资源，而一个侧行数据最多可以传输 32 次。如果一个侧行数据使用一个侧行配置授权周期内的传输资源进行传输，接收端并没有检测成功，则此时可以通过动态调度的方式为该终端分配重传资源，用于重传该侧行数据，用于重传调度的 DCI 格式 3_0 利用 SL-CS-RNTI 加扰。如图 4-3 所示，网络配置 Type-2 SL-CG，在 PDCCH1 中承载的 DCI 格式 3_0 激活该侧行配置授权，并且在每个周期内配置一个侧行传输资源，以及 PUCCH 资源。发送终端使用侧行配置授权 PSSCH1，进行侧行数据的首次传输，接收终端检测失败，通过 PSFCH1 向发送终端反馈 NACK，发送终端在 PUCCH1 上向网络上报侧行反馈信息 NACK。之后 gNB 通过 PDCCH2 中携带的 DCI 格式 3_0 向发送终端分配重传资源和 PUCCH 资源。发送终端在重传资源 PSSCH2 上进行数据重传，接收端正确接收该数据，通过 PSFCH2 向发送终端反馈 ACK，发送终端将该 ACK 信息通过 PUCCH2 向网络上报。

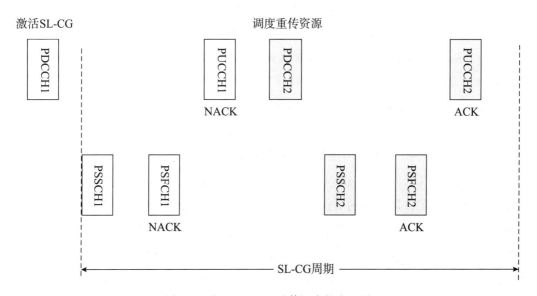

图 4-3　基于 PDCCH 重传调度的流程图

4.2.5　使用侧行配置授权传输资源的限定

对于 Type-1 SL-CG 或 Type-2 SL-CG，侧行配置授权的传输资源与承载的侧行数据之间做了以下限定。

① 一个侧行配置授权周期内配置的侧行传输资源只能用于传输相同的侧行 TB，包括首次传输和重传，不能用于传输不同的侧行 TB。例如，一个侧行配置授权周期包括三个侧行传输资源 R1、R2 和 R3，这三个侧行资源只能用于传输相同的侧行数据 TB#1。例如，当 TB#1 在 R1 之前到达时，R1 用于 TB#1 的首次传输，R2 和 R3 用于 TB#1 的重传，或者，当 TB#1 在 R1 和 R2 之间到达时，R2 用于 TB#1 的首次传输，R3 用于 TB#1 的重传。不允许使用这三个侧行资源传输不同的侧行数据，如 R1 用于传输 TB#1，R2 用于传输 TB#2。

② 不能使用不同侧行配置授权周期内的传输资源传输相同的侧行 TB。继续使用上述示例，TB#1 使用了第一周期内的 R1、R2 和 R3 进行传输，包括首次传输和两次重传。如果接收端仍然没有正确接收该数据，则发送端需要继续进行重传，此时重传只能使用网络通过 DCI 动态分配的重传资源，而不能使用第二周期内的侧行配置授权传输资源重传 TB#1。

③ 同一个侧行 TB 只能使用同一个侧行配置授权对应的传输资源，不能使用多个侧行配置授权对应的传输资源。例如，网络配置了两组侧行配置授权传输资源，分别对应 SL-CG#0 和 SL-CG#1。当使用 SL-CG#0 的资源传输了侧行数据 TB#1 时，TB#1 的重传只能使用 SL-CG#0 的传输资源，或者通过网络发送 DCI 动态调度重传资源，而不能使用 SL-CG#1 的传输资源。

④ 网络通过 DCI 为某个侧行 HARQ 进程号侧行数据调度的重传资源在时域上位于下一个具有相同 HARQ 进程号的侧行配置授权传输资源之前。例如，网络配置的侧行配置授权每个周期内包括三个侧行传输资源 R1、R2、R3，并且为该侧行配置授权分配了两个 HARQ 进程号，即 HPN#0 和 HPN#1。由于一个周期内的侧行配置授权传输资源只能传输相同的 TB，因此，利用这三个传输资源进行的侧行传输对应相同的 HARQ 进程号，即一个侧行配置授权周期内的侧行传输资源对应同一 HARQ 进程号，则网络为该侧行配置授权配置的两个 HARQ 进程号分别对应不同的侧行配置授权周期。如图 4-4 所示，第一和第三 SL-CG 周期对应 HPN#0，第二和第四 SL-CG 周期对应 HPN#1，依此类推。终端使用第一 SL-CG 周期内的 R1 和 R2 传输 TB#1。当该侧行数据需要重传时，网络通过 PDCCH 为其分配重传资源 R3 和 R4，并且在该 DCI 中携带 HPN#0，用于指示该 DCI 分配的侧行传输资源是用于 HPN#0 进程对应侧行数据（即 TB#1）的重传。其中，R3 和 R4 的时域位置可以位于第一 SL-CG 周期内，也可以位于第二 SL-CG 周期内，但是需要

位于第三 SL-CG 周期之前。这是因为，R4 用于 HPN#0 的侧行数据 TB#1 的重传，在第三 SL-CG 周期内 R1 用于 TB#2 的传输，其对应的 HPN 也是 HPN#0。当使用 R4 传输的 TB#1 或使用 R1 传输的 TB#2 没有被正确接收并向网络反馈 NACK 时，网络通过 DCI 调度重传资源，并且该 DCI 中携带 HPN#0。此时，终端无法确定该 DCI 分配的重传资源是针对 TB#1 还是 TB#2 的重传。因此，为了避免 HARQ 进程号的混淆，在 NR-V2X 中禁止 R4 位于第三 SL-CG 周期内 R1 的时域位置之后。

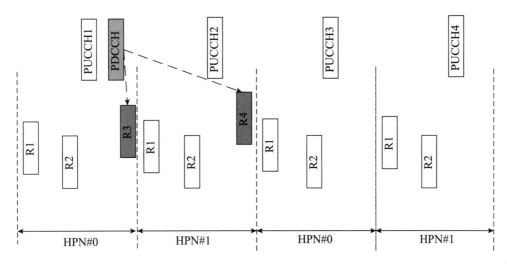

图 4-4　重传资源与侧行配置授权传输资源的时域关系

4.3　模式 2 资源分配

在本章中已经介绍了模式 1 的资源分配方案，即基站为终端分配用于侧行传输的时频资源。本节将介绍模式 2 的资源分配方案。在模式 2 下，终端依靠资源侦听或者随机选择自行在网络配置或预配置的资源池中选取时频资源用于发送侧行数据。因此，对模式 2 资源分配更准确的描述应该是资源选择。

4.3.1　模式 2 资源分配方案

在 NR-V2X 的研究项目（Study Item，SI）阶段，曾经提出了四种模式 2 的资源分配方案，分别为模式 2(a)、模式 2(b)、模式 2(c) 和模式 2(d)，如图 4-5 所示。

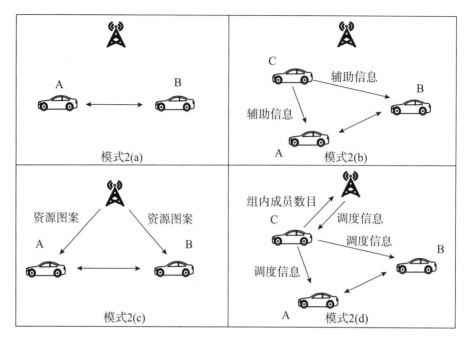

图 4-5　模式 2(a)、2(b)、2(c)、2(d) 机制

模式 2（a）是指终端通过解码侧行控制信息（本节中指 SCI 格式 1-A）以及测量侧行链路接收功率等方法，在资源池中自行选择没有被其他终端预留或者被其他终端预留但接收功率较低的资源，从而降低资源碰撞概率，提升通信可靠性。模式 2(a) 整体上继承了 LTE-V2X 模式 4 中资源选择机制的主体设计，基于资源预留、资源侦听以及资源排除等操作进行资源选择。在整个 SI 阶段，该模式得到了各家厂商的一致认可，并且该模式也成为了 NR-V2X R16 WI 阶段重点研究的内容。

模式 2(b) 是指终端之间通过协调进行资源选择的模式，即终端发送辅助信息帮助其他终端完成资源选择。上述辅助信息可以是建议其他终端使用的资源或者不建议其他终端使用的资源等。例如，图 4-5 所示的模式 2(b) 中，车载终端 C 发送辅助信息给终端 A 和 B，终端 A 和 B 利用该辅助信息以及自身资源侦听的结果在资源池中选择资源。然而，由于模式 2(b) 需要终端间传输辅助信息，涉及大量终端行为需要标准化，并且相对于模式 2(a)，在资源侦听等方面并没有明显的区别，最终该模式在 SI 阶段没有被列为独立的模式进行研究，而是被当作其他三种模式的附加功能。但是，在第 86 次 RAN 全会上，终端间通过协调进行资源选择的模式又被重新列为 NR-V2X R17 版本的演进目标之一。

在 R17 版本的标准化过程中，主要讨论了两种基于终端间协调的资源选择方式。以 UE 1 为进行资源选择的终端，UE 2 为确定并发送辅助信息的终端为例，在方式 1 中，终端之间的协调可以由 UE 1 通过信令触发或者由 UE 2 根据特定条件触发。在触发之后 UE 2 可以将确定的适合 UE 1 传输的资源或者不适合 UE 1 传输的资源发送给 UE 1。UE 1 将利用 UE 2 发送的辅助信息进行资源选择。在方式 2 中，UE 2 判断 UE 1 指示的预留资源是否存在资源冲突，若存在冲突，则指示 UE 1 进行资源重选。关于这两种基于终端间协调资源选择方式的具体内容，可以参考第 7.1.2 节相关内容。

模式 2(c) 是指终端根据网络配置或预配置信息获取资源图案（Pattern），终端利用资源图案中的资源发送初传和重传，达到降低发送时延的效果。网络配置的资源图案可以是一个或者多个，当配置的资源图案为多个时，终端利用资源侦听或者地理位置信息选择其中一个图案。此外，通过保证任意两个资源图案在时域上不完全重叠，可以明显降低半双工问题带来的负面影响 [14、15]。但模式 2(c) 在一定程度上与模式 1 中侧行免授权资源分配的机制类似，并存在灵活性较差的缺点。例如，如何释放图案中没有使用的资源以及如何适应非周期业务等，这些问题使得该模式的研究只停留在 SI 阶段。

模式 2(d) 与模式 2(b) 的机制类似，区别在于模式 2(d) 中终端直接为其他终端调度时频资源。同时，模式 2(d) 也适合应用在终端之间存在稳定连接的场景下。因为模式 2(d) 需要解决的问题较多。比如，如何确定进行调度的终端，被调度的终端和进行调度的终端之间如何建立和保持连接，进行调度的终端如何确定和发送调度信息，以及当进行调度的终端停止调度时被调度终端的行为如何设计等。所以经过讨论后最终决定，在 SI 阶段只支持一种简化版本的模式 2(d)。例如，图 4-5 所示的模式 2(d) 中，终端 C 向基站上报组内成员数目，基站下发调度信息，终端 C 将基站下发的调度信息转发给组内其他终端，终端 C 不能修改基站下发的调度信息，且上述调度信息全部通过高层信令传输。然而，简化的模式 2(d) 依然过于复杂，因此最终未能进入 WI 阶段。

从上述介绍能够看出，模式 2(a) 是 SI 阶段各厂商一致认可的方案，也是 WI 阶段集中进行研究的方案。在本节后续内容中，如果不加额外说明，模式 2 均是指上面描述的模式 2(a)。

模式 2 资源分配的前提是资源预留，即终端发送侧行控制信息预留将要使用的时频资源。在 NR-V2X 中，支持用于同一个 TB 重传的资源预留也支持用于不同 TB 新传或重传的资源预留。

具体地，终端发送的侧行控制信息中包含 Time Resource Assignment 域和 Frequency Resource Assignment 域，这两个域指示同一 TB 当前传输和重传的 N 个时频资源。其中 $N \leqslant N_{max}$，在 NR-V2X 中，N_{max} 等于 2 或 3。同时，为了控制 SCI 格式 1-A 中用于资源指示的比特数，上述 N 个被指示的时频资源应分布在 W 个时隙内，在 NR-V2X 中 W 等于 32。例如，在图 4-6 中，当终端在 TB 1 初传的 PSCCH 中发送侧行控制信息时，会利用上述两个域指示 TB 1 中初传、重传 1 和重传 2 的时频资源位置（$N=3$），即预留重传 1 与重传 2 的时频资源，并且初传、重传 1 和重传 2 在时域上分布在 32 个时隙内。同理，当终端在 TB 1 重传 1 的 PSCCH 资源中发送侧行控制信息时，利用上述两个域指示 TB 1 重传 1 和重传 2 的时频资源位置（$N=2$），即预留了重传 2 的时频资源。

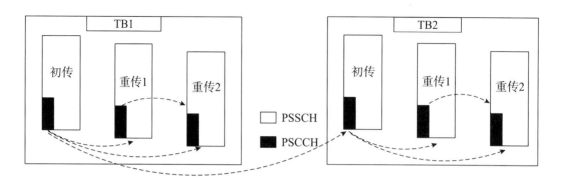

图 4-6 用于同一个 TB 的重传资源预留及用于不同 TB 的资源预留

在标准化过程中，有公司指出，终端发送侧行控制信息时应尽可能多地指示时频资源，进而让其他终端获知其预留的资源[16、17]。为达到这一效果，在 RAN1#100bis 会议上经讨论后决定，$N = \min(N_{select}, N_{max})$，其中 N_{select} 为从当前传输资源所在时隙开始的 32 个时隙中终端已选择的时频资源数量（包括当前传输资源）。例如，图 4-6 所示的 TB 1 中，假设 N_{max} 等于 3，对于终端在初传 PSCCH 中发送侧行控制信息指示的用于同一 TB 传输的 N 个时频资源，当终端完成资源选择后，在资源选择结果中，重传 1 和重传 2 在时域上距离初传均在 32 个时隙内，即以初传的时域位置为参考点，向后 32 个时隙内有初传、重传 1 和重传 2 共三个时频资源，则此时 N_{select} 等于 3，进而确定 N 为 3。在这种情况下，终端在初传 PSCCH 中发送侧行控制信息指示初传、重传 1 和重传 2 的时频资源位置。同理，对于终端在重传 1 的 PSCCH 资源中需要指示的用于同一 TB 传输的 N 个时频资源，当终端完成资源选择后，资源选择结果中重传 2 在时域上距离重传 1 在 32 个时隙内，即以重传 1 的时域位置为参考点，向后 32 个时隙内有重传 1 和重传 2 共两个时频资源，则此时 N_{select} 等于 2，进而确定 N 为 2。在该情况下，终端在重传 1 的 PSCCH 中指示重传 1 和重传 2 的时频资源位置。综上所述，终端发送侧行控制信息指示用于同一 TB 传输的资源数目，取决于资源选择结果中已选资源的时域分布和配置参数 N_{max}。

同时，终端发送的侧行控制信息中还包含 Resource Reservation Period 域，该域用于预留下一个周期内的时频资源，而下一个周期内的时频资源将用于另外一个 TB 的传输。例如，图 4-6 中，终端在发送侧行控制信息指示 TB 1 的传输时，其中的 Resource Reservation Period 域用于指示预留下一个周期内的时频资源，下一个周期内的时频资源用于传输 TB 2。具体地，终端在 TB 1 初传的 PSCCH 中发送侧行控制信息，利用 Time Resource Assignment 和 Frequency Resource Assignment 指示 TB 1 初传、重传 1 和重传 2 的时频资源，分别为 $\{(n_1, k_1), (n_2, k_2), (n_3, k_3)\}$，其中 $n_1/n_2/n_3$ 分别为三个传输资源所在的时域位置，$k_1/k_2/k_3$ 分别为三个侧行传输资源所对应的频域位置。如果该侧行控制信息中的 Resource Reservation Period 域为 100，即表示该侧行控制信息同时预留了 $\{(n_1+100,$

k_1), (n_2+100, k_2), (n_3+100, k_3)} 三个侧行传输资源，该三个侧行传输资源将用于 TB 2 中初传、重传 1 和重传 2 的传输。同理，终端在 TB 1 重传 1 中发送侧行控制信息，指示重传 1 和重传 2 的时频资源，分别为 { (n_2, k_2), (n_3, k_3)}，同时利用 Resource Reservation Period 域预留 TB 2 内重传 1 和重传 2 的时频资源，即对应 { (n_2+100, k_2), (n_3+100, k_3)} 两个侧行传输资源。

在 NR-V2X 中，Resource Reservation Period 域可能的取值为 0ms、1 ~ 99ms、100ms、200ms、⋯、1000ms，相比较 LTE-V2X 更为灵活。但在每个资源池中，最多配置其中的 16 种取值，终端根据资源池的配置确定可以使用的值。

需要特别说明的是，在 NR-V2X 中通过网络配置或预配置可以激活或去激活 TB 间的资源预留。当激活 TB 间的资源预留时，侧行控制信息中包含 Resource Reservation Period 域。在该情况下，终端可以进行周期性的半持续传输，即终端每传输一个 TB 都可以利用侧行控制信息中的 Resource Reservation Period 域预留下一个周期的传输资源，下一个周期的传输资源用于另一个 TB 的传输。

当没有激活 TB 间的资源预留时，侧行控制信息中不包含 Resource Reservation Period 域，即指示一个 TB 传输的侧行控制信息不能预留另外一个 TB 的传输资源。从图 4-6 中可以看到，侧行控制信息中不包含 Resource Reservation Period 域时，TB 2 的初传在发送之前未被任何侧行控制信息指示。进行资源选择的终端，需要通过解码其他终端发送的侧行控制信息，获知并排除其他终端预留的资源，才能避免资源碰撞。因此在这种情况下，进行资源选择的终端无法通过解码侧行控制信息提前获知 TB 2 初传的时频位置，也就无法排除对应资源，最终可能导致资源碰撞。为解决这一问题，在标准制定过程中，一些公司提出了独立（Standalone）PSCCH 的概念 [18、19]。

独立 PSCCH 是指，PSCCH 在其调度的 PSSCH 之前独立发送。例如，图 4-7 所示子图 1 中，终端提前利用独立 PSCCH 中携带的侧行控制信息向其他终端指示其调度的数据传输的时频资源，从而进行资源选择的终端可以提前获知该终端接下来要使用的资源并在资源选择时予以排除。然而，独立 PSCCH 方案需要通过帧结构方式 2 或方式 3 与 PSSCH 在一个时隙内复用，而最终标准确定仅支持帧结构方式 4（详见第 3.1 节相关内容）。为了能够在方式 4 中支持类似于独立 PSCCH 的资源预留，在 RAN1#98 次会议上，有公司提出了图 4-7 所示子图 2 中所示的解决方案，即终端发送一个频域宽度为单个子信道的 PSCCH 和 PSSCH 替代子图 1 中独立发送的 PSCCH。但这种方案会导致终端多次传输所用子信道的数目不一致，从而大幅度增加侧行控制信息中的信令开销，所以最终该方案也没有通过。总之，尽管通过理论分析和仿真验证，独立 PSCCH 所实现的资源预留方案能够提供一定的性能增益，但该方案没有被 3GPP 所采纳。

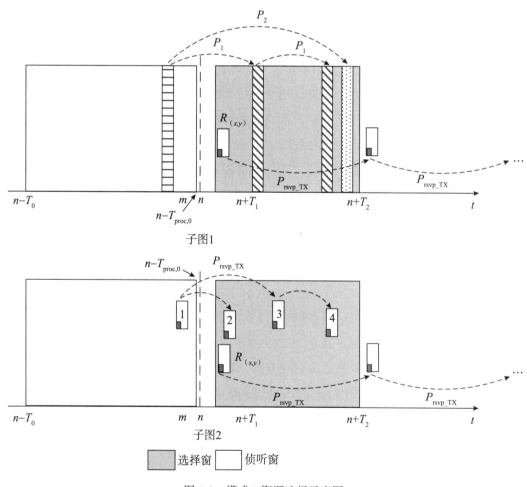

图 4-7　通过独立 PSCCH 指示预留资源

下面结合图 4-8 所示的示意图详细说明模式 2 资源选择的步骤 [1]。

如图 4-8 所示，终端在时隙 n 触发资源选择或重选。资源选择窗从 $n+T_1$ 开始，到 $n+T_2$ 结束。$0 \leqslant T_1 \leqslant T_{\text{proc},1}$，当子载波间隔是 15kHz、30kHz、60kHz、120kHz 时，$T_{\text{proc},1}$

子图1

子图2

选择窗　侦听窗

图 4-8　模式 2 资源选择示意图

分别为 3、5、9、17 个时隙。当 $T_{2\min}$ 小于剩余数据包时延预算（Packet Delay Budget，PDB）时，$T_{2\min} \leqslant T_2 \leqslant$ 剩余数据包时延预算；否则，T_2 等于剩余数据包时延预算，以保证终端在数据包超时前对数据进行传输。$T_{2\min}$ 可能的取值为 $\{1,5,10,20\} \times 2^{\mu}$ 个时隙，其中 $\mu = 0$、1、2、3 分别对应于子载波间隔是 15kHz、30kHz、60kHz、120kHz 的情况，终端根据自身待发送数据的优先级从该取值集合中确定 $T_{2\min}$ 的取值。例如，当子载波间隔是 30kHz 时，终端根据自身待发送数据优先级从取值集合 $\{2,10,20,40\}$ 中确定 $T_{2\min}$ 对应的时隙数目。

终端在从 $n-T_0$ 到 $n-T_{\text{proc},0}$ 的侦听窗中进行资源侦听，T_0 的取值为 100ms 或 1100ms。当子载波间隔是 15kHz、30kHz、60kHz 和 120kHz 时，$T_{\text{proc},0}$ 分别为 1、1、2 和 4 个时隙。

（1）步骤 1：终端确定候选资源集合

① 确定初始资源集合 A。终端将资源选择窗内所有的可用资源作为资源集合 A。记资源集合 A 中的任意一个资源为 $R_{(x,y)}$，x 用于指示资源的频域位置，y 用于表示资源的时域位置。具体地，如果终端传输 PSSCH 所需的子信道数目为 L_{subCH}，则 $R_{(x,y)}$ 表示时隙 y 中从子信道 x 开始到子信道 $x+L_{\text{subCH}}-1$ 对应的资源。记资源集合 A 中初始的资源数目为 M_{total}。

终端在触发资源选择或重选后会生成随机计数值 SL_RESOURCE_RESELECTION_COUNTER，如果终端的资源预留周期 $P_{\text{rsvp\_TX}}$ 大于等于 100ms，则随机计数值为 $[5,15]$ 的整数。如果终端的资源预留周期小于 100ms，则随机计数值为

$$\left[5 \times \left\lceil \frac{100}{\max\left(20, P_{\text{rsvp\_TX}}\right)} \right\rceil, 15 \times \left\lceil \frac{100}{\max\left(20, P_{\text{rsvp\_TX}}\right)} \right\rceil \right]$$ 的整数。根据前文中的介绍，在 NR-V2X 中，

$P_{\text{rsvp\_TX}}$ 可能的取值包括 1 ~ 99ms，为了避免当 $P_{\text{rsvp\_TX}}$ 取值过小时导致的随机计数值过大，在上述公式的分母中引入了与 20ms 取最大值的操作。在模式 2 中，该随机计数值用于确定终端内部资源预留的周期数 C_{resel}，其中 C_{resel} 等于十倍的随机计数值。

在终端进行资源排除时，终端不仅要判断资源 $R_{(x,y)}$ 是否与其他终端预留的资源重叠，还会根据自身资源预留周期 $P_{\text{rsvp\_TX}}$，判断与资源 $R_{(x,y)}$ 对应的 $C_{\text{resel}}-1$ 个周期性资源是否与其他终端预留的资源存在重叠。例如，图 4-8 中，终端判断 $R_{(x,y)}$ 和与 $R_{(x,y)}$ 对应的以 $P_{\text{rsvp\_TX}}$ 为间隔映射的 $C_{\text{resel}}-1$ 个周期性资源是否与其他终端预留的资源存在重叠。这样设计的好处是，即使判断当前周期不存在资源冲突，但在之后的周期存在资源冲突，也可以在资源选择时排除当前周期对应的资源，避免上述冲突。当高层配置的资源预留周期 $P_{\text{rsvp\_TX}}$ 为 0 或未配置资源预留周期 $P_{\text{rsvp\_TX}}$ 时，终端只判断资源 $R_{(x,y)}$ 与其他终端预留的资源是否重叠。

② 根据未侦听时隙进行资源排除。如果终端在侦听窗内某些时隙发送数据，由于半

双工的限制，终端在这些时隙上并不会进行侦听。由于终端并不知道在这些未侦听时隙内侦听遗漏了哪些侧行控制信息，也不知道这些没有侦听到的侧行控制信息携带的资源预留周期，终端需要根据这些未侦听时隙和资源池内允许的每一种资源预留周期进行资源排除，进而避免可能发生的资源冲突。具体的，若终端在时隙 m 发送数据没有进行资源侦听，则终端根据时隙 m 和终端所用资源池中允许的每一种资源预留周期，以该资源预留周期为间隔，确定对应的 Q 个时隙。若资源 $R_{(x,y)}$ 以及与资源 $R_{(x,y)}$ 对应的 $C_{resel}-1$ 个周期性资源与该 Q 个时隙存在重叠，则从资源集合 A 中排除资源 $R_{(x,y)}$。

在一般情况下，上述 $Q=1$。而在某些情况下，针对较小的资源预留周期 P_{rsvp_RX}，即 $P_{rsvp\_RX} < T_{scal}$，上述 $Q = \left\lceil \dfrac{T_{scal}}{P_{rsvp\_RX}} \right\rceil$。其中 T_{scal} 为资源选择窗参数 T_2 转化为毫秒后的值。因为当资源预留周期 P_{rsvp_RX} 较小时，如果 $Q=1$，则只能排除资源选择窗内时域位置靠前的资源，所以利用资源选择窗参数 T_2 放大了 Q 的值。

例如，图 4-8 子图 1 中所示的，终端在时隙 m 发送数据没有进行侦听，假设资源池中允许的资源预留周期包括 P_1 和 P_2，对于资源预留周期 P_1，由于 $P_1 < T_{scal}$，假设 Q 计算为 2，则终端确定对应的 Q 个时隙为从时隙 m 开始以 P_1 为间隔的两个斜线阴影标识的时隙。若资源 $R_{(x,y)}$ 以及与资源 $R_{(x,y)}$ 对应的 $C_{resel}-1$ 个周期性资源与上述两个时隙存在重叠，则从资源集合 A 中排除资源 $R_{(x,y)}$。对于资源预留周期 P_2，假设 Q 计算为 1，则终端确定对应的 Q 个时隙为从时隙 m 开始以 P_2 为间隔的点状阴影标识的时隙。若资源 $R_{(x,y)}$ 以及与资源 $R_{(x,y)}$ 对应的 $C_{resel}-1$ 个周期性资源与该点状阴影标识的时隙存在重叠，则从资源集合 A 中排除资源 $R_{(x,y)}$。

当终端根据未侦听时隙进行资源排除后，若资源集合 A 中剩余资源数目小于 $X \times M_{total}$，则将资源集合 A 初始化为资源选择窗内全部的可用资源，再执行后续根据侦听到的侧行控制信息进行资源排除的步骤。也就是说，放弃步骤② 中的资源排除结果。这样设计是为了避免由于在步骤②中排除过多资源导致反复循环执行步骤①（参照步骤④的描述）。上述 X 可能的取值为 {20%, 35%, 50%}，终端根据待发送数据的优先级从该取值集合中确定参数 X。

③ 根据侦听到的侧行控制信息进行资源排除。如果终端在侦听窗内时隙 m 侦听到 PSCCH，则测量该 PSCCH 的参考信号接收功率（Reference Signal Receiving Power，RSRP）或者该 PSCCH 调度 PSSCH 的 RSRP。

若终端在时隙 m 侦听到 PSCCH 中的侧行控制信息不包括 Resource Reservation Period 域，则终端确定该侧行控制信息中 Time Resource Assignment 和 Frequency Resource Assignment 域指示的资源。若资源 $R_{(x,y)}$ 以及和资源 $R_{(x,y)}$ 对应的 $C_{resel}-1$ 个周期性资源与所述指示的资源存在重叠，且测量的 SL-RSRP 大于 SL-RSRP 阈值，则从资源

集合 A 中排除资源 $R_{(x,y)}$。

例如，图 4-8 子图 2 中所示的，终端在时隙 m 的资源 1 上侦听到侧行控制信息，该侧行控制信息中不包括 Resource Reservation Period 域，则终端确定该侧行控制信息中 Time Resource Assignment 域和 Frequency Resource Assignment 域指示的资源为资源 1 和资源 2。若资源 $R_{(x,y)}$ 以及和资源 $R_{(x,y)}$ 对应 $C_{resel}-1$ 个周期性资源与资源 1 和 2 存在重叠，且测量得到的 SL-RSRP 大于 SL-RSRP 阈值，则从资源集合 A 中排除资源 $R_{(x,y)}$。

若终端在时隙 m 侦听到 PSCCH 中的侧行控制信息包括 Resource Reservation Period 域，则终端根据时隙 m 和该侧行控制信息中携带的资源预留周期，以该资源预留周期为间隔，确定对应的 Q 个时隙。终端假定在该 Q 个时隙中也会收到相同内容的侧行控制信息。进一步地，终端确定在时隙 m 收到的和在该 Q 个时隙中假定将收到的侧行控制信息中 Time Resource Assignment 域和 Frequency Resource Assignment 域指示的资源。若资源 $R_{(x,y)}$ 以及与资源 $R_{(x,y)}$ 对应的 $C_{resel}-1$ 个周期性资源与上述指示的资源存在重叠，且测量的 SL-RSRP 大于 SL-RSRP 阈值，则从资源集合 A 中排除资源 $R_{(x,y)}$。

例如，图 4-8 子图 2 中所示的，终端在时隙 m 的资源 1 上侦听到侧行控制信息，该侧行控制信息中包括 Resource Reservation Period 域，该域指示了资源预留周期 P_{rsvp_RX}。假定 Q 计算为 1，则终端确定对应的 Q 个时隙为，从时隙 m 开始以 P_{rsvp_RX} 为间隔的下一个时隙，即图中资源 3 所在的时隙。终端假定在资源 3 所在的时隙将收到同样内容的侧行控制信息。进一步地，终端确定所述收到的和假定将收到的侧行控制信息中 Time Resource Assignment 域和 Frequency Resource Assignment 域指示的资源为资源 1 ~ 4。若资源 $R_{(x,y)}$ 以及与资源 $R_{(x,y)}$ 对应的 $C_{resel}-1$ 个周期性资源与资源 1 ~ 4 存在重叠，且测量得到的 SL-RSRP 大于 SL-RSRP 阈值，则从资源集合 A 中排除资源 $R_{(x,y)}$。

同时，上面提到的 SL-RSRP 阈值与终端侦听到的 PSCCH 中携带的优先级以及终端待发送数据的优先级有关。

④ 在完成上述资源排除后，如果资源集合 A 中剩余资源小于 $X \times M_{total}$，则将 SL-RSRP 阈值抬升 3dB，重新执行步骤 1。

终端将资源集合 A 中经资源排除后的剩余资源作为候选资源集合。

（2）步骤 2：终端从候选资源集合中随机选择若干传输资源。

整体上，NR-V2X 模式 2 的资源分配机制与 LTE-V2X 中的模式 4 类似，但存在以下几点不同。

① NR-V2X 中要支持大量非周期业务，所以取消了 LTE-V2X 中根据 SL-RSRP 进行资源排除后进一步依据侧行链路接收信号强度指示（Sidelink-Received Signal Strength Indication，SL-RSSI）对剩余资源进行排序的步骤。

② NR-V2X 模式 2 可以根据 PSCCH RSRP 或 PSSCH RSRP 与 SL-RSRP 阈值进行比较，资源池内具体采用哪种信道测量结果由网络配置或预配置。

③ NR-V2X 模式 2 中侦听窗的长度是 100ms 或 1100ms，而 LTE-V2X 中侦听窗长度为 1000ms。

④ 在上述步骤 2 中，资源选择需要满足一些时域上的限制，主要包括以下两点。

- 除一些特殊情况外，终端选择的任何一个用于同一个 TB 重传的资源需要能够被前一次发送的侧行控制信息指示，即任意两个相邻的且用于同一个 TB 发送资源的时域间隔小于 32 个时隙。例如，在选择图 4-6 中用于 TB 1 传输的三个资源时，应使得重传 1 至少可以被初传的侧行控制信息指示，重传 2 至少可以被重传 1 指示。上述特殊情况包括终端无法从候选资源集合中选择出满足该时域限制的资源，以及在资源选择完成后由于资源抢占或拥塞控制等原因打破该时域上的限制等情况。

- 当终端所用资源池配置了 PSFCH 资源时，终端应保证任意两个选择的时频资源，在时域上至少间隔时长 Z。其中时长 Z 包括终端等待接收端 HARQ 反馈的时间、接收 HARQ 反馈的时间、收发转换以及准备重传数据的时间。例如，若资源池配置了 PSFCH 资源，则在选择图 4-6 中用于 TB 1 传输的三个资源时，初传与重传 1 之间应至少间隔时长 Z，重传 1 与重传 2 之间应至少间隔时长 Z。当资源选择无法满足该时域限制时，取决于终端实现解决该问题，如可以放弃选择某些重传资源。

4.3.2　Re-evaluation 和 Pre-emption 机制

NR-V2X 支持 Re-evaluation（重评估）机制。当终端完成资源选择后，对于已经选择但未被已发送的侧行控制信息指示的资源，仍然有可能被其他终端预留，导致资源碰撞。针对该问题，一些公司[20、21]提出了 Re-evaluation 机制，即终端在完成资源选择后仍然持续侦听侧行控制信息，并对已选但未指示的资源进行至少一次的再次评估。Re-evaluation 机制在 RAN1 #98 次会议上被正式通过。

如图 4-9 所示，资源 w、x、y、z、v 是终端在时隙 n 已经选择的时频资源，资源 x 位于时隙 m。对于终端即将在资源 x 发送侧行控制信息进行首次指示的资源 y 和 z（资源 x 之前已经被资源 w 中的侧行控制信息指示），终端至少在时隙 $m-T_3$ 执行一次上述步骤 1，即确定资源选择窗与侦听窗，并对资源选择窗内的资源进行资源排除，得到候选资源集合。如果资源 y 或 z 不在候选资源集合中，则终端执行上述步骤 2，重选资源 y 和 z 中不在候选资源集合内的时频资源。此外，为了满足上述步骤 2 中的时域限制条件，终端也可以重选任何已经选择但未被已发送的侧行控制信息指示的资源，如资源 y、z 和 v 中任意几个资源，然而是否执行这一操作取决于终端实现。上述 T_3 等于 $T_{proc,1}$（图 4-9 中虚线箭头表示即将发送的侧行控制信息指示，实线箭头表示已经发送的侧行控制信息指示）。

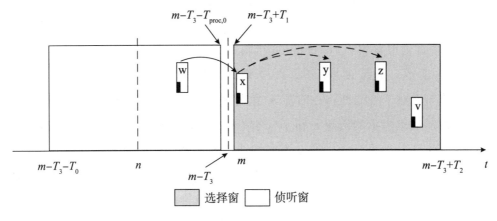

图 4-9　Re-evaluation 机制示意图

　　需要说明的是，在标准化进程中，一些公司认为 Re-evaluation 需要在每个时隙都执行一次，如此能够尽早地发现已选但未指示的资源是否被其他终端预留，尽早触发资源重选，提升通信可靠性 [16][22]。另外一些公司对上述观点的复杂度和必要性提出了质疑，认为只需要在 $m-T_3$ 执行 Re-evaluation [23、24]。此外，还有一些其他观点，比如固定间隔几个时隙执行一次或取决于终端实现在哪些时隙执行 [25]。综合各方意见，最终标准确定终端至少在 $m-T_3$ 执行一次 Re-evaluation 操作，是否在其他时隙执行取决于终端实现。

　　同时，为了避免低优先级业务与高优先级业务之间的资源冲突，NR-V2X 还支持 Pre-emption（资源抢占）机制。在 NR-V2X 中，关于 Pre-emption 机制的结论都是从被抢占资源的终端的角度描述的。在完成资源选择后，终端仍然持续侦听侧行控制信息，如果已经选择的并且已经通过之前发送的侧行控制信息指示的时频资源满足以下三个条件，则触发资源重选。

　　① 侦听到的侧行控制信息指示的资源与终端已选且已指示的资源存在重叠。

　　② 终端侦听到的侧行控制信息对应 PSCCH 的 RSRP 或该 PSCCH 调度 PSSCH 的 RSRP 大于 SL-RSRP 阈值。

　　③ 当高层配置参数 *sl-PreemptionEnable* 取值为"*enabled*"时，该条件为终端侦听到的侧行控制信息中携带的优先级索引值低于终端待发送数据的优先级索引值（即前者的优先级高于后者）；当高层配置参数 *sl-PreemptionEnable* 为具体优先级门限索引值时，

该条件为终端侦听到的侧行控制信息中携带的优先级索引值低于终端待发送数据的优先级索引值，且低于该优先级门限索引值。

当配置了上述优先级门限索引值时，低优先级（即具有高优先级索引值）的数据传输只有和高于优先级门限（即低于优先级门限索引值）的业务发生资源冲突时，才需要触发资源重选，因此，可以避免低优先级业务频繁触发资源重选。可以理解的是，当 *sl-PreemptionEnable* 未配置或者该参数对应的优先级门限索引值配置为最低优先级索引值时，终端所用资源池没有激活 Pre-emption 机制。

如图 4-10 所示，资源 w、z、y、z、v 是终端在时隙 *n* 已经选择的时频资源，资源 x 位于时隙 *m*。对于终端即将在时隙 *m* 发送侧行控制信息指示的且已经被终端之前发送的侧行控制信息指示的资源 x 和 y，终端至少在时隙 $m-T_3$ 执行一次上述步骤 1，确定候选资源集合。如果资源 x 或 y 不在候选资源集合中，则进一步判断其是否满足上述三个条件。若满足，则终端执行步骤 2 重选资源 x 和 y 中满足上述三个条件的时频资源。此外，当触发资源重选后，为了满足步骤 2 中的时域限制条件，终端也可以重选任何已选择但未通过之前发送的侧行控制信息指示的资源，如资源 z 和 v 中的任意几个，但是否执行这一操作取决于终端实现。上述 T_3 等于 $T_{proc,1}$（图 4-10 中虚线箭头表示即将发送的侧行控制信息指示，实线箭头表示已经发送的侧行控制信息指示）。

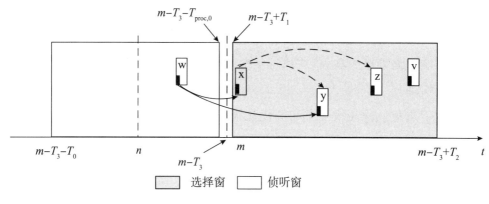

图 4-10　Pre-emption 机制示意图

需要注意的是，在上述 Re-evaluation 和 Pre-emption 中触发资源重选后，对于新选择的用于替代被重选资源的传输资源，终端可以根据其是否已被侧行控制信息指示，之后再次对其执行 Re-evaluation 或 Pre-emption 检查。

图 4-9 和图 4-10 中的示例说明对于单个 TB 的传输资源终端如何执行 Re-evaluation 和 Pre-emption 检查。接下来介绍当终端进行周期性的半持续传输时，如何执行 Re-evaluation 和 Pre-emption 检查。根据前文中的介绍，当终端进行半持续传输时，每传输

一个 TB 都可以利用侧行控制信息预留下一个周期的资源并用于下一个 TB 的传输。因此在每个周期中，针对承载当前 TB 传输的且未被之前发送的侧行控制信息指示的资源，终端对其执行 Re-evaluation 检查。针对承载当前 TB 传输的且已经被指示的资源，终端对其执行 Pre-emption 检查，判断是否需要重选。

如图 4-11 所示，在周期 1 中对资源 x_1 和 y_1 执行 Re-evaluation 和 Pre-emption 检查，在周期 2 中对资源 x_2 和 y_2 执行 Re-evaluation 和 Pre-emption 检查，具体步骤与前文中针对单个 TB 的示例一致。具体地，在周期 2 中，资源 x_2 位于时隙 m，由于资源 x_2 和 y_2 已经被周期 1 中的侧行控制信息通过 Resource Reservation Period 域指示，因此终端至少在时隙 $m-T_3$ 对 x_2 和 y_2 执行 Pre-emption 检查。如果终端判断资源 y_2 满足被抢占的条件，则触发资源重选，图中 y_2' 表示重选后的资源，y_2' 用于替代 y_2（图 4-11 中实线箭头表示已经发送的侧行控制信息指示，虚线箭头表示未发送的侧行控制信息指示，并且为了简化示意图省略了某些资源指示）。

需要说明的是，在终端进行周期性半持续传输的场景下，在某个周期中的资源被抢占并不代表之后周期中的对应资源也被抢占。因此，为了避免过度预留资源，在 Pre-emption 机制中，在用于替代被抢占资源的重选资源（如图 4-11 中的 y_2'）上进行传输时，终端可以根据自身实现将侧行控制信息中 Resource Reservation Period 域的取值设置为 0。例如，在图 4-11 中 y_2' 上传输的侧行控制信息，其 Resource Reservation Period 域的取值可以为 0，即不预留周期 3 中的资源 y_3'。这种情况下，在周期 3 中，终端应使用资源 y_3。

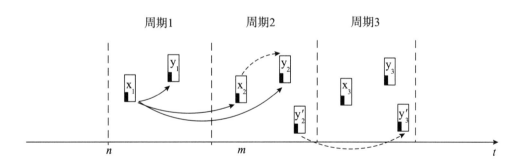

图 4-11　周期性 Re-evaluation 和 Pre-emption 机制

┃ 4.4 小　结 ┃

在本章中，先后介绍了模式 1 动态调度、模式 1 侧行配置授权以及模式 2 资源选择三种 NR-V2X 中基本的资源分配方案，这三种方案能够通过网络调度或资源侦听降低终端间的干扰，从而提升 NR-V2X 系统数据传输的可靠性。同时，本章中介绍的模式 2 资源选择也是 NR 侧行链路技术后续演进的基础，例如，在 R17 侧行链路增强中，针对新的应用需求，在模式 2 的基础上又设计了以节能为目的的部分侦听机制以及基于终端间协调的资源选择机制，具体方案可参照第 7.1.1 节和第 7.1.2 节相关内容。

第 5 章
NR-V2X 物理层过程

赵振山　张世昌

本章介绍侧行通信中的物理层过程，包括侧行 HARQ 反馈机制、侧行链路的测量和反馈、侧行链路功率控制以及侧行链路的同步机制等。

我们将在第 5.1 节侧行 HARQ 反馈机制中介绍单播和组播通信中的侧行 HARQ 反馈方式、侧行反馈资源的配置以及确定方法；5.2 节介绍侧行功率控制机制，包括基于下行链路的功率控制机制以及基于侧行链路的功率控制机制；5.3 节介绍侧行链路测量和反馈机制，如接收端进行信道质量指示（Channel Quality Indication，CQI）、秩指示（Rank Indicator，RI）测量并反馈给发送端以辅助发送端进行发送参数调整，测量侧行 RSRP 并反馈以辅助发送端进行功率控制，终端根据信道繁忙率（Channel Busy Ratio，CBR）/ 信道占用率（Channel Occupancy Ratio，CR）的测量结果进行拥塞控制；第 5.4 节介绍侧行链路的同步机制。

| 5.1 侧行链路 HARQ 反馈 |

在 LTE-V2X 中，侧行链路传输的数据主要通过广播的方式进行发送，通常采用盲重传的方式进行侧行数据的传输，即发送端不需要根据接收端的 HARQ 反馈判定进行重传或新传，而是自主地进行一定次数的侧行数据重传，然后进行新传。在 NR-V2X 中，为了满足更高传输可靠性的需求，在侧行链路中引入了侧行 HARQ 反馈机制，即接收端 UE 检测发送端 UE 发送的 PSCCH/PSSCH，根据检测结果向发送端 UE 发送 HARQ 反馈信息，该 HARQ 反馈信息承载在 PSFCH 信道中。

5.1.1 侧行 HARQ 反馈的激活或去激活

在 NR-V2X 中，可以通过以下方式激活（Enabled）或去激活（Disabled）侧行 HARQ 反馈机制。

1. 通过资源池配置信息激活或去激活侧行 HARQ 反馈

侧行 HARQ 反馈信息通过 PSFCH 信道承载，而在一个时隙中，PSFCH 与 PSCCH/PSSCH 通过 TDM 的方式复用。如果资源池中配置了 PSFCH 传输资源，则一个时隙中有两个时域符号用于 PSFCH（包括 PSFCH 的 AGC 符号），并且在该 AGC 时域符号和 PSSCH 信道之间需要一个作为 GP 的符号。因此，PSFCH 信道会大大增加系统的开销。如果不配置 PSFCH 资源，则对于常规 CP 的时隙，可用于侧行数据传输的时域符号个数最多可以达到 12 个（去掉第一个用作 AGC 的符号以及最后一个用作 GP 的符号）。当配置了 PSFCH 资源后，则可用于传输侧行数据的符号数最多仅为 9 个，一个时隙内可用于 PSSCH 发送的资源减少了 25%。因此，在 NR-V2X 中支持通过资源池配置信息激活或去激活侧行 HARQ 反馈机制，在提高资源利用率与传输可靠性之间进行选择，满足不同场景的需求。

在资源池配置信息中包括 PSFCH 传输资源的配置，其中，PSFCH 时域周期参数可配置为 P 个时隙，其中 P 的取值为 {0,1,2,4}，即每 P 个时隙中包括一个 PSFCH 的时隙，当 $P=0$ 时，表示该资源池中没有 PSFCH 时隙，即在该资源池中的侧行传输不支持侧行 HARQ 反馈。当 $P=1$，$P=2$ 或 $P=4$ 时，表示该资源池中配置了 PSFCH 时隙，即在该资源池中的侧行传输支持侧行 HARQ 反馈。

2. 通过 SCI 指示激活或去激活侧行 HARQ 反馈

如果资源池中配置了 PSFCH 传输资源，进一步地，终端可以通过 SCI 动态指示当前数据传输是否激活侧行反馈。具体地，该指示信息承载在第二阶 SCI 中 [12]。需要说明的是，资源池配置参数中配置了 PSFCH 传输资源，只是表示该资源池可以支持侧行 HARQ 反馈，发送端依然可以通过 SCI 中的指示信息指示接收端是否需要进行 HARQ 反馈。当资源池配置参数中没有配置 PSFCH 传输资源（即 PSFCH 周期参数 $P=0$）时，该资源池不支持侧行 HARQ 反馈。

发送端通过 SCI 激活或去激活侧行 HARQ 反馈，使得发送端可以根据当前待传输数据的特征灵活选取是否需要接收端进行 HARQ 反馈。例如，如果待传输数据的可靠性要求高，则发送端可以激活侧行 HARQ 反馈，保证接收的可靠性；如果待传输数据的时延要求高，则发送端可以去激活侧行 HARQ 反馈，而采用盲重传方式尽快将数据发送出去。

5.1.2　侧行 HARQ 反馈方式

在 NR-V2X 中支持三种侧行数据的传输方式：单播、组播和广播。侧行链路 HARQ 反馈只适用于单播和组播，不适用于广播。在广播传输方式中，与 LTE-V2X 相同，发送端 UE 通常采用盲重传的方式多次传输侧行数据以提高传输可靠性。

在单播传输方式中，发送端和接收端建立单播通信的链路后，发送端向接收端发送侧行数据，接收端根据检测结果向发送端发送 PSFCH，在 PSFCH 中承载侧行 HARQ 反馈信息，如图 5-1 所示。

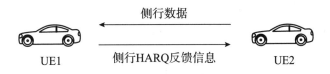

图 5-1　侧行链路反馈示意图

在组播传输方式中，引入了两种侧行 HARQ 反馈方式，即只反馈 NACK 的侧行 HARQ 反馈方式和反馈 ACK 或 NACK 的侧行 HARQ 反馈方式，发送端在 SCI 中指示接收端的侧行 HARQ 反馈方式 [1]。

（1）第一类组播侧行 HARQ 反馈方式：又称为 NACK-only 侧行反馈方式

当 UE 未成功检测 PSSCH 时，向发送端 UE 发送 NACK，如果 UE 成功检测了 PSSCH，则不发送侧行 HARQ 反馈信息，并且所有需要发送 NACK 的 UE 使用相同的反馈资源发送 NACK。该侧行 HARQ 反馈方式通常适用于无连接（Connection-less）的组播传输，即 UE 之间并没有建立通信组。另外，该侧行 HARQ 反馈方式通常与通信距离需求相结合，即只有和发送端 UE 在一定距离范围内的 UE 才向发送端 UE 发送侧行 HARQ 反馈信息，而该通信距离范围外的 UE 不需要发送侧行 HARQ 反馈信息。在标准制定的后期，也有公司提出这种反馈方式也可以不与通信距离需求结合，可以适用于基于连接（Connection-based）的组播通信中。例如，在车辆编队（Platooning）的场景中，通信组内的车辆数是确知的，此时，也可以采用第一类侧行 HARQ 反馈方式，组内所有的 UE 如果未能成功检测 PSSCH 则反馈 NACK，否则不反馈。

在 NR-V2X 中，为了支持 NACK-only 的侧行 HARQ 反馈方式，引入了区域（Zone）的概念，即将地球表面划分多个 Zone，通过 Zone ID 标识每个 Zone。对于 NACK-only 的侧行 HARQ 反馈方式，发送端 UE 在 SCI 中携带自身所属的 Zone 对应的 Zone ID 信息，并且指示通信距离需求（Communication Range Requirement）信息。接收端 UE 接收到发送端 UE 发送的 SCI，根据其指示的 Zone ID 信息以及接收端 UE 自己所处的位置，确定与发送端 UE 之间的距离。具体的，接收端 UE 可以获知自己的真实位置（如根据

GNSS 获取自身位置信息），但接收端 UE 只知道发送端 UE 所处的 Zone，并不知道其真实的地理位置。因此，接收端 UE 根据自己的真实位置以及发送端 UE 中 Zone ID 所对应的多个 Zone 中距离接收端 UE 最近的 Zone 的中心位置确定两者之间的距离。如果确定的距离小于等于通信距离需求信息指示的距离，并且未成功检测 PSSCH，则需要反馈 NACK；如果成功检测 PSSCH，则不需要反馈；如果大于通信距离需求信息指示的距离，则不需要向发送端 UE 发送侧行 HARQ 反馈信息。

如图 5-2 所示，发送端 UE（TX UE）在 Zone 4 中，发送侧行数据，并且在 SCI 中携带 Zone ID 信息和距离信息，UE1 和 UE2 确定与 TX UE 的距离小于该距离信息，因此当检测 PSSCH 失败时，会向 TX UE 发送 NACK，否则不反馈；UE3 确定与 TX UE 的距离大于该距离信息，因此 UE3 不会向 TX UE 发送侧行 HARQ 反馈。

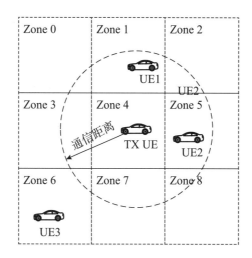

图 5-2　基于 Zone 和距离需求的组播通信侧行反馈示意图

在基于 Zone 的侧行反馈方式中，在 SCI 中携带的 Zone ID 主要用于计算发送端 UE 和接收端 UE 之间的距离，终端根据 GNSS 确定当前的位置（接收端 UE）或当前所属的 Zone（发送端 UE）。当终端无法获取 GNSS 信号时，可以按以下方式处理。

① 发送端 UE 无法获取位置信息。当发送端 UE 无法获取位置信息时，发送端无法使用基于通信距离需求的第一类组播侧行反馈方式。因为发送端无法获取位置信息，就无法确定当前所属的 Zone，因此在 SCI 中无法指示 Zone ID。

② 接收端 UE 无法获取位置信息。如果接收终端接收到的 SCI 中包括 Zone ID 和通信距离需求指示信息，则接收端 UE 需要计算与发送端 UE 之间的距离，并判断是否需要进行侧行反馈。但是当接收端 UE 无法获取位置信息时，便无法计算与发送端之间的距离。NR-V2X 中规定：如果终端无法获取位置信息，并且检测 PSSCH 失败，则反馈 NACK，否则不反馈。

（2）第二类组播侧行 HARQ 反馈方式：即 ACK/NACK 侧行反馈方式

当 UE 成功检测 PSSCH，则反馈 ACK，否则反馈 NACK。该侧行 HARQ 反馈方式通常适用于基于连接（Connection-based）的组播通信中。在基于连接的组播通信中，一组 UE 构成一个通信组，并且每个组内 UE 对应着一个组内标识。例如，如图 5-3 所示，一个通信组包括三个 UE，则该组大小为 3，每个 UE 的组内标识分别对应 ID#0、ID#1 和 ID#2。每个 UE 可以获知组成员的个数，以及该 UE 在该组内的组内标识。一个 UE 发送 PSCCH/PSSCH 时，该组内的其他 UE 都是接收端 UE，每个接收端 UE 根据检测 PSSCH 的状态决定向发送端 UE 反馈 ACK 或 NACK，并且每个接收端 UE 使用不同的侧行 HARQ 反馈资源，即通过频分复用（Frequency Division Multiplexing，FDM）或 CDM 的方式进行侧行 HARQ 反馈。

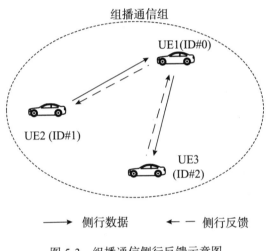

图 5-3   组播通信侧行反馈示意图

5.1.3   侧行 HARQ 反馈资源配置

在资源池配置信息中可以配置侧行 HARQ 反馈传输资源，即 PSFCH 资源。侧行 HARQ 反馈传输资源的配置参数包括以下四种 [26]。

① PSFCH 周期（sl-PSFCH-Period）：侧行 HARQ 反馈资源可以配置在每个侧行传输的时隙中，但是为了降低侧行 HARQ 反馈的开销，可以配置侧行 HARQ 反馈资源的周期 P。其中 $P=0$、1、2、4，用 PSSCH 所在资源池中的时隙个数表示，即每 P 个时隙中有一个时隙包括 PSFCH 传输资源。$P=0$ 即表示该 PSSCH 资源池中没有 PSFCH 反馈资源。

② PSFCH 与 PSSCH 最小时间间隔（sl-MinTimeGapPSFCH）：用于指示侧行 HARQ 反馈资源和其对应 PSSCH 传输资源的最小时间间隔，用时隙个数表示。

③ 侧行 HARQ 反馈资源的频域资源集合（*sl-PSFCH-RB-Set*）：用于指示在一个时隙中可用于传输 PSFCH 的 RB 位置和数量，该参数用位图的形式指示，位图中的每个比特对应频域的一个 RB。

④ 一个 RB 中循环移位对（Cyclic Shift Pair，CS 对）的个数（*sl-NumMuxCS-Pair*）：侧行 HARQ 反馈信息通过序列的形式承载，ACK 和 NACK 对应不同的序列，称为一个循环移位对，该参数用于指示 CS 对的个数，即一个 RB 中可以通过 CDM 的方式复用的用户数。

5.1.4 侧行 HARQ 反馈资源的确定

在资源池配置信息中配置了 PSFCH 的传输资源集合，当接收终端接收到 PSCCH/PSSCH，如何在该传输资源集合中确定相应的侧行反馈资源呢？在 NR-V2X 中，接收终端根据 PSSCH 所在的时隙和子信道信息确定该 PSSCH 对应的 PSFCH 传输资源。具体地，根据资源池配置信息中的 PSFCH 周期参数以及可用于 PSSCH 传输的子信道个数对 PSFCH 的传输资源集合划分多个子集合，每个子集合中的 PSFCH 传输资源对应于一个时隙、一个子信道的 PSSCH 传输，再根据终端标识信息在该子集合中确定具体的 PSFCH 传输资源[13]。

对于一个资源池，如果 PSFCH 周期用参数 $N_{\mathrm{PSSCH}}^{\mathrm{PSFCH}}$ 表示，资源池包括 N_{subch} 个子信道，配置的可用于 PSFCH 传输的 PRB 个数为 $M_{\mathrm{PRB,set}}^{\mathrm{PSFCH}}$，则一个时隙中一个 PSSCH 子信道对应的 PSFCH 的 PRB 个数为 $M_{\mathrm{subch,slot}}^{\mathrm{PSFCH}} = M_{\mathrm{PRB,set}}^{\mathrm{PSFCH}} / \left(N_{\mathrm{subch}} \cdot N_{\mathrm{PSSCH}}^{\mathrm{PSFCH}} \right)$，对于对应到同一个 PSFCH 时隙的第 i 个 PSSCH 时隙第 j 个子信道发送的 PSSCH，其对应的 PSFCH 的可用 PRB 为 $\left[\left(i + j \cdot N_{\mathrm{PSSCH}}^{\mathrm{PSFCH}} \right) \cdot M_{\mathrm{subch,slot}}^{\mathrm{PSFCH}}, \left(i + 1 + j \cdot N_{\mathrm{PSSCH}}^{\mathrm{PSFCH}} \right) \cdot M_{\mathrm{subch,slot}}^{\mathrm{PSFCH}} - 1 \right]$，其中，$0 \leqslant i < N_{\mathrm{PSSCH}}^{\mathrm{PSFCH}}$，$0 \leqslant j < N_{\mathrm{subch}}$，这些 PRB 构成一个 PSFCH 传输资源子集合。如图 5-4 所示，PSFCH 的周期为 4 个时隙，即一个 PSFCH 时隙对应 4 个 PSSCH 时隙，资源池中包括两个子信道，资源池配置信息配置 16 个 PRB 用于传输 PSFCH，因此，一个子信道对应两个 PSFCH 的 PRB，PSSCH 的子信道到 PSFCH 的 PRB 之间的关系按照先时域再频域的顺序对应，在图 5-4 中，时隙 0 的子信道 0 对应 PSFCH 的 PRB0 和 PRB1，时隙 1 的子信道 0 对应 PSFCH 的 PRB2 和 PRB3，以此类推。

在一个 PRB 中能够码分复用的 PSFCH 的个数由参数 $N_{\mathrm{CS}}^{\mathrm{PSFCH}}$ 确定。其中，一个循环移位对表示用于承载 ACK 或 NACK 的一对循环移位值，或在第一类组播侧行 HARQ 反馈方式情况下，表示用于承载 NACK 的一个循环移位（此时没有用于承载 ACK 的循环移位）。一个 PSSCH 子信道对应的 PSFCH 传输资源集合中，PSFCH 传输资源按照先频域再码域的方式进行索引。如图 5-5 所示，用 $N_{\mathrm{PRB,CS}}$ 表示 PSFCH 的资源索引，图中

PSFCH 的传输资源集合中包括 R 个 PRB，每个 PRB 中包括 S 个循环移位对，则所有的
PSFCH 传输资源索引如图 5-5 所示。

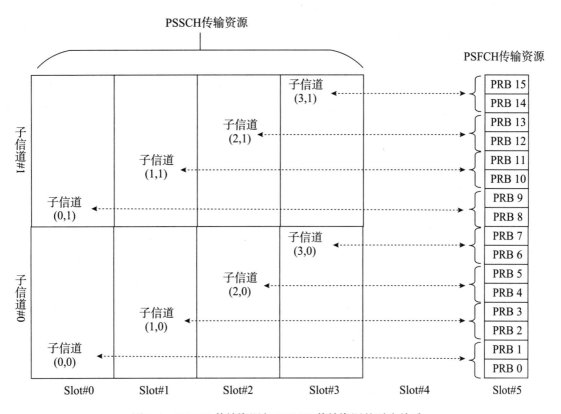

图 5-4　PSFCH 传输资源与 PSSCH 传输资源的对应关系

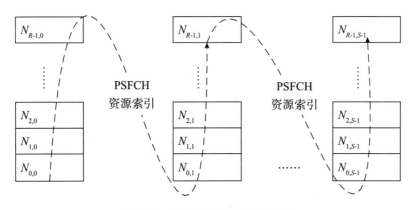

图 5-5　PSFCH 资源索引示意图

NR-V2X 中引入了两种根据 PSSCH 传输资源确定 PSFCH 传输资源的方式，选取哪
种方式是通过资源池配置参数指示的。

① 第一种方式：PSFCH 的传输资源根据 PSSCH 占据的起始子信道索引确定。

② 第二种方式：PSFCH 的传输资源根据 PSSCH 占据的所有子信道索引确定。

一个 PSSCH 信道所对应的 PSFCH 的传输资源集合中包括的元素个数为 $R_{PRB,CS}^{PSFCH} = N_{type}^{PSFCH} \cdot M_{subch,slot}^{PSFCH} \cdot N_{CS}^{PSFCH}$，其中，$N_{CS}^{PSFCH}$ 为一个 PSFCH 的 PRB 内支持的循环移位对；对于上述第一种方式，$N_{type}^{PSFCH} = 1$，对于上述第二种方式，$N_{type}^{PSFCH} = N_{subch}^{PSSCH}$，其中 N_{subch}^{PSSCH} 为该 PSSCH 占据的子信道数。从上式可以看出，对于第一种方式，无论 PSSCH 占据多少个子信道，其对应的 PSFCH 的资源个数是确定的，即 PSFCH 的传输资源数目不随着 PSSCH 传输资源的子信道数而变化。图 5-4 中，对于时隙 0，不论 PSSCH 传输资源占据单个子信道 0，或者子信道 0 和子信道 1，其对应的 PSFCH 的传输资源都是 PRB 0 和 PRB 1。这种方式对于第二类组播侧行反馈方式（即反馈 ACK 或 NACK）并不太适用，当组内终端数较多时，可能无法保证每个终端都有独立的 PSFCH 传输资源。对于第二种方式，PSFCH 的传输资源个数与 PSSCH 的子信道数成正比，PSSCH 占据的子信道数越多，其对应的 PSFCH 的传输资源也越多。图 5-4 中，对于时隙 0，当 PSSCH 占据子信道 0 时，其对应的 PSFCH 的传输资源为 PRB 0 和 PRB 1，当 PSSCH 占据子信道 0 和子信道 1 时，其对应的 PSFCH 的传输资源为 PRB 0、PRB 1、PRB 8 和 PRB 9。因此第二种方式更适用于第二类组播侧行反馈方式，PSSCH 占据的子信道数越多，其对应的 PSFCH 的传输资源也越多，从而可以使得更多的接收终端具有独立的侧行反馈资源。发送端终端可以根据需要发送 PSFCH 的终端数量确定相应的 PSSCH 的子信道数，从而使得每个终端都有相应的 PSFCH 传输资源。

一个 PSSCH 对应 $R_{PRB,CS}^{PSFCH}$ 个 PSFCH 传输资源，终端在该 PSFCH 传输资源集合中确定 PSSCH 对应的传输资源，有

$$\left(P_{ID} + M_{ID} \right) \bmod R_{PRB,CS}^{PSFCH} \tag{5.1}$$

其中：P_{ID} 为发送 PSSCH 的终端的 ID 信息，即 SCI 格式 2-A 或 SCI 格式 2-B 中携带的源 ID；对于第二类组播侧行反馈方式，M_{ID} 为接收终端在该通信组内的成员 ID，该 ID 信息与接收终端的目标 ID 和 SL-RNTI 信息不同，通信组内的终端具有唯一的组内成员 ID。因此，组内的接收终端可以根据该 ID 确定不同的 PSFCH 传输资源。对于单播通信或第一类组播侧行反馈方式，$M_{ID} = 0$，此时只根据 PSSCH 发送端的 ID 信息确定 PSFCH 传输资源，因此，对于第一类组播侧行反馈方式，所有接收端确定的侧行反馈资源相同。

| 5.2 侧行链路功率控制 |

NR-V2X 的 PSCCH 和 PSSCH 支持两种不同类型的功率控制，即基于下行路损的功率控制和基于侧行路损的功率控制。其中，基于下行路损的功率控制主要用于降低侧行发送对上行接收的干扰，如图 5-6 所示。由于侧行通信可能与 Uu 上行位于相同的载波，

UE#2 和 UE#3 之间的侧行发送可能对基站对 UE#1 的上行接收产生干扰，引入基于下行
路损的功率控制后，UE#2 和 UE#3 之间的侧行发送功率将随着下行路损的减小而减小，
从而可以达到控制对上行干扰的目的。基于侧行路损的功率控制的主要目的是降低侧行
通信之间的干扰，由于基于侧行路损的功率控制依赖 SL-RSRP 反馈来计算侧行路损，而
SL-RSRP 是通过 PC5-RRC 信令承载的，因此在 R16 NR-V2X 中只有单播通信支持基于
侧行路损的功率控制。

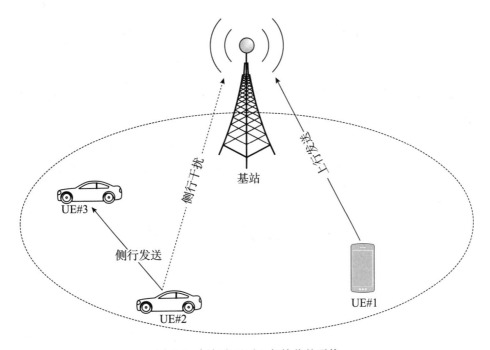

图 5-6　侧行发送对上行接收的干扰

当一个 OFDM 符号仅存在 PSSCH 时，UE 在该 OFDM 符号上发送 PSSCH 的功率，
可以通过式（5.2）确定 [13]，即

$$P_{\text{PSSCH}}(i) = \min\left(P_{\text{CMAX}}, P_{\text{MAX,CBR}}, \min\left(P_{\text{PSSCH,D}}(i), P_{\text{PSSCH,SL}}(i)\right)\right) \ \text{[dBm]} \tag{5.2}$$

其中：P_{CMAX} 为 UE 允许的最大发送功率；$P_{\text{MAX,CBR}}$ 为在拥塞控制情况下，对于当前 CBR
级别和发送数据优先级所允许的最大发送功率；$P_{\text{PSSCH,D}}(i)$ 和 $P_{\text{PSSCH,SL}}(i)$ 分别为基于下
行路损和侧行路损确定的发送功率，通过式（5.3）和式（5.4）确定，即

$$P_{\text{PSSCH,D}}(i) = P_{0,\text{D}} + 10\log_{10}\left(2^{\mu} \cdot M_{\text{RB}}^{\text{PSSCH}}(i)\right) + \alpha_{\text{D}} \cdot PL_{\text{D}} \ \text{[dBm]} \tag{5.3}$$

$$P_{\text{PSSCH,SL}}(i) = P_{0,\text{SL}} + 10\log_{10}\left(2^{\mu} \cdot M_{\text{RB}}^{\text{PSSCH}}(i)\right) + \alpha_{\text{SL}} \cdot PL_{\text{SL}} \ \text{[dBm]} \tag{5.4}$$

其中：$P_{0,\text{D}}$ 和 $P_{0,\text{SL}}$ 为高层信令配置的基于下行和侧行路损功率控制的基本工作点；α_{D} 和
α_{SL} 为高层信令配置的下行和侧行路损补偿因子；PL_{D} 和 PL_{SL} 为 UE 估计的下行和侧行
路损；$M_{\text{RB}}^{\text{PSSCH}}(i)$ 为 PSSCH 占用的 PRB 个数。

当一个 OFDM 符号既存在 PSCCH 又存在 PSSCH 时，UE 会将发送功率 $P_{\text{PSSCH}}(i)$ 按照 PSCCH 和 PSSCH 的 PRB 个数比例分配到 PSCCH 和 PSSCH，具体地，在这种情况下，PSSCH 的发送功率 $P_{\text{PSSCH2}}(i)$ 为

$$P_{\text{PSSCH2}}(i)=10\log_{10}\left(\frac{M_{\text{RB}}^{\text{PSSCH}}(i)-M_{\text{RB}}^{\text{PSCCH}}(i)}{M_{\text{RB}}^{\text{PSSCH}}(i)}\right)+P_{\text{PSSCH}}(i)\quad[\text{dBm}] \tag{5.5}$$

PSCCH 的发送功率为

$$P_{\text{PSCCH}}(i)=10\log_{10}\left(\frac{M_{\text{RB}}^{\text{PSCCH}}(i)}{M_{\text{RB}}^{\text{PSSCH}}(i)}\right)+P_{\text{PSSCH}}(i)\quad[\text{dBm}] \tag{5.6}$$

其中：$M_{\text{RB}}^{\text{PSCCH}}(i)$ 为 PSCCH 占用的 PRB 个数。

由于 PSFCH 格式 0 中不包含解调参考信号，而且 PSFCH 资源上可能存在多个 UE 发送的通过码分方式复用的 PSFCH，PSFCH 的接收 UE 无法通过 PSFCH 估计侧行路损，所以，PSFCH 格式 0 仅支持基于下行路损的功率控制。SLSS 和 PSBCH 采用的是广播发送方式，不存在 SL-RSRP 反馈，所以 SLSS 和 PSBCH 也只采用基于下行路损的功率控制。

5.3　侧行链路测量和反馈

5.3.1　CQI/RI

NR-V2X 的单播通信中支持 CQI 和 RI 上报，而且在一次 SL CSI 上报中，UE 应同时上报 CQI（4 比特信息）与 RI（1 比特信息），由于 NR-V2X 中 PSFCH 仅用于 HARQ 反馈，因此目前 CQI/RI 通过媒体接入控制（Media Access Control，MAC）控制单元（Control Element，CE）承载。NR-V2X 没有引入复杂的多天线技术，目前并不支持预编码矩阵指示（Precoding Matrix Indicator，PMI）上报，因此 PSSCH 传输采用宽带的预编码，并且预编码矩阵采用单位矩阵实现层到端口的映射。

侧行链路上反馈的 CQI 为宽带 CQI，即 PSSCH 占据带宽对应的 CQI，每个码字对应一个宽带 CQI 反馈。用于 CQI/RI 测量的 CSI-RS 资源配置和 CQI/RI 反馈方式之间只有一种结合方式，即非周期的 CSI-RS 配置和非周期的 CQI/RI 反馈。对于发送终端，只有高层配置支持 CSI 反馈，且 SCI 格式 2-A 中 "CSI request" 域设置为 1，触发接收终端反馈 CSI 时，才发送 CSI-RS 参考信号。

另外，在侧行信道上，如果反馈 SL CSI 的 UE 采用模式 2 的资源分配方式，则无法保证 UE 能够获取周期性的资源用于 SL CSI 反馈，所以，在 NR-V2X 中仅支持非周期的 SL CSI 反馈。接收终端接收到 SCI 格式 2-A 中的 "CSI request" 域设置为 1 时，进行

CSI 的测量与反馈。发送终端通过 PC5-RRC 信令将反馈 CSI 的最大时延通知给接收终端，该最大取值范围为 3 ～ 160 个侧行时隙，接收端需要在该最大时延范围内将 CSI 反馈给发送端。发送终端触发接收端进行 CSI 反馈后，只有当接收到反馈的 CQI/RI 或者在设定的最大反馈时延超时时，才会针对同一接收终端再次触发 CSI 反馈。

在侧行链路上，将频域上包含 CSI-RS 的一组 PRB，时域上包含 "CSI request" 的时隙对应的时频资源称之为侧行 CSI 参考资源（CSI Reference Resource），用于推导 CQI 索引和 RI 索引。在侧行链路中，接收终端根据 SCI 格式 1-A 中指示的 MCS 表格推导 CQI/RI，并且对侧行 CSI 参考资源做以下假设。

① 依据 SL BWP 配置确定 CSI 参考资源所采用的 OFDM 符号的 CP 长度和子载波间隔。

② CSI 参考资源采用的冗余版本 RV 为 0。

③ CSI 参考资源所在的 PSSCH 对应的 PSCCH 采用两个 OFDM 符号。

④ CSI 参考资源所在的 PSSCH 和 DMRS 占用的符号长度为一个时隙内 SL 占用的 OFDM 符号减去第一个 AGC 符号和最后一个 GP 符号。

⑤ 假设没有 RE 分配用于侧行 CSI-RS。

⑥ 假设没有 RE 分配用于 SCI 格式 2-A 或者 SCI 格式 2-B。

⑦ CSI 参考资源中 DMRS 符号个数等于资源池内允许的最小值。

⑧ 假设没有 RE 分配用于 PT-RS。

⑨ 侧行 CSI-RS RE 功率与 PSSCH RE 功率相同。

⑩ 预编码矩阵为单位阵。

5.3.2 CBR/CR

信道繁忙率（Channel Busy Ratio，CBR）和信道占用率（Channel Occupancy Ratio，CR）是用于支持拥塞控制的两个基本测量量。其中，CBR 的定义为：CBR 测量窗 $[n-c, n-1]$ 内 SL-RSSI 高于配置门限的子信道占资源池内子信道总数的比例，其中 c 等于 100 或 $100 \cdot 2^{\mu}$ 个时隙。CR 的定义为：UE 在 $[n-a, n-1]$ 范围内已经用于发送数据的子信道个数和 $[n, n+b]$ 范围内已获得的侧行授权包含的子信道个数占 $[n-a, n+b]$ 范围内属于资源池子信道总数的比例，CR 可以针对不同的优先级分别计算。其中 a 为正整数，b 为 0 或者为正整数，a 和 b 的值均由 UE 确定，但需要满足以下三个条件。

① $a+b+1=1000$ 或 $1000 \cdot 2^{\mu}$ 个时隙。

② $b < (a+b+1)/2$。

③ $n+b$ 不超过侧行授权指示的当前传输的最后一次重传。

对于 RRC 连接状态下的 UE，应根据 gNB 的配置测量和上报 CBR。UE 应根据测量到的 CBR 和 CR 进行拥塞控制。具体地，在一个资源池内，拥塞控制过程会限制以下 PSCCH/PSSCH 的发送参数。

① 资源池内支持的 MCS 范围。

② 子信道个数的可选范围。

③ 在模式 2 下最大的重传次数。

④ 最大发送功率。

⑤ $\sum_{i \geqslant k} CR(i) \leqslant CR_{\text{Limit}}(k)$。

其中：$CR(i)$ 为时隙 $n-N$ 测量到的优先级 i 的侧行传输的 CR；$CR_{\text{Limit}}(k)$ 为系统配置的针对优先级 k 的侧行传输和时隙 $n-N$ 测量到的 CBR 的 CR 限制；N 表示 UE 处理拥塞控制所需的时间，与子载波间隔大小参数 μ 有关，3GPP 定义了两种 UE 拥塞控制处理能力（处理能力 1 及处理能力 2），详见表 5-1。

表 5-1　拥塞控制处理能力

子载波间隔大小 μ	拥塞控制处理能力 1（单位时隙）	拥塞控制处理能力 2（单位时隙）
0	2	2
1	2	4
2	4	8
3	8	16

5.3.3　SL-RSRP

为了支持基于侧行路损的功率控制（详见第 5.2 节相关内容），发送 UE 需要通过一定的方式获取侧行路损估计结果。3GPP 标准制定过程中，曾经考虑过两种不同的侧行路损获取方式：一种是发送 UE 指示参考信号的发送功率，由接收 UE 估计侧行路损，然后将估计的路损上报给发送 UE；另外一种是接收 UE 仅上报测量到的 SL-RSRP，然后将 SL-RSRP 上报给发送 UE，由发送 UE 估计侧行路损。由于第一种方式需要在 SCI 中指示参考信号的发送功率，将明显增加 SCI 的比特数，所以最终标准采纳了第二种方式。

当 PSSCH DMRS 为单端口时，SL-RSRP 定义为 PSSCH DMRS 接收功率的线性平均值，当 PSSCH DMRS 为两个端口时，SL-RSRP 定义为两个端口上的接收功率线性平均值之和。上报之前，接收 UE 还需要对估计的 SL-RSRP 进行层 3（Layer 3）滤波，然后经由 PC5-RRC 将滤波后的 SL-RSRP 上报发送 UE。

| 5.4　侧行同步过程 |

在侧行通信中，终端与终端之间需要进行同步，才能保证数据的正常发送和接收。侧行通信需要考虑不同的通信场景，如在网络覆盖范围内、网络覆盖范围外、部分网络覆盖以及终端位于不同的小区等。本节介绍侧行通信中的同步源类型、同步源标识 ID、同步资源的配置、同步源优先级以及终端之间进行侧行同步的过程。

5.4.1　同步源类型

同步源即能够提供同步信息的设备，侧行通信系统中的发送终端与接收终端可能处于不同的覆盖范围内，因此，侧行通信系统中需要引入多种类型的同步源以满足不同场景的同步需求。为了支持不同场景下的侧行通信，NR-V2X 系统中，引入了三种同步源类型，分别是 eNB/gNB 类型同步源、GNSS 和终端类型同步源，如图 5-7 所示。

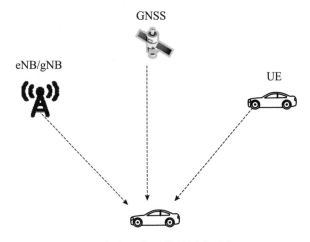

图 5-7　侧行通信系统的同步源类型

当终端在网络覆盖范围内时，终端可以从 eNB/gNB 获取同步信息。需要说明的是，侧行传输可以使用共享载波或专有载波。当侧行传输和蜂窝通信共享载波时，终端在网络覆盖范围内，即终端驻留在某个小区内，终端可以根据该小区的 eNB/gNB 获取同步信息，如图 5-8（a）所示。当侧行传输使用专有载波，如 5.9GHz 的 ITS 载波时，通常在该载波上没有基站部署，即终端的蜂窝通信和侧行通信使用不同的载波，如果终端在蜂窝通信中驻留在某个小区，则终端可以根据该驻留小区的 eNB/gNB 获取同步信息，并且根据该同步信息进行侧行链路传输，如图 5-8（b）所示。在本章中，如无特殊说明，上述两种情况均称为终端在网络覆盖范围内。

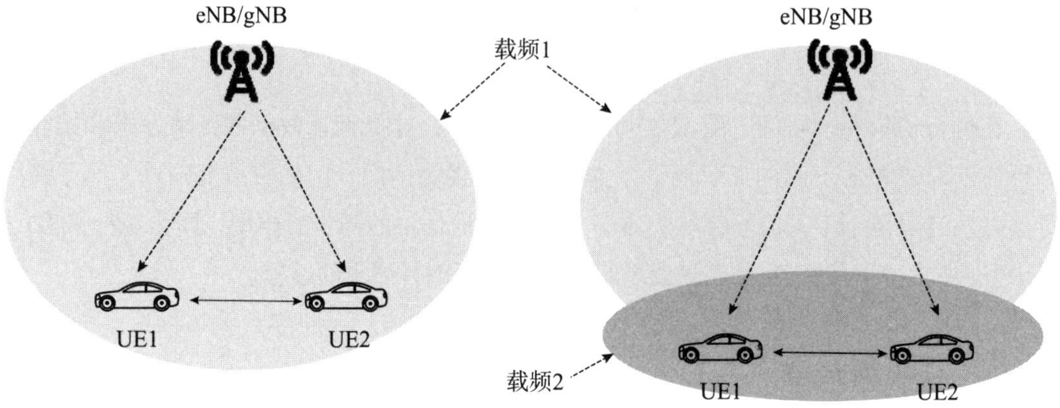

(a) 侧行通信使用共享载波　　　　　　　(b) 侧行通信使用专有载波

图 5-8　侧行通信使用共享载波或专用载波

下面分别介绍 NR-V2X 系统中的三种同步源类型。由于 eNB 和 gNB 都以基站作为同步源，两者之间没有区别，因此本节以 gNB 为例进行描述。

① 基站（gNB）。当终端位于网络覆盖范围内时，终端可以搜索基站发送的同步信号获取同步，此时，终端可以将 gNB 作为同步源，获取同步信息，如图 5-9 中的 UE1。

② GNSS。在车联网系统中，终端之间交互的信息包括终端的地理位置，因此，可以默认终端具有接收 GNSS 信号的能力，终端可以将 GNSS 作为同步源并获取同步信息。GNSS 系统可以为所有的终端提供统一的定时同步，因此 GNSS 作为同步源适用于车联网系统的所有网络覆盖场景，即无论终端位于网络覆盖范围内或网络覆盖范围外，都可以将 GNSS 作为同步源。如图 5-9 所示，UE2 和 UE3 分别位于网络覆盖范围内和网络覆盖范围外，均可以从 GNSS 获取同步信息。

③ 终端（UE）。如果终端通过 gNB、GNSS 或其他终端获取同步信息，则该终端可以根据该同步信息在侧行链路上发送同步信号，以辅助其他无法获取 gNB 或 GNSS 同步信息的终端进行侧行同步，此时该终端可以作为其他终端的同步源。如图 5-9 所示，UE1 位于网络覆盖范围内，可以从 gNB 获取同步信息，该终端可以在侧行链路上发送同步信号，UE7 位于网络覆盖范围外，无法从 gNB 获取同步信息，如果该终端也无法获取 GNSS 信号，但是能够检测到 UE1 发送的侧行同步信号，则可以将 UE1 作为同步源获取同步信息。UE3 从 GNSS 获取同步信息，该终端在侧行链路上发送同步信号，UE4 位于网络覆盖范围外，因此无法通过 gNB 获取同步信号，而且由于该终端被建筑物遮挡，无法获取可靠的 GNSS 信号，如果该终端能够检测到 UE3 发送的侧行同步信号，则可以将 UE3 作为同步源获取同步信息。

当终端无法通过上述三种方式获取同步信息时，该终端可以根据内部时钟确定同步信息。如图 5-9 中的 UE5，UE5 位于网络覆盖范围外，并且无法获取可靠的 GNSS 信号，如果

UE5 也无法检测到其他终端发送的侧行同步信号,则此时,UE5 可以利用终端内部时钟获取时间信息,并且在侧行链路上发送同步信号,以辅助其他终端(如 UE6)获取同步信息。

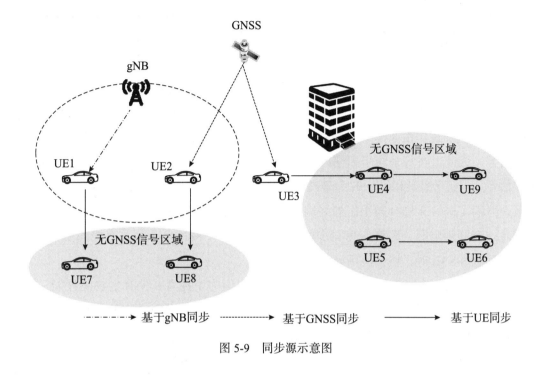

图 5-9　同步源示意图

5.4.2　同步源 ID

在蜂窝通信系统中,小区 ID(Cell-ID)用于识别不同的小区,Cell-ID 通过主同步信号和辅同步信号承载。在侧行通信系统中,终端获取同步信息后,在侧行链路上发送 SLSS 和 PSBCH,其中,SLSS 携带 SLSSID,用于区分发送同步信息的终端。

NR-V2X 系统中支持 672 个 SLSSID [11],即 $N_{\mathrm{ID}}^{\mathrm{SL}} \in \{0,1,\cdots,671\}$,NR-V2X 系统的 $N_{\mathrm{ID}}^{\mathrm{SL}}$ 分为两个集合,即小区内 ID(id_net){0,1,…,335} 和小区外 ID(id_oon){336,337,…,671}。考虑到 GNSS 作为同步源的情况,NR-V2X 中将 SLSSID 0、SLSSID 336、SLSSID 337 预留给从 GNSS 获取同步信息的终端发送侧行同步信号时使用,具体的使用方式参见第 5.4.5 节相关内容。

5.4.3　同步资源

当终端从同步源获取同步信息后,需要在侧行链路上发送侧行同步信号和侧行广播信道以辅助其他终端获取同步信息。用于传输侧行同步信号和侧行广播信道的资源称为同步资源。

由于半双工的限制,终端在一个载波上发送信号时不能同时在该载波上接收信号,为了避免终端在发送侧行同步信号时无法接收其他终端发送的侧行数据，导致侧行数据丢失，在侧行链路传输中，同步资源与侧行数据传输资源是时分复用 TDM 的，即不支持侧行同步信号和侧行数据 FDM 的方式复用。具体的，在确定用于侧行数据传输的资源池时，会将同步资源所在的时隙排出，即同步资源所在的时隙不会包括在资源池中，具体参见第 3.2 节相关内容。

NR-V2X 系统中同步资源的周期是 160ms，在一个同步周期内包括的时隙个数为 $160 \times 2^{\mu}$，其中 $\mu = 0$、1、2、3 分别对应子载波间隔 15kHz，30kHz，60kHz 和 120kHz[11]。同样也是由于半双工的限制，终端需要在不同的时域资源上发送和接收侧行同步信号，因此，在每个同步周期内至少配置两套同步资源以分别用于发送和接收侧行同步信号。当某个载波以 GNSS 为最高优先级时（详见第 5.4.4 节相关内容），为了避免小区内终端发送的 S-SSB 与小区外终端发送的 S-SSB 之间的相互干扰，该载波上可能额外配置一套同步资源，即第三套同步资源，当一个位于网络覆盖外并直接同步到 GNSS 的终端发送 S-SSB 时，将会使用第三套同步资源。

R16 NR-V2X 中不支持基于波束的侧行传输，但为了提高 S-SSB 的检测性能，在每一套同步资源内包括多个传输机会，在后续版本中如果引入基于波束的侧行传输，终端可以在多个传输机会中使用不同的波束发送侧行同步信号。

图 5-10 所示为一个 NR-V2X 系统中同步资源的配置示例，在每个同步周期 160ms 内配置了两套同步资源，在每套同步资源内配置 4 个同步时隙（即 4 次传输机会），发送终端可以在 4 个时隙上分别发送同步信号。当接收终端在某个同步时隙上检测到同步信号时，根据与该同步信号同时传输的 PSBCH 中携带的直接帧号（Direct Frame Number, DFN）和时隙编号，该接收终端可以确定该同步时隙属于第一套同步资源还是第二套同步资源，然后选择另一套同步资源的 4 个时隙发送同步信号。

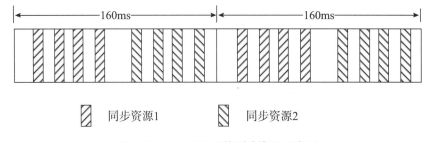

图 5-10　NR-V2X 系统同步资源示意图

对于同步周期内的任何一套同步资源，通过下面三个参数确定其中包含的每个同步资源所在的时隙[2]。

① 周期内同步时隙个数（*sl-NumSSB-WithinPeriod*）：一个同步周期内每套同步资源包括的同步时隙的个数。具体地，对于 FR1 和 FR2 中的不同子载波间隔，每套同步资

源内支持的同步时隙的个数分别如下。

- FR1。
    - 15 kHz SCS：{1}。
    - 30 kHz SCS：{1,2}。
    - 60 kHz SCS：{1,2,4}。
- FR2。
    - 60 kHz SCS：{1,2,4,8,16,32}。
    - 120 kHz SCS：{1,2,4,8,16,32,64}。

② 同步时隙偏移量（*sl-TimeOffsetSSB*）：一个同步周期内每套同步资源中的第一个同步资源相对于同步周期边界的时隙偏移量。

③ 时间间隔（*sl-TimeInterval*）：一个同步周期内每套同步资源中相邻两个同步资源的时隙间隔。

具体地，同步资源所在的时隙可以根据下面的公式确定，即

$$\left(SFN \times 10 \times 2^{\mu} + SlotnumberinaFrame\right) mod\, 160 \times 2^{\mu} = sl\_TimeOffsetSSB + k \times sl\_TimeInterval$$

其中：$k = 0,1,\cdots,sl\_NumSSB\_WithinPeriod - 1$；*SlotnumberinaFrame* 表示一个无线帧内的时隙索引；$\mu = 0$、1、2、3 分别对应 15 kHz、30 kHz、60 kHz、120 kHz 子载波间隔。

5.4.4　同步源优先级

如上节内容所述，在 NR-V2X 系统中，支持多种类型的同步源，终端进行侧行传输时，首先要获取同步信息，但终端在检测同步信息时可能检测到来自不同类型同步源的同步信息，或者同一类型的不同设备的同步信息（如不同的 gNB 或不同的终端），终端如何确定选择哪一个同步源来获取同步信息呢？为了解决这一问题，在 NR-V2X 中定义了同步源的优先级，终端选取能够检测到优先级最高的同步源作为侧行传输的同步源。

NR-V2X 系统中定义的同步源等级详见表 5-2[2]。

表 5-2　NR-V2X 系统同步优先级

GNSS 被配置为最高优先级	gNB 被配置为最高优先级
P0：GNSS	P0′：gNB
P1：直接从 GNSS 获取同步信息的 UE	P1′：直接从 gNB 获取同步信息的 UE
P2：间接从 GNSS 获取同步信息的 UE	P2′：间接从 gNB 获取同步信息的 UE
P3：gNB	P3′：GNSS
P4：直接从 gNB 获取同步信息的 UE	P4′：直接从 GNSS 获取同步信息的 UE
P5：间接从 gNB 获取同步信息的 UE	P5′：间接从 GNSS 获取同步信息的 UE
P6：其余终端	P6′：其余终端.
P7：终端内部时钟	P7′：终端内部时钟

由于 GNSS 和 gNB 可能是不同步的，因此，在 NR-V2X 中，当 GNSS 被配置为最高优先级时，可以通过网络配置信息或预配置信息使 P3、P4、P5 等级无效，即只包括 P0、P1、P2、P6、P7 等级。此时所有终端（不包括根据终端内部时钟获取同步信息的终端）的同步信息都是直接或间接从 GNSS 获取的，可以保证所有终端都是同步的。但当 gNB 被配置为最高优先级时，不能无效掉 P3′、P4′、P5′，因为所有网络覆盖范围外的终端还是要根据 GNSS 获取同步信息的。

侧行通信系统中，支持配置 gNB 或 GNSS 为优先级最高的同步源主要是为网络控制或网络部署留下了自由度以满足不同场景的需求。

场景 1：配置 gNB 具有最高优先级，避免侧行传输对蜂窝通信的干扰。当侧行通信系统部署在共享载波时，如果网络配置 GNSS 具有最高优先级，并且 gNB 和 GNSS 之间不是同步的，此时，基于 GNSS 进行侧行传输的终端会对上行和下行传输产生干扰。此时，网络需要配置 gNB 具有最高同步优先级，小区内终端都是根据 gNB 获取同步信息进行侧行传输或上行传输，小区外的终端也会优先选择从 gNB 获取同步信息的 UE（P1′或 P2′）作为同步源，从而可以避免侧行传输和蜂窝通信的相互干扰。

场景 2：配置 GNSS 为最高优先级，提高小区内和小区外的终端侧行通信的效率。当侧行通信系统部署在专用载波或者蜂窝通信采用的定时与从 GNSS 获取的同步信息一致时，网络可以配置 GNSS 作为最高同步源优先等级，使得小区内的终端和小区外的终端都基于 GNSS 获取同步信息，以实现相互之间的侧行传输。

下面介绍如何确定同步源。如前文所述，侧行传输的终端可能位于网络覆盖范围内或网络覆盖范围外，并且在网络覆盖范围内时，网络可以配置 gNB 或 GNSS 为更高优先级，因此本节根据不同的场景以及不同的配置情况分别讨论确定同步源的过程。

（1）终端位于网络覆盖范围内

当终端位于网络覆盖范围内时，终端获取网络配置的同步源类型（*SL-TypeTxSync*）参数，该参数用于配置 gNB 或 GNSS 具有更高优先级。

① 如果参数 *SL-TypeTxSync* 设置为 gNB，则终端选取 gNB 为同步源。

② 如果参数 *SL-TypeTxSync* 设置为 GNSS，则有以下两种情况。

● 如果 GNSS 信号是可靠的，终端选取 GNSS（即对应优先等级 P0）为同步源；

● 如果 GNSS 信号不可靠[27][28]，即认为没有 GNSS 信号，则按照下述方法选择。

　－ 搜索直接同步到 GNSS 的终端（即对应优先等级 P1），如果能够检测到，并且测量该终端的 S-RSRP 超过最低需求，则选取该终端为同步源终端。

　－ 否则，搜索间接同步到 GNSS 的终端（即对应优先等级 P2），如果能够检测到，并且测量的 RSRP 超过最低需求，则选取该终端为同步源终端。

　－ 否则，选取 gNB 作为同步源。

当终端在网络覆盖范围内时，终端可以检测到网络发送的同步信号，因此无论是网络配置 gNB 还是 GNSS 具有更高的优先级，终端都不会以直接或间接同步到网络的终端或其他终端作为同步源。当 gNB 被配置为高优先级时，终端直接同步到 gNB；当 GNSS 被配置为高优先级时，终端按照 GNSS、直接同步到 GNSS 终端、间接同步到 GNSS 终端、gNB 的顺序依次选取同步源。

（2）终端位于网络覆盖范围外

当终端位于网络覆盖范围外时，终端无法直接从 gNB 获取同步信息，可用的同步源包括以下几种。

- GNSS。
- 直接同步到 GNSS 的终端。
- 间接同步到 GNSS 的终端。
- 直接同步到 gNB 的终端。
- 间接同步到 gNB 的终端。
- 其他终端。
- 终端内部时钟。

对于网络覆盖范围外的终端，通过预配置信息获取同步参数，其中，预配置信息中的同步优先级（ *sl-SyncPriority* ）参数可以配置为 gNB 或 GNSS。当该参数配置为 GNSS 时，表示 GNSS 为最高优先级；当该参数配置为 gNB 时，表示直接和间接同步到 gNB 终端的优先级高于 GNSS 的优先级。

下面介绍小区外的终端确定同步源的过程 [2]，终端根据预配置信息中的参数 *sl-SyncPriority* 和 *sl-NbAsSync* 确定同步源，其中，参数 *sl-NbAsSync* 表示是否支持以基站为同步源。

① 如果预配置信息中的参数 *sl-SyncPriority* 配置为 GNSS，并且参数 *sl-NbAsSync* 设置为 TRUE，按照下面的优先级顺序选取同步源。

- P0：如果 GNSS 信号可靠，则选取 GNSS 作为同步源。
- P1：直接同步到 GNSS 的终端；此类终端包括以下两种情况。

  - 终端发送的 SLSSID=0，并且使用第三个同步资源发送 SLSS。
  - 终端发送的 SLSSID=0，侧行广播信息（ *MasterInformationBlockSidelink*，*MIB-SL* ）中的信息域 *inCoverage* 设置为 TRUE。

- P2：间接同步到 GNSS 的终端；对应 P1 的两种情况，P2 的终端也包括两种情况。

  - 终端发送的 SLSSID=0，*MIB-SL* 信息中的信息域 *inCoverage* 设置为 FALSE，不是使用第三个同步资源发送 SLSS。
  - 终端的 SLSS 对应的 SLSSID=337，*MIB-SL* 信息中的信息域 *inCoverage* 设

置为 FALSE。

- P3：以 gNB 为同步源。
- P4：直接同步到 gNB 的终端；此类终端的 SLSSID 是来自于小区内 ID 集合 id_net，*MIB-SL* 信息中的信息域 *inCoverage* 设置为 TRUE。
- P5：间接同步到 gNB 的终端；此类终端的 SLSSID 是来自于小区内 ID 集合 id_net，*MIB-SL* 信息中的信息域 *inCoverage* 设置为 FALSE。
- P6：其他终端，即除了上述优先级 P1、P2、P4 和 P5 的终端。
- P7：终端的内部时钟，如果终端无法获取 GNSS 同步信息，也没有检测到其他终端发送的 SLSS，则终端可以根据内部时钟获取同步信息。

如果预配置信息中的参数 *sl-SyncPriority* 配置为 GNSS，并且参数 *sl-NbAsSync* 设置为 FALSE，即表示不支持以基站为同步源，此时同步源的优先级中不包括 P3、P4 和 P5 三个等级。

② 如果预配置信息中的参数 *sl-SyncPriority* 配置为 gNB，则按照下面的优先级顺序选取同步源。

- P0′：以 gNB 为同步源。
- P1′：直接同步到 gNB 的终端。此类终端的 SLSSID 是来自于小区内 ID 集合 id_net，*MIB-SL* 信息中的信息域 *inCoverage* 设置为 TRUE。
- P2′：间接同步到 gNB 的终端。此类终端的 SLSSID 是来自于小区内 ID 集合 id_net，*MIB-SL* 信息中的信息域 *inCoverage* 设置为 FALSE。
- P3′：GNSS，即将 GNSS 作为同步源。
- P4′：直接同步到 GNSS 的终端，此类终端包括以下两种情况。
  - 终端发送的 SLSSID=0，*MIB-SL* 信息中的信息域 *inCoverage* 设置为 TRUE。
  - 终端发送的 SLSSID=0，并且从第三个同步资源发送 S-SSB。
- P5′：间接同步到 GNSS 的终端，对应于 P4′ 的两种情况，P5′ 的终端也包括两种情况。
  - 终端发送的 SLSSID=337，*MIB-SL* 信息中的信息域 *inCoverage* 设置为 FALSE。
  - 终端发送的 SLSSID=0，*MIB-SL* 信息中的信息域 *inCoverage* 设置为 FALSE，不是从第三个同步资源发送 SLSS。
- P6′：其他终端，即除了上述优先级 P1′、P2′、P4′ 和 P5′ 的终端。
- P7′：终端的内部时钟，如果终端无法获取 gNB 或 GNSS 的同步信息，也没有检测到其他终端发送的 SLSS，则终端可以根据内部时钟获取同步信息。

5.4.5　同步过程

终端确定同步源后，在侧行链路上进行侧行通信，同时，为了辅助其他终端获取同步信息，终端在侧行链路上发送 S-SSB，当终端需要发送 S-SSB 时，需要解决以下几个问题。

① 如何确定同步资源。在侧行链路传输中引入多套同步资源，尤其是系统配置了三套同步资源时，终端从同步源获取同步信息后，如何选取同步资源传输 S-SSB。

② 如何确定 SLSSID。在 NR-V2X 中包括 672 个 SLSSID，分为 id_net 和 id_oon 两组，并且其中 SLSSID 0、SLSSID 336、SLSSID 337 是预留给从 GNSS 获取同步信息时使用，终端在侧行链路上发送 SLSS 时，如何根据同步源类型、同步源所属的优先级、终端是否位于网络覆盖范围内等因素确定 SLSSID。

③ 如何确定 *MIB-SL* 的内容。*MIB-SL* 中包含的信息域如第 3.6.3 节相关内容所述，当发送 S-SSB 的终端位于网络覆盖范围内或网络覆盖外或选择不同的同步源时，如何确定 *MIB-SL* 中各个信息域的值。

下面将针对网络覆盖内和网络覆盖外两种情况，就发送 S-SSB 的终端选择的不同同步源类型，分别介绍终端如何确定同步资源、SLSSID 以及 *MIB-SL* 的内容。

1. 终端位于网络覆盖范围内

首先，当终端位于网络覆盖范围内时，*MIB-SL* 中的 *inCoverage* 域总是设置为 TRUE，而终端根据网络配置信息确定 *MIB-SL* 中的其他内容。

另外，网络可以配置 gNB 或 GNSS 为高优先级同步源，根据同步源类型的不同，终端通过下面的过程确定同步资源和 SLSSID。在同步参数中，*sl-SSB-TimeAllocation* 用于表示同步资源相对于同步周期起始位置的时域偏移量，为描述方便，本节用 *sl-SSB-TimeAllocation* 表示同步资源，当配置三套同步资源时，分别对应 *sl-SSB-TimeAllocation*1、*sl-SSB-TimeAllocation*2、*sl-SSB-TimeAllocation*3。

情况 1-1：终端选取 gNB 为同步源。

终端从网络配置的多套同步参数配置 *SL-SyncConfig* 中选取一套不包括参数 *gnss-Sync* 的同步参数配置，根据该同步参数配置确定相对应的 SLSSID 和同步资源。

① SLSSID：根据选取的 *SL-SyncConfig* 确定相应的 SLSSID，网络配置的 *SL-SyncConfig* 所对应的 SLSSID 应该是属于 id_net 集合中的 ID，并且不包括预留给 GNSS 作为同步源的 SLSSID 0、SLSSID 336、SLSSID 337。

② 同步资源：选取该 *SL-SyncConfig* 配置所对应的同步资源 *sl-SSB-TimeAllocation*1。

情况 1-2：终端选取 GNSS 为同步源。

① SLSSID=0。

② 同步资源：从网络配置的多套同步参数配置中选取包括参数 *gnss-Sync* 的同步参数配置 *SL-SyncConfig*，选取该 *SL-SyncConfig* 配置所对应的同步资源 *sl-SSB-TimeAllocation*1。

2. 终端位于网络覆盖范围外

当终端位于网络覆盖范围外时，终端可以从 GNSS、其他终端或终端内部时钟获取同步信息。当同步源类型不同时，终端确定 *MIB-SL* 的方式也不同。

① 当终端以 GNSS 为同步源时，*inCoverage* 设置为 TRUE，终端根据预配置信息确定 *MIB-SL* 中的其他内容。

② 当终端以其他终端为同步源时，*inCoverage* 设置为 FALSE，终端根据该同步源终端（SyncRef UE）发送的 *MIB-SL* 确定其发送的 *MIB-SL* 中的其他内容。

③ 当终端根据内部时钟获取同步信息时，*inCoverage* 设置为 FALSE，终端根据预配置信息确定 *MIB-SL* 中的其他内容。

当终端位于网络覆盖范围外时，根据同步源类型的不同，终端通过下面的方式确定同步资源和 SLSSID。

情况 2-1：终端选取 GNSS 为同步源，并且预配置了三套同步资源。

① SLSSID=0。

② 同步资源：使用第三套同步资源 *sl-SSB-TimeAllocation*3。

情况 2-2：终端选取 GNSS 为同步源，并且预配置了两套同步资源。

① SLSSID=0。

② 同步资源：使用第一套同步资源 *sl-SSB-TimeAllocation*1。

情况 2-3：终端选取 SyncRef UE 为同步源，进一步根据下述几种情况分别确定相应的同步资源和 SLSSID 等。

① 如果该 SyncRef UE 使用第三套同步资源 *sl-SSB-TimeAllocation*3 传输 S-SSB。

● SLSSID=337。

● 同步资源：使用第二套同步资源 *sl-SSB-TimeAllocation*2。

② 如果该 SyncRef UE 发送的 MIB-SL 中信息域 *inCoverage* 设置为 TRUE。

③ 如果该 SyncRef UE 发送的 MIB-SL 中信息域 *inCoverage* 设置为 FALSE，并且使用的 SLSSID 是属于小区外 ID 集合 id_oon。

● SLSSID：与 SyncRef UE 的 SLSSID 相同。

● 同步资源：与 SyncRef UE 使用不同的同步资源 *sl-SSB-TimeAllocation*，即如果 SyncRef UE 使用 *sl-SSB-TimeAllocation*1，则该终端使用 *sl-SSB-TimeAllocation*2；如果 SyncRefUE 使用 *sl-SSB-TimeAllocation*2，则该终端使用

*sl-SSB-TimeAllocation*1。

④ 其他。

● SLSSID：将 SyncRef UE 的 SLSSID +336 作为该终端使用的 SLSSID。

● 同步资源：与 SyncRef UE 使用不同的同步资源 *sl-SSB-TimeAllocation*，如情况 2-3 ③。

情况 2-4：终端没有选取同步源，根据内部时钟获取同步信息。

① SLSSID：在 SLSSID 集合 {338, 339, …, 671} 中随机选取一个。

② 同步资源：选取第一套同步资源 *sl-SSB-TimeAllocation*1 或第二套同步资源 *sl-SSB-TimeAllocation*2。

| 5.5 小　结 |

本章介绍了 NR-V2X 的物理层过程，在侧行链路的 HARQ 反馈机制中介绍了如何激活或去激活 HARQ 侧行反馈，侧行链路中的单播或组播方式中的侧行反馈机制、侧行反馈资源的配置以及如何根据 PSSCH 的传输资源确定相对应的 PSFCH 的传输资源。在侧行链路的功率控制中介绍了如何基于下行路损以及侧行路损对 PSSCH/PSCCH 信道进行功率控制。在侧行链路的测量和反馈中介绍了链路自适应相关的 CQI/RI 的侧行和上报、拥塞控制相关的 CBR/CR 测量，以及与功率控制相关的 SL RSRP 的测量与上报。在侧行同步过程中介绍了 NR-V2X 支持的同步源类型、同步源的优先级、同步资源等。另外，针对网络覆盖范围内、网络覆盖范围外的不同场景，以及以 GNSS 或 gNB 为最高优先级同步源时，对如何选取同步源、如何确定同步资源、SLSSID，以及如何确定 *MIB-SL* 中的各个信息域等进行了详细的介绍。

第 6 章

高层相关过程

卢前溪

本章将介绍 NR-V2X 高层的控制面相关过程。侧行无线承载（Sidelink Radio Bearer，SLRB）分为两类：用于用户平面数据的侧行数据无线承载（Sidelink Data Radio Bearer，SL DRB）和用于控制平面数据的侧行信令无线承载（Sidelink Signalling Radio Bearer，SL SRB）。其中，对于 SL SRB，使用不同侧行链路控制信道（Sidelink Control Channel，SCCH）分别配置，用于承载 PC5-RRC 和 PC5-S，其接入层协议栈如图 6-1 ～图 6-4 所示，包含 PHY 层、MAC 层、无线链路控制（Radio Link Control，RLC）层，以及以下所述的其他协议层。

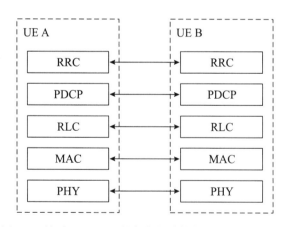

图 6-1　针对 PC5-RRC 的侧行链路控制面接入层协议栈

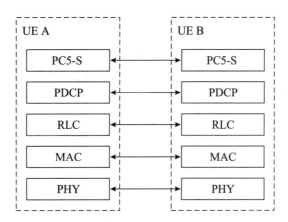

图 6-2　针对 PC5-S 的侧行链路控制面接入层协议栈

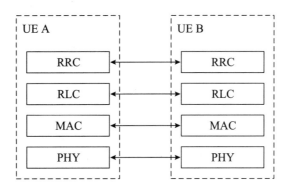

图 6-3　针对侧行链路广播控制信道的侧行链路控制面接入层协议栈

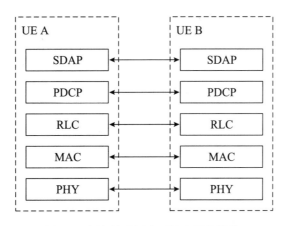

图 6-4　侧行链路用户面接入层协议栈

① 对于针对 RRC 的控制面，包含分组数据汇聚协议（Packet Data Convergence Protocol，PDCP）层和 RRC 层（其中较为特殊的是，对于 PSBCH 的控制面，不包含 PDCP 层）。

② 对于针对 PC5-S 的控制面，包含 PDCP 层和 PC5-S 层。

③ 对于用户面，包含 PDCP 层和 SDAP（Service Data Adaptation Protocol）层。

对于广播和组播来说，UE 不使用 PC5-RRC，即 PC5-RRC 只针对单播链路。具体来说，对于单播侧行链路，PC5-RRC 连接是两个 UE 之间针对一对源侧层一地址和目标侧层一地址建立的逻辑连接，UE 可以与一个或多个 UE 建立 PC5-RRC 连接。UE 使用单独的 PC5-RRC 过程与消息进行以下操作。

① UE 之间的能力交互：一条单播链路上的两个 UE，可以在两个方向上使用单独的 PC5-RRC 消息报告自己的能力。

② UE 之间进行侧行链路的接入层配置：一条单播链路上的两个 UE，可以在两个方向上使用单独的 PC5-RRC 过程进行侧行链路接入层配置。

③ UE 之间进行侧行链路的测量报告。

④ PC5-RRC 连接的释放：PC5-RRC 的连接在一些场景下会被释放，如单播链路上发生无线链路失败 (Radio Link Failure，RLF)、PC5-S 层信令交互释放单播链路连接以及 T400（如第 17.4.3 节所述）计时器超时。

下面的章节会对不同的过程进行详细描述。

| 6.1 能力交互 |

对于能力交互过程的设计，主要针对以下两种方式。

① 方式一：自主发送，如图 6-5 所示，一个 UE 自主地将自身的能力信息发送给另一个 UE。

② 方式二：双向发送，如图 6-6 所示，一个 UE 在另一个 UE 的请求下，将自身的能力信息发送给另一个 UE。

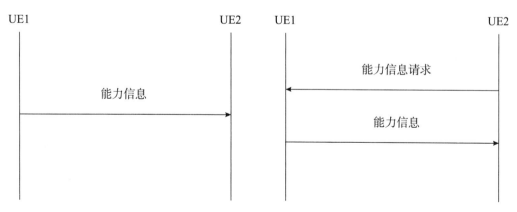

图 6-5 自主发送式侧行链路能力交互过程　　　图 6-6 请求发送式侧行链路能力交互过程

这两种方式各有优缺点，具体如下。

① 方式一：其优点在于节省了一条信令，这有助于在侧行链路连接建立过程中减小由于能力交互步骤导致的控制面时延。

② 方式二：虽然增加了一条信令会导致控制面时延的增加，但是由于这种方式中能力信息的发送是基于对方 UE 给出的请求信息，对方 UE 可以只在有必要的时候发送请求信息，并且可以在请求信息中指示对方 UE 需要的能力信息，因此有助于降低由于能力交互步骤导致的信令开销。

对这两种方式的选择，实际上是对于时延和信令开销的折中。

在 RAN2#107 次会议中，考虑下列两个方面的因素：①对于双向业务，两个 UE 都需要将能力信息发送给对方；②方式一和方式二，各有优缺点，没有明确的优劣势，决定将两种方式进行融合，举例如下。

① 首先 UE1 向 UE2 发送请求信令，要求 UE2 发送能力信息给 UE1，同时 UE1 在请求信令中包含 UE1 自身的能力信息。

② 然后 UE2 向 UE1 回复能力信息，包含 UE2 自身的能力信息。

我们可以理解为，对于 UE1 自身的能力信息发送来说，采用了方式一；而对于 UE2 自身的能力信息发送来说，采用了方式二。通过这种方式，进行了时延和信令开销的折中。

6.2　接入层参数配置

对于接入层参数配置过程，协议定义了以下两个过程，如图 6-7 和图 6-8 所示。

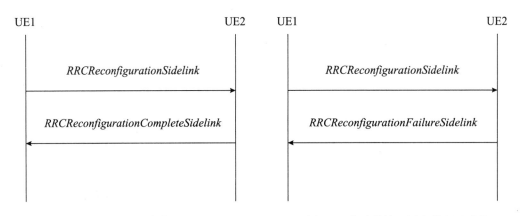

图 6-7　成功的接入层参数配置过程　　　图 6-8　失败的接入层参数配置过程

该接入层参数配置过程的目的是建立、修改和释放 SL DRB 或配置 NR 侧行链路测量并报告对方 UE。在以下情况下，UE 可以发起侧行链路接入层参数配置过程。

① 释放与对方 UE 相关联的 SL DRB。

② 建立与对方 UE 相关的 SL DRB。

③ 对与对方 UE 相关联的 SL DRB 的 SLRB 参数配置中包含的参数进行修改。

④ 针对对方 UE 进行 NR 侧行链路测量和报告的配置。

首先，3GPP 对接入层参数配置的信令内容进行了研究，以 UE1 发送给 UE2 的接入层参数配置信令为例，其可能涉及的参数包含以下几种类型。

① 只与 UE1 的数据发送相关、但不与 UE2 数据接收相关的参数。

② 与 UE1 和数据发送以及 UE2 数据接收都相关的参数。

③ 只与 UE2 的数据接收相关、但不与 UE1 数据发送相关的参数。

经过分析，由于类型 2 的参数（如 RLC 模式、RLC 报文头序列号长度、PDCP 报文头序列号长度等）需要两个 UE 使用统一的参数，因此需要包含在接入层参数配置信令中。相比而言，类型 1 和类型 3 可以分别由 UE1 和 UE2 独立配置，而不需要在接入层配置信令中体现——尤其对于类型 3 而言，对于组播和广播方式而言，由于不具备通过 PC5-RRC 进行侧行链路接入层参数配置的能力，因此接收 UE 只能自行决定接收参数配置。所以，3GPP 最终决定，由 UE2 自行决定类型 3 的参数，而只包含类型 1 的参数中关于 SDAP 层配置的服务质量（Quality of Service，QoS）相关信息，以辅助 UE2 进行参数设定。

在上述几种类型的参数中，之所以只涉及了 UE1 发送 UE2 接收的方向（而没有涉及 UE2 发送 UE1 接收的方向），是为了与资源分配的设计框架相匹配，即各个 UE 以及服务 UE 的网络节点独立地对所述 UE 的发送资源进行控制，从而更好地匹配侧行链路分布式网络拓扑的特点。但是这样两个方向独立配置的设计引入了一个问题，即对于 RLC 模式来说，两个方向不能独立配置。换句话说，对于同一个侧行链路逻辑信道，不论是 UE1 发送 UE2 接收的方向，还是 UE2 发送 UE1 接收的方向，都必须采用同一个 RLC 模式，而不能一个是 RLC 非确认模式（Unacknowledged Mode，UM），另一个是 RLC 确认模式（Acknowledged Mode，AM）。但是，由于这两个方向是由两个 UE 或者相关的服务基站独立配置的，两者之间前期并无信令交互，因此如何避免两个方向选择不同的模式是亟须解决的问题，如图 6-9 所示。

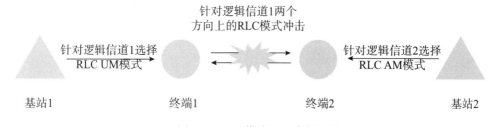

图 6-9　RLC 模式配置冲突问题

在 RAN2#107 次会议中，研究了以下几种解决方案。

① 在协议中固定逻辑信道标识（Logical channel ID，LCID）和 RLC 模式的对应关系。

② 对于单播通信，只使用 RLC AM 模式。

③ 由 UE 自行分配固定 LCID。

④ 网络节点在进行侧行链路配置前通过 Xn 接口进行配置参数的协调。

⑤ 不解决该问题，如果 RLC 模式冲突发生，则按照配置失败进行处理。

3GPP 对上述几种解决方案进行了进一步分析：其中方案 1 和方案 2 属于同一类型，通过在协议中预定义 LCID 和 RLC 模式的对应关系来避免冲突。其中，方案 2 可以看作方案 1 的一种简化模式，即对于所有的 LCID 其对应的 RLC 模式都固定为 RLC AM。考虑到这两种方案对于配置灵活性的损失较大，因此最终没有被采纳。方案 4 所述的网络节点间的协调涉及的节点间信令较为复杂，并且只限于两个 UE 都处于 RRC 连接态的情况下，复杂度较高且场景较为受限，因此最终也没有被采纳。

最终，在 RAN2#108 次会议上，RAN2 采纳了类似方案 3 和方案 5 的结合方案。考虑到当任一 UE 处于覆盖内时，虽然其参数配置信息来自于网络，但是由于网络节点间缺乏协调，也就对侧行链路对向链路的配置信息无从知晓，并不适合将 LCID 的配置权放在网络侧。相反，如果由 UE 进行 LCID 的配置，UE 可以根据对向链路的配置信息自行进行 LCID 和 RLC 模式的选择。例如，假设 UE1 收到来自 UE2 的针对 LCID=1 的逻辑信道的 RLC 模式配置信息，为 RLC AM，那么当 UE1 发送接入层参数配置信息时，如果需要建立两个侧行链路承载，一个为 RLC AM，另一个为 RLC UM，则 UE1 可以将 RLC AM 而非 RLC UM 的侧行链路承载配置在 LCID=1 的逻辑信道上。

同时，为了让双方的网络侧至少知道对方 UE 对于不同承载的 RLC 模式配置，3GPP 同意支持 UE 向自身的服务网络上报对方 UE 的侧行链路配置，包含 RLC 模式信息和 QoS 属性信息。

其次，需要处理接入层参数配置失败的情况，主要分为以下两种情况。

① 情况一：UE1 在向 UE2 发送了参数配置信令之后，没有收到来自 UE2 的确认信令 *RRCReconfigurationCompleteSidelink*。

② 情况二：UE2 收到来自 UE1 的参数配置信令之后，发现其中包含的参数配置信息不能适用（包括前文所述 RLC 模式冲突的情况）。

RAN2#106 次会议对上述问题进行了讨论。

① 一方面，针对情况一，参数配置信令的发送端可以维护一个定时器（T400），该定时器用于判断接收端是否对该参数配置信令回复了确认信令。因此，当该 T400 定时器超时时，发送端判断接收端没有回复参数配置信令，主要原因是发送端和接收端之间的链路出现问题，如发送端和接收端之间的距离变长或者由于遮挡等非视距环境导致路

损变大等。

② 另一方面，针对情况二，虽然我们也可以通过 T400 定时器来处理，即如果参数配置信息不能适用，则接收端不向发送端发送确认信令，但是这种方式会导致发送端不必要的等待时延（即等待 T400 定时器超时），并且在情况二中，发送端和接收端的链路质量可能并未发生问题，所以统一使用定时器的方法进行处理并不可行。考虑到这些方面，3GPP 引入了显式的错误信息指示，即 *RRCReconfigurationFailureSidelink*，用于接收端 UE 向发送端 UE 报告错误信息。

在引入这两个错误处理机制之后，剩下的问题就是，当定时器超时或者发送端收到 *RRCReconfigurationFailureSidelink* 信令之后，如何做进一步处理。

① 针对情况一，即 T400 超时的情况，由于所述情况是由于发送端 UE 和接收端 UE 的链路质量恶化导致的，因此当所述情况发生，发送端 UE 进行按照 RLF（参见第 6.4 节所述）进行处理。

② 针对情况二，即收到 *RRCReconfigurationFailureSidelink* 消息的情况，由于所述情况是参数配置信令不适用于接收端 UE 的情况。

● 假如此时发送端 UE 处于 RRC 连接态，则说明参数配置信令来自于网络，则该问题可以通过网络更新下发的参数配置信令解决。为了向网络通知对方 UE 发送了 *RRCReconfigurationFailureSidelink* 消息，发送端 UE 需要向网络上报相关信息。

● 假如此时发送端 UE 处于 RRC 非激活态、空闲态或者处于无覆盖场景，则有以下两种处理方式。

　　－ 方式一：当发送端 UE 收到 *RRCReconfigurationFailureSidelink* 时，发送端 UE 按照发生了无线链路失败进行处理，即主动断开当前通信链路。

　　－ 方式二：当发送端 UE 收到 *RRCReconfigurationFailureSidelink* 时，发送端 UE 不进行特殊处理。

对于这两种方式，考虑到方式二给予了发送端 UE 一些自由度，对接入层配置参数进行了调整，因此被 3GPP 最终采纳。

由此，3GPP 对于参数配置的成功场景和错误场景都完成了相关设计。

| 6.3　测量配置与报告过程 |

对于侧行链路来说，所述相关的测量主要针对单播链路，主要目的是服务于发送端功率控制，即发送端 UE 根据接收端 UE 发送的 SL-RSRP 测量结果，结合自身的发送功率值，对侧行链路路径损耗进行估计，进而调整发送功率值。

对于 SL-RSRP 报告触发条件来说，主要有以下方式。

① 可以通过周期性计时器触发。

② 可以通过事件触发：针对 SL-RSRP 报告，3GPP 定义了两个事件 S1 和 S2，分别针对当前侧行链路的 SL-RSRP 测量值高于或低于一个门限值。

6.4　PC5 接口无线链路 RLM/ RLF

针对单播链路，另一个必要功能为无线链路监测（Radio Link Monitoring，RLM），用于判断 RLF，即当两个 UE 中间的链路发生问题，如两个 UE 彼此远离，或者由于遮挡导致两个 UE 相互无法通信时，需要对正在活动的链路资源和配置进行释放。

针对这个问题，3GPP 讨论了两种方案。

① 方案一：PC5-S 层解决方案，如图 6-10 所示。两个 UE 通过发送类似于心跳包的 Keep-Alive 信令，从而达到监测对方 UE 状态的目的。若对方 UE 没有在一定时间内（T5004）回复所述信令，则说明两个 UE 之间的链路发生了中断，否则说明两个 UE 之间的链路处于正常状态。

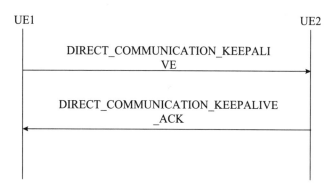

图 6-10　Keep-Alive 信令过程

② 方案二：接入层解决方案。

- 方案二 A：通过 RLC AM 的重传次数进行判断，即当 RLC AM 的重传超出一定次数之后，判断发生了 RLF，否则就说明当前链路质量正常。这与 Uu 接口中通过 RLC AM 判断 RLF 的方式一样。

- 方案二 B：通过物理层指示的方式进行判断，即通过物理层指示当前链路的质量指示来判断当前链路的质量。这里所说的物理层链路质量指示包括类似传统的同步（in-sync）、非同步（out-of-sync）指示，以及基于 HARQ 机制的反馈（ACK、NACK）。

一方面，方案一是必要的，考虑到底层的传输方式可能并未采纳 RLC AM 和 / 或带反馈的 HARQ 传输方式；另一方面，方案二 A 和方案二 B 可以作为方案一的补充而存在，这主要是考虑到 PC5-S 层解决方案的响应速度可能较慢，接入层解决方案可以更迅速地检测无线链路失败。因此，3GPP 最终采纳了全部方案，即方案一、方案二 A 和方案二 B。具体地，对于方案二 B 来说，链路检测是通过在带反馈的 HARQ 传输过程中，对于接收端的非连续传输（Discontinous Transmission，DTX）检查完成的，即当发送端 UE 检测到一定数量的 DTX 时，即触发无线链路失败。

| 6.5 小 结 |

本章介绍了 NR-V2X 高层的控制面相关过程，包括能力交互过程、接入层参数配置过程、测量配置和报告过程，以及 PC5 接口 RLM 和 RLF 过程。基于这些过程，可以进行基本的接入层单播链路管理。

第 7 章

R17 侧行链路增强

林晖闵　张世昌　郭雅莉　冷冰雪

本章将介绍 3GPP 于 R17 引入的侧行链路增强功能，其中，物理层的增强功能包括基于部分侦听的资源选择和基于终端间协调的资源选择，高层的增强功能包括侧行链路非连续接收、近距离业务授权和配置、近距离业务直接发现，以及近距离业务直接通信等内容。

| 7.1　物理层增强 |

7.1.1　节能资源选择

根据 R17 版本中 NR 侧行链路通信技术的工作项目描述（Work Item Description，WID）[3]，该工作项目的一个主要目标是提高 NR 侧行链路无线通信中的功率效率，降低功耗，以延长 UE 的工作时长。

在 R16 NR-SL 标准版本中，技术设计的重点主要是支持车联网（V2X）通信，从而提高道路交通的安全性和效率。更具体地说，它旨在为道路上车载终端之间提供高数据速率、低延迟和高可靠性的直接通信，从而支持 3GPP SA1 标准[5]中所定义的进一步演进的 V2X 场景与需求。然而，基于车联网场景的 NR-SL 通信技术可以进一步增强并用于其他应用和垂直领域，如商用 AR/VR、公共安全应急服务和以手持终端为主体的行人与其他设备间的通信（Pedestrian-to-Everything，P2X）。与车载终端不同，这些手持终端依靠便携式电池提供电力，受电池尺寸和重量的限制，所能提供的电量有限。而在某些情况下，这些手持终端也需要在关键任务场景中长时间运行，以处理公共安全事件。因此，在 NR-SL 中进一步降低终端功耗成为 R17 版本中的主要目标之一。

在 R17 版本中，引入了两个提高功率效率的功能：一个是 UE 节能资源选择，另一个是侧行链路非连续接收 (SL-DRX) 。在本节中主要介绍 UE 节能资源选择，SL-DRX 将在第 7.2.1 节介绍。但 SL-DRX 的配置可能会对 UE 节能资源选择产生一些影响，这部分内容将在本节内容中介绍。

1. 节能资源选择考虑的 UE 类型

如第 4 章所述，NR-V2X 包括两种资源分配模式，即模式 1 和模式 2。模式 1 中，侧行链路发送资源由 gNB 根据 UE 上报的侧行链路 SR 和 BSR 进行调度，或基于网络配置的侧行配置授权确定。在这种资源分配模式下，侧行资源池和用于侧行传输的具体资源由 gNB 管理和分配，UE 不需要为避免或降低资源冲突执行额外的操作，如资源侦听、侧行 CBR 测量和 CR 评估。因此，对于模式 1 而言，几乎没有什么可以提高功率效率的空间。但当 UE 工作在模式 2 时，因为 UE 需要发送非周期业务，所以在任何时间都有可能需要执行侧行资源选择，为了避免或降低资源冲突，UE 需要持续进行资源侦听（也称为全侦听）以获取来自于其他 UE 的资源预留信息。对于执行全侦听的 UE，首先需要盲检其他 UE 发送的 PSCCH 以获取其中承载的 SCI 格式 1-A，进而提取其中的优先级、资源分配以及资源预留周期等信息；对于成功接收的 PSCCH，UE 还需要测量该 PSCCH 或该 PSCCH 调度的 PSSCH 的 SL-RSRP。因此，相比于模式 1，在模式 2 中存在较大的空间用于进行节能省电相关的设计，特别是针对全侦听的资源选择方案。

自 LTE-V2X 以来，人们一直认为行人、自行车头盔和智能手机等弱势道路使用者（Vulnerable Road Unit，VRU）在 P2X 通信中执行全侦听是不切实际的，因为便携式电源无法提供这一过程所需的电力。首先，为了保证部署和控制设备成本，一些类型的 UE 可能根本没有接收任何侧行传输的能力，对于这些 UE，它们只发送侧行信息以广播其速度、行进方向和位置信息，然后依靠道路上的车载终端来接收其消息，并执行相应的驾驶机动，以避免交通事故。由于这种类型的 UE 不接收任何来自其他 UE 的侧行传输，也根本不执行任何资源侦听，所以只能从资源池中随机地选择资源用于侧行传输。随机资源选择在 R16 标准中已经支持，这种工作方式很大程度降低了 UE 的电量损耗，然而不利的一方面是，由于终端没有进行侦听，也就没有办法避免与其他终端的资源冲突，当系统比较拥塞时，冲突的概率会非常高，从而降低系统的传输可靠性。对于具备侧行接收能力而电力供应受限的 VRU， UE 可以间歇性地而非持续性地检测其他侧行链路资源预留信息以降低资源碰撞的可能性，以提高系统的传输可靠性。

为了更好地支持 P2X 通信，以及商业和公共安全应用中更广泛的设备类型和数据传输服务，在已有随机资源选择的前提下，R17 版本中研究并标准化了基于部分侦听的资源选择方案，即 UE 在资源选择之前仅在部分时隙内执行资源侦听，并根据侦听结果选择资源。此外，R17 中支持在同一资源池内允许多种资源选择方案共存，包括随机资源选择、基于部分侦听的资源选择和基于全侦听的资源选择，以避免为不同的资源选择方式配置或预配置单独的资源池而导致的资源碎片化，影响资源利用率。

根据 UE 具备的能力不同，R17 定义了三种 UE 类型。

① Type-A：UE 不能接收任何 SL 信号和信道。

② Type-B：除了执行 PSFCH 和 S-SSB 接收外，与类型 A 相同。

③ Type-D：UE 能够接收 R16 中定义的所有 SL 信号和信道。

很容易理解，Type-A 类型的 UE 旨在通过不执行任何侧行链路信号和信道的接收来最小化运行 NR-SL 的功耗，同时降低设备成本。由于没有能力接收到任何侧行信号和信道，因此 Type-A 类型的 UE 不会进行任何资源侦听，它只能在一个资源池中随机选择资源进行传输。所以，可以理解，这种类型 UE 的续航能力更为出色。

Type-B 类型 UE 支持 S-SSB 接收的目的主要是为了能够在蜂窝覆盖范围外和 GNSS 覆盖外进行 NR 侧行通信，在这种情况下，UE 需要尽可能地根据其他 UE 发送的 S-SSB 获取同步信息，以避免该 UE 根据内部时钟确定同步信息并持续发送 S-SSB（详见 5.4 节），因为这将对其他 UE 产生很强的干扰。除了接收 S-SSB 之外，Type-B 类型的 UE 还接收承载 HARQ 反馈信息的 PSFCH，因为在接收到 ACK 反馈之后 UE 可以提前终止一个 TB 的重传，有利于降低 UE 的功耗，尤其考虑到在 NR 侧行通信系统中一个 TB 的最大传输次数可达 32 次。此外，提前结束一个 TB 的重传能够最小化系统中的侧行传输次数，这有助于为其他用户释放更多资源，从而减少干扰，提高系统容量和资源复用率。

Type-D 类型的 UE 能够支持侧行发送和侧行接收，但需要在省电模式下运行以节省电量损耗。所以，Type-D 类型的 UE 可以只接收部分侧行信号或信道，并根据部分侦听的结果进行资源选取。

对于本节的剩余部分，我们将主要描述基于部分侦听的资源选择机制（即对于 Type-D 类型的 UE），以及基于部分侦听的资源选择如何在配置了 SL-DRX 的情况下运行。

2. NR-SL 与 LTE-V2X 中部分侦听机制差异性分析

根据文献 [3] 中确定的工作目标，在设计 NR 侧行链路中的低功耗资源选择机制时应尽可能重用 R14 LTE-V2X 中的随机资源选择和部分侦听设计原则。但当 LTE-V2X 中低功耗资源选择机制在 NR 侧行链路中不能正常工作时，也可以为 NR 侧行链路引入新的解决方案或在 LTE-V2X 方案的基础上进行必要的增强。为此，下面简要分析了 R14 中为 LTE-V2X 设计的部分侦听方案的基本机制和假设。

① 在 LTE-V2X 中，无论是 V2X 还是 P2X 数据传输，每个 TB 仅最多传输两次，初始传输和重传之间的最大时间间隔为 16 个子帧。

② 始终假定 P2X 数据是周期性生成和传输的，且 PDB 恒定为 100ms。

③ 在 LTE-V2X 中，P2X 资源池中允许的最小资源预留周期为 100ms，资源池内可以支持的资源预留周期为 100ms、200ms、300ms、…、1000ms。因此，LTE-V2X 中 P2X 资源池支持的资源预留周期的最大公约数为 100ms。

除了上述 LTE-V2X 中部分侦听的基本假设和特性之外，R14 部分侦听机制的主要目标是排除在资源选择窗（Resource Selection Window，RSW）内确定的候选子帧中来自其他 UE 的预留资源。由于在 LTE-V2X 中只能通过 SCI 预留一个周期（即下一个周期）的资源，因此对于资源选择窗内的任何一个候选子帧，执行部分侦听的 UE 只需在一个周期之前的对应子帧上检测其他 UE 发送的 SCI，以判断是否存在其他 UE 预留该子帧内资源的情况，这里的周期是指当前资源池中配置或预配置的所有预留周期。

如图 7-1 所示，假设在子帧 n 触发资源选择过程，并且执行部分侦听的 UE 在资源选择窗 $[n+T_1, n+T_2]$ 内选择子帧 t_X 为候选子帧，假设为资源池配置或预配置的预留周期为 100ms、200ms、400ms、800ms 和 1000ms。为了能够检测到候选子帧 t_X 内的所有可能的资源预留，执行部分侦听的 UE 需要在子帧 $t_{X-P_{\text{step}}}$、$t_{X-2\times P_{\text{step}}}$、$t_{X-4\times P_{\text{step}}}$、$t_{X-8\times P_{\text{step}}}$ 和 $t_{X-10\times P_{\text{step}}}$ 中检测其他终端可能发送的 SCI。其中 P_{step} 为基于当前载波的 TDD 配置 100ms 范围内包含的可用于侧行传输的上行子帧的个数，在 ITS 专用载波或 FDD 载波中 P_{step} 的值为 100，在 TDD 载波中可以为 10、20、…、60，具体取决于当前载波的 TDD 配置。由于执行部分侦听的 UE 只会选择资源选择窗内的部分子帧作为候选子帧，所以，对于任何一次资源选择，执行部分侦听的 UE 所需要侦听的子帧数量明显少于全侦听中所要侦听的子帧数量，更重要的是，正常情况下部分侦听只需要在资源重选计数器（即 *SL_RESOURCE_RESELECTION_COUNTER*，详见第 4.3 节相关内容）即将归零时进行，而对于全侦听，除了 UE 执行侧行发送的子帧外，UE 需要持续不断地侦听所有子帧。

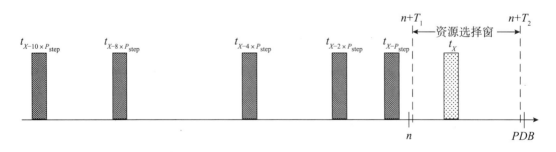

图 7-1　R14 LTE-V2X 中部分侦听示意图

为了在 NR 侧行链路部分侦听设计中尽可能重用上述 LTE-V2X 中的设计原则，在方案的具体开发过程中考虑了以下 NR 侧行链路与 LTE-V2X 的不同之处。

① 在 R16 NR-V2X 中，支持周期性的资源预留，但最小预留周期低至 1ms。由于部

分侦听的预期用途是将 NR 侧行通信技术从 R17 开始扩展到 P2X 业务以及商业和公共安全领域，这也意味着，在 NR 侧行链路中部分侦听也需要支持类似于 LTE-V2X 中基于周期的部分侦听（Periodic Based Partial Sensing，PBPS）机制，但 NR-SL 中的最小预留周期为 1ms，NR 侧行链路资源池内配置或预配置的所有预留周期之间可能不存在大于 1 的公约数，因此 LTE-V2X 中通过最大公约数 P_{step} 和预留周期对应的系数 k 覆盖所有可能资源预留周期的方式在 NR 侧行链路中将不再适用。

② 自 R16 以来，一些公司认为在 NR-V2X 系统中，非周期性传输将成为一种更常见的，甚至可能是主要的业务类型，而在 LTE-V2X 系统中，一直认为周期性传输是主要的业务类型。在 LTE-V2X 系统中执行部分侦听的 UE 只会检测其他 UE 周期性的资源预留，而在 NR 侧行链路中，只检测其他 UE 周期性的资源预留不足以充分避免资源冲突，所以在 NR 侧行链路中执行部分侦听的 UE 需要支持额外的侦听方案，即下文所述的连续部分侦听（Contiguous Partial Sensing，CPS）。

③ 为了支持 V2X 用例的高可靠性要求，从 R16 开始 NR-SL 便已支持针对预选资源的 Re-evaluation 机制和针对预留资源的 Pre-emption 检查机制（详见第 4.3 节相关内容），以提高传输可靠性。而可靠性要求与 UE 是否处于节能模式并无必然联系，所以，对于执行部分侦听的 UE，仍然需要支持相同的可靠性要求。也就是说，在 R17 中执行部分侦听的 UE 也需要支持 Re-evaluation 和 Pre-emption 检查，这部分内容也将在下文中详细阐述。

④ 作为 R17 NR 侧行链路增强项目的一部分，如前文所述，3GPP 还引入了 SL-DRX，即 UE 只需要在 SL-DRX 激活时间段内进行侧行数据接收。在 RAN1 和 RAN2 针对 SL-DRX 的讨论中发现 SL-DRX 可能会在两个方面对部分侦听操作产生影响。一个是 UE 是否应该根据部分侦听规则侦听位于 SL-DRX 非激活时间段内的时隙，另一个是发送 UE 应该如何保证候选资源位于接收 UE 的 SL-DRX 激活时间段内。这两个细节也将在下文中进一步讨论。

鉴于以上 NR-SL 与 LTE-V2X 的技术差异和特性，NR-SL 中的部分侦听将包括 PBPS 和 CPS，需要支持 Re-evaluation 和 Pre-emption 检查，而且需要能够兼容 SL-DRX。接下来将首先介绍 NR-SL 中的 PBPS 机制。

3. 周期性部分侦听（PBPS）

由于在 NR-SL 中某些资源池内不允许周期性资源预留（即为另一个 TB 预留资源），因此 PBPS 只需要在允许周期性资源预留的资源池内执行。PBPS 的主要功能是通过检测其他 UE 发送的 PSCCH 以确定其他 UE 的周期性预留资源是否位于该 UE 在选择窗内选取的 Y 个候选时隙内，并在资源选择过程中排除被其他 UE 周期性预留的资源。在 PBPS

中，UE 执行周期性侦听的时机（Periodic Sensing Occasion，PSO）是一组由式（7.1）定义的时隙，即

$$t_{y-k\times P_{reserve}}^{SL} \tag{7.1}$$

其中：t_y^{SL} 为 Y 个候选时隙内的任何一个时隙；$P_{reserve}$ 为 PBPS 中需要侦听的周期；k 值对应于 参考时隙之前最近的或第二近的 PSO，参考时隙为 $t_{y0}^{SL} - (T_{proc,0}^{SL} + T_{proc,1}^{SL})$，$t_{y0}^{SL}$ 为 Y 个候选时隙内的第一个时隙，$T_{proc,0}^{SL}$ 和 $T_{proc,1}^{SL}$ 为根据终端的处理时间确定的时长，详见第 4.3 节相关内容。

如图 7-2 所示，在 PBPS 过程中，UE 首先在资源选择窗 $[n+T_1, n+T_2]$ 内选择 Y 个候选时隙。UE 选择 Y 个候选时隙的目的是限制 UE 需要侦听的时隙数量，候选时隙的个数应不小于配置或预配置的最小值 Y_{min}，以保证有足够数量的资源供 MAC 层进行资源选取。此外，UE 可以基于自身的实现在选择 Y 个候选时隙时考虑其他几个因素，包括避免与该 UE 自身的 UL 或其他侧行链路操作冲突，与目标接收 UE 的 SL-DRX 对齐，以及尽可能减小延迟等。

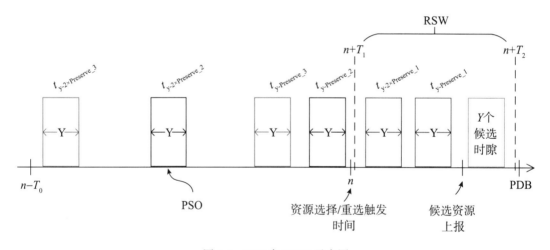

图 7-2　R17 中 PBPS 示意图

默认情况下，$P_{reserve}$ 对应于资源池内为模式 2 选择所配置或预配置的可选资源预留周期集合，或者为该可选资源预留周期集合的子集，这样可以进一步减少 UE 需要侦听的 PSO，从而进一步降低部分侦听所消耗的功率。

默认情况下，即当 RRC 参数 "*sl-additionalPeriodicSensingOccasion*" 未配置时，对于任何一个给定的 $P_{reserve}$，k 的值是对应于 参考时隙之前最近的 PSO。当配置了参数 "*sl-additionalPeriodicSensingOccasion*" 时，UE 还将额外监听参考时隙之前第二个最近的 PSO。在标准制定过程中，如何确定 k 的取值从而确定 UE 对每个 $P_{reserve}$ 应该侦听的 PSO 数量在 RAN1 是个颇具争议的话题，因为理论上 UE 侦听的 PSO 越多，可靠性就越高，

但是 UE 监听更多的 PSO 将导致更高的功耗。但根据各家公司提供的仿真结果，除了只额外监测第二个最近的 PSO 的情况，没有确凿的证据表明通过监测更多的 PSO（对每个 $P_{reserve}$ 选择更多的 k 值）总是可以实现更好的可靠性。然而，如果要根据第二个最近的 PSO 收到的 SCI 排除候选时隙中的资源，则需要更新相应 R16 模式 2 资源选择中 Q（详见第 4.3 节相关内容）的确定方式，但截至起草本节时 RAN1 并没有就是否更新 Q 的确定方式达成共识。这意味着，即使在第二个最近的 PSO 中接收到一个预留周期设置为 $P_{reserve}$ 的 SCI，且预留的资源在 $2 \times P_{reserve}$ 之后落入候选时隙内，与预留资源重叠的候选时隙内的资源也不会被排除，因为根据 R16 模式 2 资源选择中 Q 的确定方式，仅对于最近一个 PSO 中接收到的 SCI，Q 的取值才可能大于 1。

在图 7-2 中所示的 PBPS 示意图中包含三个 $P_{reserve}$ 值，并且资源池内配置了 "*sl-additionalPeriodicSensingOccasion*"。另外，从图 7-2 中可以看出，根据在资源选择窗内选择的 Y 个候选时隙的位置，一些 PSO 位于资源选择 / 重选触发时隙 n 之前，这意味着 UE 需要在资源选择 / 重选触发时隙 n 之前对一些 PSO 进行侦听，而对于一些较小的 $P_{reserve}$，其对应的 PSO 在时隙 n 之后，这引发了 UE 何时将候选资源集合报告给 MAC 层以进行资源选择 / 重选的问题。也就是说，如果在时隙 n 和第一个候选时隙之间存在用于 PBPS 的 PSO，则不能像 R16 模式 2 资源选择那样在时隙 n 将候选资源集合报告给 MAC 层，上报时间必须推迟到最后一个 PSO 之后，并且位于第一个候选时隙之前，这样才能够利用所有 PSO 上的侦听结果。

在 RAN1 讨论的另外一个关于 PBPS 的问题是，即使对于周期传输，也可能无法准确预测资源选择 / 重选的触发时间，因为在 MAC 层定义了多个触发资源选取的条件。因此一些公司认为，无论 UE 是否存在周期性数据传输，都应始终在资源池中执行 PBPS，这样它总是会获得资源选择所需的资源侦听结果。然而，即使这样，仍然存在预选的 Y 个候选时隙与未来周期性传输触发时间不匹配的风险。此外，如果 UE 很长时间没有周期性数据需要发送，则可能会浪费 UE 的电量。另外，其他一些公司认为，MAC 层需要一些训练时间来观察数据包的到达频率以向物理层提供准确的资源预留周期，在此期间，由 UE 基于其观察到的数据到达时刻开始执行 PBPS，以在 MAC 层触发资源选择 / 重选之前获得侦听结果。所以，最终这一问题并没有在标准中解决，而是留给了 UE 实现。例如，当侦听结果不充分时，UE 可以在异常资源池中随机选择资源，直到有足够的侦听结果为止，或者使用其他资源选择过程的侦听结果等。

标准中规定了 UE 执行 PBPS 的条件，即当满足以下所有条件时，UE 执行 PBPS。

① 资源池允许周期性资源预留，即 *sl-MultiReserveResource* 设置为 "*enabled*"。

② 根据配置或预配置，资源池内启用部分侦听。

③ UE 高层配置了部分侦听。

4. 连续性的部分侦听 (CPS)

在 R17 版本中引入的另一种侧行链路节能机制就是连续部分侦听。在 NR-SL 系统中，一个 SCI 中可以指示多个重传资源，同一个 SCI 指示的多个重传资源的最大间隔为 32 个时隙（包括 SCI 所在的时隙），UE 执行 CPS 的目的是检测这些最大间隔距离为 32 个时隙的重传资源的动态预留，因此，UE 执行 CPS 与资源池内是否支持周期性资源预留无关。

在 CPS 过程中，UE 通过在 CPS 侦听窗 $[n+T_A, n+T_B]$ 内的连续时隙上解码 PSCCH 并根据接收到的 SCI 测量 SL RSRP 来执行对侧行链路资源的监听，其中 n 表示资源选择 / 重选的触发时间。如前文所述，在 SCI 中指示的资源之间的最大距离间隔是 32 个时隙，对于任何一个候选时隙，原则上 UE 应该在该候选时隙之前 31 个时隙开始执行 CPS，并且受制于 UE 解码、测量和准备传输所需的处理时间（ $T_{\text{proc,0}}^{\text{SL}}$ 和 $T_{\text{proc,1}}^{\text{SL}}$ ），CPS 需要在该候选时隙之前一段时间结束。但在具体操作场景中，取决于 UE 是否能够预测资源选择 / 重选时隙 n 的位置，T_A 和 T_B 的值可以是零、正或负数，即 $n+T_A$ 或 $n+T_B$ 可以位于 n、n 之前或 n 之后。例如，对于周期性数据传输，总是假定资源选择 / 重选的触发时间是可预测的，根据 UE 在 RSW 内选择的 Y 个候选时隙的开始位置，T_A 和 T_B 可以是负数、零或正数。如图 7-3 所示，在图中 Y 个候选时隙中的第一个时隙离 n 的距离大于 UE 的处理时间，但是小于 32 个时隙，所以 T_A 为负数，而 T_B 为正数。另外，对于非周期数据传输，资源选择 / 重选的触发时间通常是不可预测的，UE 将无法在触发时隙 n 之前执行任何预侦听，所以 T_A 和 T_B 的值就只能是正数或零。因此，3GPP 标准中没有定义 T_A 和 T_B 的确切取值或具体确定方式，而是仅描述了 CPS 侦听窗的持续时间和结束时隙，具体内容将在下面进一步介绍。

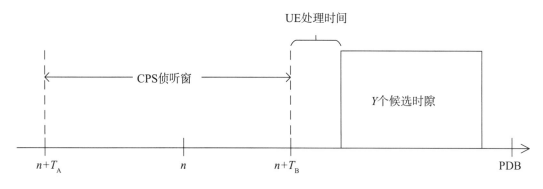

图 7-3　对于周期性数据传输的 CPS 侦听窗

如前所述，从技术上讲，无论 UE 传输的数据类型和资源池内是否允许周期性资源预留，UE 都应该执行 CPS，因此，当满足以下所有条件时，UE 需要执行 CPS。

① 高层触发物理层上报候选资源集合。

② 根据配置或预配置，资源池内启用部分侦听。

③ UE 高层配置了部分侦听。

在标准制定过程中，关于 CPS 的另一个主要讨论内容为是否可以通过配置或预配置 CPS 侦听窗长度的相关参数，从而禁用 CPS 监听，显然这个问题与 UE 是否总是需要执行 CPS 有关。基于上面 UE 执行 CPS 的条件，只要触发了资源选择 / 重选，且资源池内启用部分侦听以及 UE 高层配置了部分侦听，UE 总是执行 CPS。从技术层面来看，如前所述，任何 SCI 都可以预留多达 32 个时隙内的资源用于同一个 TB 的重传，因此 UE 需要在确定的候选资源之前执行 CPS，以排除其他 UE 通过 SCI 预留的重传资源，从而避免资源冲突。

但当非周期性数据的时延要求非常短并且 UE 没有足够的时间来执行 CPS 时，UE 可以切换到随机资源选择而不执行任何部分侦听。考虑这一例外情况，当触发了资源选择 / 重选时，UE 并不总是需要执行 CPS。因此，在 RAN1 讨论中同意对于非周期业务传输而言，UE 可以不执行 CPS。另外，对于周期性传输，由于资源选择 / 重选触发时间的可预测性，UE 总是能够在资源选择 / 重选触发时隙 n 之前执行侦听，所以 UE 没有理由不能执行 CPS。因此，在 RAN1 的讨论中一致认为，对于周期性数据传输而言，UE 需要执行 CPS。

5. UE 根据业务类型执行部分侦听

在前文中，分别描述了 PBPS 和 CPS 的背景、具体设计和特性。下一步的问题是，当 UE 触发了资源选择 / 重选时，应该如何结合 PBPS 和 CPS 的侦听结果确定候选资源集合，进而上报一组候选资源供高层完成资源选择，以及 UE 如何根据模式 2 资源池内支持的业务类型与 UE 实际发送的业务类型执行不同的部分侦听方案。

如前文所述，PBPS 用于检测资源池中的周期性资源预留，而 CPS 用于检测来自其他 UE 的动态预留。因此，只要资源池支持周期性的资源预留，即资源池配置信令中提供了参数 *sl-MultiReserveResource*，而且该参数的值设置为"启用"（*enabled*），UE 就应该执行 PBPS 和 CPS。相反地，如果资源池内并不支持周期性资源预留，即资源池配置信令中没有提供参数 *sl-MultiReserveResource*，则 UE 只需要在资源池内执行 CPS，因为资源池内不会有任何周期性预留。

在下文中，我们将首先描述在支持周期性预留的资源池内，当触发资源选择 / 重选的业务类型为周期性传输（$P_{rsvp\_TX} \neq 0$）的情况下，UE 物理层确定一组候选资源从而上报给 MAC 层的完整过程。然后我们将描述在支持周期性预留的资源池内，当触发资源选择 / 重选的业务类型更改为非周期性传输（$P_{rsvp\_TX} = 0$）时，UE 执行的部分侦听和周期性传输时部分侦听的差异。最后，我们将描述在不支持周期性预留的资源池内，触发资源选择 / 重选的业务类型为非周期性传输（$P_{rsvp\_TX} = 0$）时，UE 确定候选资源的具体步骤。

情况 1：在允许周期性预留的资源池中进行周期性传输。

当触发资源选择 / 重选的业务类型为周期性资源传输，即 $P_{\text{rsvp\_TX}} \neq 0$，并且 UE 高层配置了部分侦听时，则 UE 将按照前面所提到的指定条件执行 PBPS 和 CPS。具体的，由于资源选择 / 重选的触发时隙 n 是可预测的，因此 UE 首先在资源选择窗 $[n+T_1, n+T_2]$ 内选择 Y 个候选时隙。在执行 PBPS 时，UE 基于选择的 Y 个时隙以及配置或预配置的 P_{reserve} 值和推导出的 k 值确定一组 PSO，如图 7-4 所示。另外，UE 还需要在选定的第一个候选时隙之前对 M 个连续的侧行链路时隙执行 CPS，并且该 CPS 在参考时隙前停止，如前文所述，参考时隙为 $t_{\text{y0}}^{\text{SL}} - (T_{\text{proc,0}}^{\text{SL}} + T_{\text{proc,1}}^{\text{SL}})$。$t_{\text{y0}}^{\text{SL}}$ 为 Y 个候选时隙内的第一个时隙，$T_{\text{proc,0}}^{\text{SL}}$ 和 $T_{\text{proc,1}}^{\text{SL}}$ 为终端的处理时间。默认情况下，M 为 31，除非资源池内配置了另一个值。当 M 为配置的值时，其取值范围为 5 ～ 30 个时隙。选择 5 为可配置的最小值是因为在 15kHz 子载波间隔时 UE 需要最少 4 个时隙的处理时间，即在 15kHz 时，$T_{\text{proc,0}}^{\text{SL}} + T_{\text{proc,1}}^{\text{SL}} = 4$，$M$ 取值为 5 保证终端至少可以获取一个时隙的侦听结果。

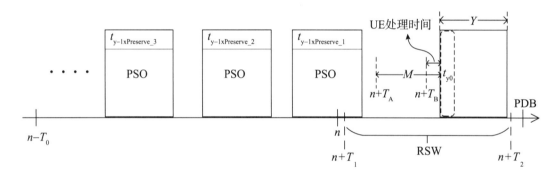

图 7-4　UE 针对周期性业务执行 PBPS 和 CPS 示意图

为了向 MAC 层上报一组候选资源以进行最终的资源选择，UE 首先将选定 Y 个候选时隙内的所有单时隙资源初始化为一个集合 S_A，然后基于时隙 $n - T_0$ 后所有可用的部分侦听结果，从初始 S_A 集合中排除与其他 UE 预留的资源存在重叠且 SL-RSRP 高于相应 SL-RSRP 门限的的单时隙资源，同时确保 S_A 集合中剩余的候选资源比例不少于 Y 个候选时隙内的所有单时隙资源的 $X\%$，一旦资源排除过程完成，UE 将 S_A 集合里剩余的候选资源上报给 MAC 层。

情况 2：在允许周期性预留的资源池中进行非周期性传输。

与上述周期性传输的情况类似，因为资源池内允许周期性资源预留，因此仍然需要基于 PBPS 和 CPS 检测来自其他 UE 的资源预留。然而，由于非周期性业务到达时间的不可预测性，物理层不可能在资源选择 / 重选触发之前专门为此特定的传输确定对应用于 PBPS 的 PSO。另外，如前所述，一些公司认为 PBPS 可以在允许周期性预留的资源池中持续执行。在这种情况下，已经在进行的 PBPS 侦听可以为候选资源的确定提供必要的部分侦听结果。但在 3GPP RAN1 的讨论中，这一观点并未得到所有人的认同，主要担心的是 PBPS 中预选的 Y 个候选时隙可能并不总是与非周期性的业务传输时间相匹配。此外，为了保证 UE 实现的灵活性，一些 UE 可能选择仅在有数据需要传输时才执行 PBPS，不强制 UE 始终具有用于非周期性传输的相应 PBPS 结果。但即使在这种情况下，UE 仍然可以通过侦听触发时隙 n 和 Y 个候选时隙集合中的第一个时隙（即 t_{y0}）之间的 PSO 获得一些 PBPS 结果。最后，在 RAN1 中达成一致，UE 将在 RSW 中选择一组具有相应 PBPS 和 / 或 CPS 结果的 Y' 个候选时隙，如果 Y' 个候选时隙的总数小于配置或预配置的门限 Y'_{min}，则由 UE 实现增加其他候选时隙。随后，候选资源集合 S_A 初始化为所选 Y' 个候选时隙中所有单时隙候选资源所构成的集合。

在该情况下，CPS 侦听窗 $[n+T_A, n+T_B]$ 中 T_A 和 T_B 的选取应使得 UE 在第一时间段内拥有侦听结果。上述第一时间段的起点为所选 Y' 个候选时隙中的第一个时隙前 M 个时隙，上述第一时间段的终点为所选 Y' 个候选时隙中的第一个时隙前 $T_{proc,0}^{SL} + T_{proc,1}^{SL}$ 个时隙。对于该情况下的 M，默认取值为 31，如果配置了 M 的值，则可配置的范围是 0 ～ 30。但是由于终端的业务是非周期业务，资源选择 / 重选触发时刻是无法预知的，因此 UE 无法总能保证 CPS 所需的最小 M 个时隙。更准确地说，UE 无法保证确定的 CPS 侦听窗总能包括第一时间段。例如，对于剩余 PDB 较小的非周期性数据传输，在资源选择 / 重选触发后没有足够的时间来同时满足下列条件：容纳 CPS 所需的至少 M 个侦听时隙；$T_{proc,0}^{SL} + T_{proc,1}^{SL}$ 个时隙的处理时间；以及一组不小于 Y'_{min} 的 Y' 个候选时隙。在这种情况下，UE 需要确保至少有 Y'_{min} 个候选时隙以保证 TB 所需的传输次数，而牺牲 CPS 侦听时长。或者，如果剩余 PDB 更短，则在确保满足 Y'_{min} 的限定之后，可用于 CPS 的剩余时隙数量非常少，此时执行 CPS 可能根本没有意义，切换到随机资源选择以节省 UE 侦听功率反而更为合理。这一切都取决于 UE 面临的实际场景，因此，3GPP RAN1 决定在不能保证 CPS 所需的最小 M 个侦听时隙的情况下，可以由 UE 实现决定执行下面的选项 A 或选项 B。

① 选项 A：UE 保证候选时隙个数不小于 Y'_{min}。

② 选项 B：随机资源选择。

在非周期性传输的情况下，值得注意的一点是：尽管标准要求 UE 选择 T_A 和 T_B 以保证 CPS 所需的最小 M 个侦听时隙，而且该最小 M 个侦听时隙应是 t_{y0} 之前的 M 个连续时隙，但标准也允许 UE 灵活选择 Y' 个候选时隙的位置，以利用从另一个资源选择 / 重选过程中获得的侦听结果（如果是可用的）。一般原则是：如果 UE 已经侦听了 31 个时隙（如对于同一资源池中的另一个 TB），则 UE 应避免再次侦听另外 31 个时隙。

情况 3：在不允许周期性预留的资源池中进行非周期性传输。

在这种情况下，UE 的资源选择 / 重选由非周期性传输（ $P_{\text{rsvp\_TX}}=0$ ）触发，而资源池不允许周期性资源预留，无须执行 PBPS，仅需要执行 CPS。这种情况成为在 3GPP RAN1 中考虑的最简单的情况，只有下面两个需要特殊考虑的问题。

第一，从技术上 UE 不需要选择 Y' 个候选时隙，因为 UE 不需要执行 PBPS，而 CPS 只需在集合 S_A 之前的 M 个连续时隙执行。但是为了标准描述简单，针对这种情况还是延用了上述情况 2 的描述方式，即 UE 在 RSW 中根据相应的 CPS 结果选择一组 Y' 个候选时隙，此处的 RSW 与 R16 版本中 RSW 的定义一致。此外，有公司指出，在该情况下定义 Y' 个候选时隙，有利于终端确定 CPS 侦听窗的位置，从而尽可能少地执行 CPS 监听。

第二，与情况 2 类似，由于资源选择 / 重选触发时间的不可预测性和较短的剩余 PDB，CPS 所需的最小 M 个连续侦听时隙可能无法保证，因此在该情况下也可以由 UE 实现来决定执行下面选项 A 或选项 B。

① 选项 A：UE 保证候选时隙个数不小于 $Y'_{\min}$。

② 选项 B：随机资源选择。

6. 针对 Re-evaluation 和 Pre-emption 检查的部分侦听

Re-evaluation 和 Pre-emption 的目的是在实际传输之前检查或验证预选和通过 SCI 指示预留的资源是否可用。如果自上一次资源选择或预留后某个资源不再可用，如由于与另一个 UE 预留的资源重叠，则应重新选择该资源以避免冲突。这些过程是在 R16 版本中引入的，以最大限度地减少资源冲突的可能性，从而满足高级别 V2X 场景的高可靠性要求。由于高可靠性要求也同样适用于 NR 侧行链路通信增强（包括商业和公共安全用途）中，处于节能状态的 UE 在 R17 版本中也需要继续支持 Re-evaluation 和 Pre-emption。R17 版本中继承了 R16 版本中对 Re-evaluation 和 Pre-emption 的以下几方面设计。

① MAC 层触发 Re-evaluation 和 Pre-emption 的时间仍然为至少在时隙 $m-T_3$ 触发，其中 m 是需要进行 Re-evaluation 和 Pre-emption 检查的资源对应的最小的时隙索引，$T_3 = T_{\text{proc},1}^{\text{SL}}$。

② UE 仍然可以基于自身实现在时隙 $m-T_3$ 之前或之后执行 Re-evaluation 和 Pre-emption 检查，以进一步提高可靠性。

③ 对于 Re-evaluation 和 Pre-emption 的触发机制，R17 版本并没有对部分侦听 UE 进行额外增强，所有触发条件与 R16 版本中的相同。另外，依然可以通过 R16 版本定义的参数 "sl-PreemptionEnable" 启用 / 禁用 Pre-emption。

④ 与 R16 版本相同，对于周期性传输，Re-evaluation 不适用于已经在当前周期或以前周期中通过 SCI 预留的资源，但取决于 UE 实现对非初始资源预留周期中尚未通过上

一个周期和当前周期发送的 SCI 预留的资源进行 Re-evaluation 检查。

⑤ 与 R16 版本相同，如果 UE 有侦听能力，则 UE 需要对随机选择的资源进行 Re-evaluation 和 Pre-emption 检查。

在用于侧行 TB 传输的初始资源选择时，对于配置了部分侦听的 UE，UE 根据 Y 个候选时隙进行 PBPS 和 CPS，并从 Y 个候选时隙中确定候选资源集合。因此，当同一组 Y 个候选时隙中的部分时隙被重复用于同一预留周期内对已选或预留资源进行的 Re-evaluation 和 Pre-emption 检查时，初始资源选择时获取的该 Y 个候选时隙中部分时隙的 PBPS 和 CPS 侦听结果依然适用。

对于周期性传输的情况，除了初始资源选择 / 重选的周期之外，在之后的周期中 UE 也需要执行新的 PBPS 和 CPS 以获得最新的侦听结果。由于之后的周期（如第 2 个周期）中的传输资源是基于初始资源选择周期中（如第 1 个初始周期）的传输资源加上资源预留周期确定的，因此之后周期中的 Y 个候选时隙也应该基于初始资源选择周期的 Y 个候选时隙确定。因此，在第 q 个资源预留周期中（$q = 0,1,2,\cdots,C_{resel}-1$），候选资源集合 S_A 应该初始化为剩余 Y 个候选时隙内的单时隙资源，即从时隙 t_{yi}^{SL} 开始到 Y 个候选时隙中的最后一个候选时隙范围内的单时隙资源，其中第 q 个周期考虑的 Y 个候选时隙的时隙索引等于 $q \times P_{rsvp\_Tx} + t_y^{SL}$，其中 t_y^{SL} 是在初始资源选择 / 重选中使用的 Y 个候选时隙的索引，t_{yi}^{SL} 是时隙 $n+T_3$ 之后的第一个候选时隙。C_{resel} 可参考第 4.3 节中的定义，n 为 Re-evaluation 或 Pre-emption 的触发时刻，T_3 等于 $T_{proc,1}^{SL}$。

如图 7-5 所示，在执行针对 Re-evaluation 和 Pre-emption 的部分侦听时（仅以初始周期为例），存在以下资源选择。

① UE 根据 $t_{y-k \times P_{reserve}}^{SL}$ 对剩余的 Y 个候选时隙进行 PBPS，其中 t_y^{SL} 是属于剩余 Y 个候选时隙的时隙，k 和 $P_{reserve}$ 与进行初始资源选择 / 重选时的定义一致。

② UE 从 t_{yi}^{SL} 之前的 M 个逻辑时隙开始到时隙 $t_{yi}^{SL} - \left(T_{proc,0}^{SL} + T_{proc,1}^{SL}\right)$ 之间执行 CPS。

在 R17 标准制定过程中，其中一个讨论点是将剩余 Y 个候选时隙扩展到初始 Y 个候选时隙范围之外。这是因为每个预选 / 预留的资源都需要执行 Re-evaluation 和 Pre-emption 检查，如果触发了资源重选，对于靠近剩余的 Y 个候选时隙末尾的资源，可用于重新选择的时隙将会减少。在极端情况下，如果预选 / 预留的资源位于剩余的 Y 个候选时隙的最后一个时隙，将会导致仅剩下一个时隙可以用于资源重选。然而，即使剩余的 Y 个时隙中包含的时隙个数少于 Y_{min}，RAN1 最终也没有同意扩展剩余的 Y 个候选时隙，主要是由于以下原因。

① 首先这一问题也存在于 R16 的 Re-evaluation 和 Pre-emption 检查中，然而 R16 并没有针对这一问题进行优化。

② 初始 Y 个候选时隙的最后一个时隙可能位于 $n+T_2$ 或接近剩余 PDB，这时剩余的

Y 个候选时隙无法进行扩展。

③ 在选择初始 Y 个候选时隙时可能受到 SL-DRX 配置的限制，如果进一步扩展将可能与 SL-DRX 配置不匹配。

④ 取决于终端实现，MAC 层在进行资源选择时可以尽可能避免选择接近 Y 个候选时隙末尾的资源，从而避免在 Re-evaluation 和 Pre-emption 检查时出现资源不足的问题。

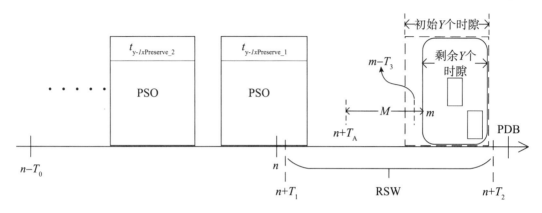

图 7-5　针对 Re-evaluation 和 Pre-emption 的部分侦听示意图

对于非周期性数据传输，在进行 Re-evaluation 和 Pre-emption 检查时可以应用与上述周期性数据传输类似的部分侦听过程，即基于剩余 Y' 个候选时隙进行 Re-evaluation 和 Pre-emption 检查并进行相应的部分侦听，Y' 个候选时隙即为在非周期性数据触发的初始资源选择 / 重选中确定的候选时隙。但是相比于周期性传输的情况，仍然存在以下两点不同。

① 如果资源池内支持周期性资源预留，则在初始资源选择之后，UE 可以针对剩余的 Y' 个候选时隙对应的 PSO 执行 PBPS，但是否执行 PBPS 取决于 UE 自身实现，标准并不限定。

② 终端应保证至少在从 t_{yi}^{SL} 前 M 个时隙到时隙 $t_{yi}^{SL} - \left(T_{proc,0}^{SL} + T_{proc,1}^{SL} \right)$ 时间段内进行 CPS 监听，t_{yi}^{SL} 是时隙 $n+T_3$ 之后的第一个候选时隙，n 为 Re-evaluation 或 Pre-emption 的触发时刻，T_3 等于 $T_{proc,1}^{SL}$。当不能保证上述 CPS 的最小 M 个时隙时，UE 侦听从初始资源选择 / 重选触发时隙（由当前 TB 触发的资源选择 / 重选）到 $t_{yi}^{SL} - \left(T_{proc,0}^{SL} + T_{proc,1}^{SL} \right)$ 范围内的所有时隙。此外，类似于由非周期性数据传输触发的初始资源选择 / 重选，对于同一资源池，$n-T_0$ 之后的所有可用侦听结果都应用于 Re-evaluation 和 Pre-emption 检查，T_0 为 100ms 或 1100ms。

7. 节能资源分配中的拥塞控制

在 R16 NR-V2X 中，UE 需要测量 CBR 和 CR 用于拥塞控制（详见第 5.3 节相关内容）。在拥塞控制过程中，UE 根据 CBR 和 CR 决定各种传输参数，包括最大发送功率、MCS 范围、可使用的子信道数、最大重传次数以及 CR 限制。

为了测量 CBR，R16 中执行全侦听的 UE 需要在 CBR 测量窗 $[n-c,n-1]$ 内测量 SL-RSSI，其中 c 等于 100 个或 $100 \cdot 2^\mu$ 个时隙，n 是 UE 进行发送的时隙。然而，执行部分侦听的 UE 并不要求侦听 $[n-c,n-1]$ 范围内的所有时隙，因此，需要一种不同的方法来测量 CBR。

根据 R14 版本中 LTE-V2X 的部分侦听机制，执行部分侦听的 UE 不进行任何 CBR 相关的测量，以尽可能节省电量，用于拥塞控制的 CBR 值是配置 / 预配置的，因此，在 LTE-V2X 中所有手持终端（Pedestrian User Equipment，PUE）的传输参数都非常相似。但是对于 R17 NR 侧行链路中的节能终端来说，为了尽可能真实地反映实际拥塞程度，终端需要在 CBR 测量窗里进行 SL-RSSI 测量，以得出 CBR 值。也就是说，当 UE 执行部分侦听时（包括配置了 SL-DRX 时），如果 UE 在 R16 定义的 CBR 测量窗内的部分时隙执行部分侦听和 PSCCH/PSSCH 接收，则 UE 需要在这些时隙中测量 SL-RSSI。在计算 CBR 时，仅考虑 UE 执行部分侦听和 PSCCH/PSSCH 接收的时隙，利用这些时隙中的测量结果计算 CBR；如果 UE 执行 SL-RSSI 测量的时隙数量低于配置 / 预配置的门槛，则在拥塞控制时使用配置 / 预配置的 CBR 值。但对于执行随机资源选择的 UE（如没有侧行链路接收能力的 UE），则不需要测量 CBR，直接使用配置 / 预配置的 CBR 值。

对于 CR 的计算，由于所需的信息是 UE 过去已经使用的子信道个数和未来授权的子信道个数（而不是实际测量结果），因此执行部分侦听和随机资源选择的 UE 可以重用 R16 版本中定义的 CR 计算方式。

8. SL-DRX 对部分侦听和资源选择的影响

如果 UE 配置 / 预配置了 SL-DRX，则允许该 UE 在 SL-DRX 非激活时间内不接收 PSCCH/PSSCH，以节省终端功耗，详见第 7.2.1 节相关内容。有公司认为终端在 SL-DRX 非激活时间段内也不应进行资源侦听，即接收 PSCCH 并进行相关的 SL-RSRP 测量。但有的公司认为，如果 UE 在 SL-DRX 非激活时间段不执行部分侦听，则可能由于缺乏可用的侦听结果而导致与其他 UE 发生资源冲突。同时还有公司认为，如果 UE 在 SL-DRX 非激活时间段内执行资源侦听，而只是不解码第二阶 SCI 和 PSSCH，那么所获得的省电增益并不显著，这也将导致 SL-DRX 在省电方面的功能大打折扣。因此，在 R17 侧行链路标准制定过程中，UE 是否应该在 SL-DRX 非激活时间内执行部分侦听这一问题的争论持续的时间最长。

在讨论期间，提出了以下多个解决该问题的方案选项。

① UE 总是在 SL-DRX 非激活时间内根据标准中定义的部分侦听方案执行资源侦听。

② UE 只根据特定规则在 SL-DRX 非激活时间内进行资源侦听，或 UE 在满足特定限制条件（如发送数据的优先级、CBR 测量结果等）时在 SL-DRX 非激活时间内执行资源侦听。

③ UE 在 SL-DRX 非激活时间内完全不执行任何资源侦听。

最终，RAN1 会议决定：执行部分侦听的 UE 是否需要在 SL-DRX 非激活时间内执行资源侦听由参数 "*sl-partialSensingInactiveTime*" 来启用或禁用，当该参数启用了该功能时，有以下两种情况。

① 当终端执行 PBPS 时，对于任何一个给定的 $P_{reserve}$，UE 只侦听默认的 PSO，即参考时隙前最近的 PSO，可参照第 7.1.1 节第 3 部分的相关内容。

② 当终端执行 CPS 时，UE 侦听至少 M 个时隙。

当该参数禁用了该功能时，终端不需要在 SL-DRX 非激活时间内执行任何资源侦听。

除了在 SL-DRX 非激活时间段内是否需要执行部分侦听这一问题之外，在 RAN1 广泛讨论的另一个颇具争议的问题是发送 UE 物理层如何在目标接收 UE 的 SL-DRX 激活时间内上报一组候选资源到 MAC 层。最初的讨论集中在候选资源集合是否应该完全位于目标接收 UE 的 SL-DRX 激活时间之内还是部分位于目标接收 UE 的 SL-DRX 激活时间之内。如果完全位于 SL-DRX 激活时间内，则对发送 UE 资源选择方面的限制可能过高。例如，当目标 UE 的 SL-DRX 激活时间与发送 UE 的 RSW 仅存在有限的重叠时隙且发送 UE 所需的资源数量很大（即所发送的 TB 需要很多次重传）时，在目标 UE 的 SL-DRX 激活时间内未必总是存在足够的资源供 MAC 层进行资源选择。另外，如果只是部分位于 SL-DRX 激活时间内，则发送 UE 可能选择到目标接收 UE 的 SL-DRX 非激活时间内的资源，这时不能保证该目标接收 UE 总是能够接收到该资源上发送的数据。最后，基于发送 UE 可以一直跟踪目标接收 UE 的 SL-DRX 激活时间变化的假设，即发送 UE 可以根据目标接收 UE 的 SL-DRX 重传定时器来决定目标接收 UE 的 SL-DRX 激活时间，RAN1 决定只需要保证资源集合的子集位于目标接收 UE 的 SL-DRX 激活时间内即可。

下一步的问题是发送 UE 的物理层如何确保候选资源的子集位于目标接收 UE 的 SL-DRX 激活时间内。从 LTE-V2X 的第一个版本（R14 版本）到最近的 NR-V2X 版本（R16 版本），通过增加 SL-RSRP 门限来确保物理层上报给 MAC 层的候选资源数量占初始资源数量的比例不低于特定值（即 X%，详见第 4.3 节相关内容）。

为了保证位于目标接收 UE 的 SL-DRX 激活时间内的候选资源数量，其中一个解决方案是，在发送 UE 执行完资源排除之后，如果位于目标接收 UE 的 SL-DRX 激活时间内的候选资源数量小于 Z，则发送 UE 将增加 SL-RSRP 门限值，但只将增加的 SL-RSRP 门限值用于处理位于 SL-DRX 激活时间段内的资源，其中 Z 是由终端根据自身实现在 1 和 $X \cdot N_{total}$ 之间确定的一个值，N_{total} 为目标接收 UE 的 SL-DRX 激活时间内的初始单时隙资源数量。仅将增加的 SL-RSRP 门限值用于处理 SL-DRX 激活时间内的资源是为了避免导致 SL-DRX 非激活时间内的资源的干扰水平提高。然而，这一解决方案在 RAN1 并没有被所有公司接受。

另外一个解决方案是，在发送 UE 执行完正常资源排除之后，如果确定的候选资源集合中没有位于目标接收 UE 的 SL-DRX 激活时间内的资源，则由发送 UE 基于自身实现从目标接收 UE 的 SL-DRX 激活时间内选择至少一个候选资源。虽然这一解决方案为终端实现提供了最大的自由度，但存在 UE 简单地在 SL-DRX 激活时间内随机选择一个或多个资源的风险，这可能导致与高优先级的数据传输发生冲突，从而导致系统性能和用户体验下降。

在 3GPP RAN 全会对该问题的进一步审议中，依然有公司对增加 SL-RSRP 门限的方案持有持续的反对意见，而且为了按时完成 R17 侧行链路增强课题，RAN1 没有更多的时间进一步讨论这一问题，所以最终决定采用基于 UE 实现的解决方案。

7.1.2　基于终端间协调的资源选择

基于终端间协调的资源选择是 R17 中针对 NR-V2X 引入的两大增强功能之一，这一功能的基本概念是一个终端（UE-A）向另外一个执行模式 2 资源选择的终端（UE-B）提供资源协调信息，UE-B 将根据自身的资源侦听结果和接收到的资源协调信息选择最终的发送资源，或者仅根据资源协调信息选择发送资源，如图 7-6 所示。

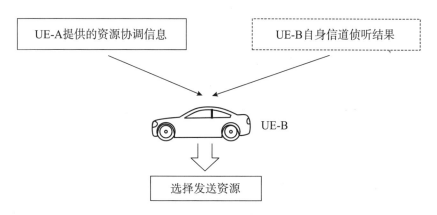

图 7-6　基于终端间协调的资源选择示意图

1. 为什么引入基于终端间协调的资源选择

在 R17 中引入基于终端间协调资源选择的主要目的是提高 R16 模式 2 资源选择中数据传输的可靠性。因为在 R16 模式 2 中，终端的发送资源都是根据自身的资源侦听结果确定的，这一机制受制于隐藏节点问题及半双工限制，数据传输可靠性受到了很大的影响。而且，为了执行 R16 模式 2 资源选择，终端需要持续进行资源侦听，这将产生非常高的电量损耗，所以 R17 引入的手持终端只能通过部分侦听选择资源，甚至在资源池内随机选择资源（如第 7.1.1 节所述），这样也将导致数据传输可靠性的降低。

首先，隐藏节点问题如图 7-7 所示。UE-RX 为 UE-1 的接收端，位于 UE-1 和 UE-2 中间，UE-1 根据资源侦听选取发送资源时，由于距离 UE-2 较远，无法检测到 UE-2 发送的资源预留信息，因此可能选择与 UE-2 预留资源重叠的资源用于向 UE-RX 发送数据，在这种情况下，由于 UE-RX 距离 UE-2 较近，因此 UE-2 的发送将干扰 UE-RX 对来自 UE-1 的 PSCCH 或 PSSCH 的解码。

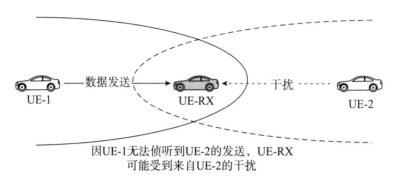

图 7-7　隐藏节点示意图

而半双工限制是侧行链路的固有问题，是由于一个终端在同一时刻无法在一个给定载波上同时执行发送和接收导致的。在 R16 模式 2 的资源选择中，可能因为以下三方面原因导致发送终端和接收终端之间存在半双工问题。

① 发送终端在执行模式 2 资源选择过程中，没能侦听到目标接收终端的资源预留信息，并最终选择了目标接收终端预留资源所在时隙内的资源，因此，当发送端终端利用该资源向接收端进行数据发送时，由于接收终端也会利用该时隙中预留的资源进行侧行传输，因此导致接收端无法接收该发送端发送的数据。发送终端没能接收到目标接收终端的资源预留信息可能是由于发送终端在目标接收终端发送预留信息的时隙上没有执行资源侦听，或者发送终端没能成功解码目标接收终端发送的 PSCCH，抑或发送终端和目标接收终端在相同或邻近的时刻执行资源选择或重选，并没有提前发送资源预留信息。

② 发送终端成功接收到目标接收终端发送的资源预留信息，但因为 SL-RSRP 没有超过门限而没有排除该终端的预留资源（详见第 4.3 节相关内容），并最终选择了目标接收终端预留资源所在时隙内的资源。

③ 发送终端成功接收到目标接收终端发送的资源预留信息并排除了其预留的资源，但保留了目标接收终端预留资源所在时隙内的其他资源，并最终选择了目标接收终端预留资源所在时隙内的资源，如图 7-8 所示。

功耗问题主要是因为 R16 模式 2 资源选择需要终端持续进行资源侦听（接收 PSCCH 并进行相应的 SL-RSRP 测量）导致的，在 R16 NR-V2X 中主要考虑的是车载终端，所以终端能够承受持续资源侦听所带来的功率损耗。然而，在 R17 中需要支持行人与其他设备间通信 P2X 业务，即发送终端为手持终端，受到电池容量的限制，因此这类终端只能依靠部分资源侦听选择资源（详见第 7.1.1 节相关内容）或随机选择资源，这样也将增加资源碰撞的可能性。

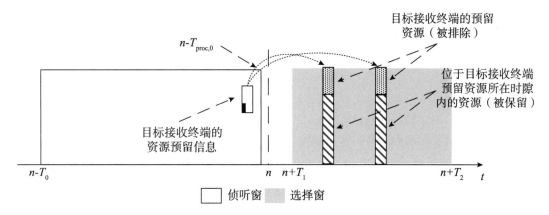

图 7-8　发送终端未排除目标接收终端的预留资源所在时隙内的其他资源

为了解决以上问题，在 R17 中引入了以下两种基于终端间协调的资源选择方案。

① 方案 1：UE-A 发送给 UE-B 的资源协调信息为一个参考资源集合，参考资源集合中包含适合或不适合 UE-B 使用的资源。

② 方案 2：UE-A 发送给 UE-B 的协调信息为 UE-B 通过 SCI 预留的资源上可能发生冲突的指示信息。

接下来将对上述两种方案进行详细的介绍。

2. 方案 1 中的资源类型和触发条件

如前文所述，方案 1 中 UE-A 向 UE-B 提供的参考资源集合中可能是适合或不适合 UE-B 使用的资源。

如果为适合 UE-B 使用的资源，则 UE-A 必须是 UE-B 的目标接收端，总体来说集合内的资源需要同时满足两个条件，即受到的干扰强度较低且不存在半双工限制，具体条件如下。

① 条件 1-A-1：集合中的资源不与任何其他终端预留的且 SL-RSRP 大于特定门限的资源重叠，与 R16 模式 2 中物理层确定候选资源集合的条件类似。

② 条件 1-A-2：在集合中资源所在的时隙上，UE-A 不会因为半双工限制而不能接收 UE-B 的侧行发送。例如，如果 UE-A 在某个时隙上预留了侧行资源，则该时隙内的所有资源均不能包含在适合 UE-B 使用的参考资源集合中。

适合 UE-B 使用的资源集合也只能通过单播的方式发送给一个 UE-B，否则，多个 UE-B 可能使用集合内相同的资源，这与条件 1-A-1 相背。

UE-A 确定适合 UE-B 使用参考资源集合的方式与 R16 模式 2 中物理层确定候选资源集合类似（参见第 4.3.1 节相关内容），但由于确定的参考资源集合需要满足 UE-B 的数据发送需求，而且引入了条件 1-A-2，所以两者存在以下几点不同。

① 在基于 SL-RSRP 进行资源排除的过程中所使用的发送数据优先级 $prio_{TX}$、子信道个数 L_{subCH}、资源预留周期 P_{rsvp_TX} 和资源选择窗范围 $[n+T_1, n+T_2]$ 等参数是由 UE-B 通过触发信令提供的或者由网络配置或预配置的（详见下文）。

② 进行资源排除过程中资源侦听窗（Sensing Window）是根据资源选择窗范围 $[n+T_1, n+T_2]$ 确定的，即为 $\left[(n+T_1)-T_0-T_1', (n+T_1)-T_{proc,0}-T_1'\right]$，其中 $0 \leqslant T_1' \leqslant T_{proc,1}$，具体值由 UE-A 基于实现确定，$T_0$，$T_{proc,0}$ 和 $T_{proc,1}$ 的定义及取值范围同第 4.3 节所述。

③ UE-A 在基于 SL-RSRP 门限排除资源之后，会进一步根据条件 1-A-2 排除资源，如果剩余资源个数小于最小资源个数要求（即 $X \times M_{total}$，详见第 4.3 节相关内容），则 UE-A 会提高 SL-RSRP 门限并重复资源排除过程以保证最终剩余资源不小于最小资源数量要求。

而如果 UE-A 向 UE-B 提供的参考资源集合是不适合 UE-B 使用的资源，则 UE-A 可以是 UE-B 的目标接收端，也可以不是，这也将影响资源的判决条件。当 UE-A 是 UE-B 的目标接收端时，干扰强度较大或存在半双工限制的资源为不适合 UE-B 使用的资源。而当 UE-A 不是 UE-B 的目标接收端时，为了避免 UE-B 对 UE-A 目标发送终端的干扰，UE-A 的目标发送端预留且 SL-RSRP 较小的资源为不适合 UE-B 使用的资源。因此，针对不适合 UE-B 使用的资源定义了以下两个条件，满足其中任何一个条件的资源即为不适合 UE-B 使用的资源。

① 条件 1-B-1：如果 UE-A 为 UE-B 的目标接收端，则其他终端预留的且 SL-RSRP 大于特定门限的资源为不适合 UE-B 使用的资源，如图 7-9 所示；如果 UE-A 为其他终端的目标接收端但不是 UE-B 的目标接收端，则所述其他终端预留的且 SL-RSRP 小于特定门限的资源为不适合 UE-B 使用的资源，如图 7-10 所示。

② 条件 1-B-2：如果 UE-A 为 UE-B 的目标接收端，在集合中资源所在的时隙上，UE-A 因为半双工限制而不能接收 UE-B 的侧行发送。因此，该集合中包括 UE-A 进行传输的时隙内的全部资源。根据该条件确定的资源集合恰好与根据条件 1-A-2 确定的资源集合相反，即根据条件 1-A-2 确定的适合 UE-B 使用的资源集合中不包括 UE-A 进行传输的时隙内的全部资源。

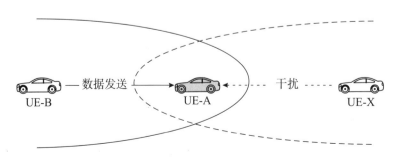

图 7-9　UE-A 为 UE-B 的目标接收端，UE-X 预留的且 SL-RSRP 较高的资源为不适合 UE-B 使用的资源

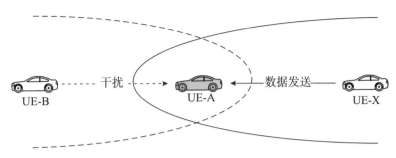

图 7-10　UE-A 为 UE-X 的目标接收端，UE-X 预留的且 SL-RSRP 较低的资源为不适合 UE-B 使用的资源

　　方案 1 中终端间资源协调可以通过两种不同的方式触发：第一种方式为通过 UE-B 发送给 UE-A 的信令触发；另外一种方式为通过 UE-A 满足的特定事件触发。

　　对于信令触发，在一个资源池内 UE-B 可以根据自身实现决定是否向 UE-A 发送触发信令，或者只有当 UE-B 向 UE-A 发送正常侧行数据时才能够通过与所发送的侧行数据复用的方式向 UE-A 发送触发信令，具体采用哪一种方式由网络配置或预配置。第一种方式为 UE-B 提供了足够的灵活性，UE-B 可以在任何必要的时候，如即将触发资源选择或重选时向 UE-A 发送触发信令，获取 UE-A 的辅助信息，用于提高接下来数据传输的可靠性，但是可能会出现过多的 UE-B 频繁发送触发信令而导致资源池内资源拥塞的情况。而第二种方式可以在一定程度上缓解这一问题。出于类似的考虑，当终端间资源协调由事件触发时，在一个资源池内 UE-A 也可以根据自身实现决定是否向 UE-B 发送资源协调信息，或者也仅当 UE-A 向 UE-B 发送正常侧行数据时才能够通过复用的方式发送资源协调信息。

　　当终端间资源协调由信令触发时，触发信令中包含 UE-A 用于确定参考资源集合所需的信息，包括优先级 $prio_{TX}$、子信道个数 L_{subCH}、资源预留周期 P_{rsvp_TX} 和资源选择窗范围 $[n+T_1, n+T_2]$ 等。如果资源类型（即适合或不适合 UE-B 使用的资源）由 UE-B 决定（如下文所述），则其中还需要包含资源类型指示信息。而如果由事件触发，则 $prio_{TX}$、L_{subCH} 和 P_{rsvp_TX} 可以由网络配置或预配置，或由终端实现确定，而资源选择窗范围 $[n+T_1, n+T_2]$ 只能由终端实现确定。此外，为了避免过多的终端发送参考资源集合而导致的系统拥塞，触发信令只能通过单播的方式发送给一个 UE-A，UE-A 也只能通过单播的方式将确定的参考资源集合发送给相应的 UE-B。当终端间协调由信令触发时，UE-A 和 UE-B 之间的信息交互如图 7-11 所示。

　　在任何一种触发方式下，UE-A 向 UE-B 提供的参考资源集合只能包含一种资源，即适合 UE-B 使用的资源或不适合 UE-B 使用的资源。在信令触发的情况下，一个资源池内可以通过网络配置或预配置以下一种资源类型确定方式。

　　① UE-A 向 UE-B 提供的资源类型可以由 UE-A 基于自身实现决定，并在资源协调信息中通过特定的信息域予以指示。这种方式的优势是当 UE-A 确定的适合 UE-B 使用的

资源与不适合 UE-B 使用的资源个数差别比较悬殊时，UE-A 可以选择指示个数较少的资源类型，这样可以减少信令开销。

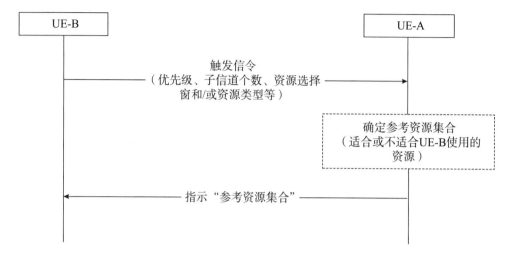

图 7-11　信令触发时 UE-A 和 UE-B 之间的信息交互示意图

② 资源类型由 UE-B 决定并通过触发信令指示 UE-A。这种方式允许 UE-B 根据自身需求确定资源类型。例如，当 UE-B 进行随机资源选择时，可以通过触发信令请求 UE-A 提供适合 UE-B 使用的资源，如下文所述。

当终端间的资源协调由事件触发时，资源类型只能由 UE-A 基于自身实现决定，并在资源协调信息中通过特定的信息域指示。

根据终端间资源协调的不同触发方式和 UE-A 提供参考资源集合中的不同资源类型，方案 1 包含四种不同的子方案，详见表 7-1。其中，当终端间资源协调由事件触发且发送的为不适合 UE-B 使用的资源时，UE-A 可以通过单播、组播或广播的方式发送参考资源，在其他情况下，仅支持通过单播的方式发送参考资源集合。

表 7-1　方案 1 的不同子方案

方　案	参考资源集合中的资源类型	触 发 条 件	参考资源集合的发送方式
方案 1-1	适合 UE-B 使用的资源	信令触发	单播
方案 1-2	不适合 UE-B 使用的资源	信令触发	单播
方案 1-3	适合 UE-B 使用的资源	事件触发	单播
方案 1-4	不适合 UE-B 使用的资源	事件触发	单播 / 组播 / 广播

3. 方案 1 中如何发送触发信令和参考资源集合

正如前文所述，方案 1 中终端间的资源协调可以通过 UE-B 发送的信令触发，触发信令需要至少提供优先级、子信道个数、资源预留周期和资源选择窗等信息用于 UE-A

确定参考资源集合，如果参考资源集合中的资源类型由 UE-B 决定，则触发信令中应包含 UE-B 确定的资源类型。

在 R16 V2X 中 SCI 格式 1-A 最多指示三个资源，当指示三个资源时，其中第一个资源的时域位置和频域位置由承载 SCI 格式 1-A 的 PSCCH 所在的时频域位置间接确定，另外两个资源的时频域位置由一个 9 比特的 TRIV 指示，另外两个资源的频域位置以及每个资源包含的子信道个数由一个 FRIV 指示，具体参考第 3.3.2 节相关内容。参考资源集合的指示很大程度上借鉴了这一方式，即参考资源集合中的资源通过一个或多个 { TRIV，FRIV，预留周期 } 的组合予以指示，其中 TRIV 和 FRIV 的含义和确定方式与 R16 V2X 中通过 SCI 格式 1-A 最多指示三个资源时相同，由于不存在 PSCCH 用于间接指示第一个资源的时频位置，因此每个 TRIV 中的第一个资源的时频位置通过额外的两个参数 "第一个资源时域位置" 和 "第一个资源频域位置" 单独指示。"第一个资源时域位置" 表示为相对于参考时隙的偏移，其中参考时隙为整个参考资源集合中第一个资源所在的时隙，该时隙的 DFN 索引和时隙索引由单独的参数指示。

图 7-12 所示为一个示例，在该示例中参考资源集合包含 6 个资源，资源 #0、资源 #1 和资源 #2 由第一组 { TRIV，FRIV，预留周期 }（组合 #0）指示，资源 #3、资源 #4 和资源 #5 由第二组 { TRIV，FRIV，预留周期 }（组合 #1）指示，参考时隙为 t_0，即第一个资源所在的时隙位置，所以组合 #0 中 TRIV 中第一个资源的时域位置和参考时隙相同，无须通过 "第一个资源时域位置" 额外指示。在组合 #2 中，TRIV 中的 "第一个资源时域位置" 为 $t_1 - t_0$。另外，组合 #0 和组合 #1 中 "第一个资源频域位置" 分别为 f_0 和 f_1。

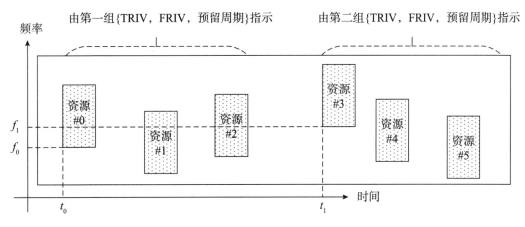

图 7-12　参考资源集合指示方式示意图

在标准制定过程之中，曾经考虑以参考资源集合的发送时隙作为参考时隙以降低信令开销，但参考资源集合的发送需要支持 HARQ 重传，为了保证解码过程中新传和各次重传可以进行合并，每次发送中用于承载参考资源集合的 TB 必须完全相同，如果以参考资源集合的发送时隙作为参考时隙，则每次重传都会导致参考时隙发生变化，所以这一方案最终没有被采纳。

在确定触发信令和候选资源集合的内容之后，剩下的一个问题是在发送过程中通过什么来承载触发信令和候选资源集合。对于如何发送候选资源集合，标准制定过程中有四种不同的方案被提出，分别是第二阶 SCI、MAC CE、PC5-RRC 和 PSFCH。由于 PC5-RRC 仅存在于进行单播通信的两个终端之间，而且发送和接收过程时延较大，所以没有被采纳。而 PSFCH 的容量只有 1 比特，显然也不足以承载触发信令或参考资源集合。由于第二阶 SCI 的码率通常小于 MAC CE，发送相同的信息所需的重传次数也较少，而且承载第二阶 SCI 的 RE 位于一个时隙内开始的几个 OFDM 符号上（详见第 3.4.1 节相关内容），所以相对于 MAC CE，第二阶 SCI 可以实现更小的发送时延。然而，第二阶 SCI 采用极化编码，最大仅支持 164 比特的码块长度，而第二阶 SCI 的 CRC 长度为 24 比特，也就意味着第二阶 SCI 最多只能承载 140 比特有效信息，而指示候选资源集合所需的比特数可能超过这一数值，也就是说无法仅通过第二阶 SCI 发送参考资源集合。然而参考资源集合对时延较为敏感，所以最终在 RAN1#108-e 次会议决定，如果用于指示参考资源集合的 { TRIV，FRIV，预留周期 } 组合数不大于 2，则可以通过第二阶 SCI 发送参考资源集合，否则所需的比特数可能超过第二阶 SCI 的最大容量，所以只能通过 MAC CE 发送。同时，为了保证第二阶 SCI 能够承载两个 { TRIV，FRIV，预留周期 } 组合，当使用第二阶 SCI 时，标准进一步限制"第一个资源时域位置"的最大取值为 255。

由于资源重选是由 MAC 层根据逻辑信道中的数据触发的 [29]，而第二阶 SCI 是由物理层生成的，并不对应任何逻辑信道，为了避免对资源重选触发机制的影响，终端不能仅为了发送第二阶 SCI 而触发资源重选，所以终端通过第二阶 SCI 发送资源集合时，必须同时发送 MAC CE，而且 MAC CE 中承载的信息与第二阶 SCI 相同。考虑到触发信令和候选资源集合在时延要求方面存在相似性，为了避免重复设计，触发信令也采用了相同的发送方式（即采用 MAC CE 和 / 或第二阶 SCI）。

虽然触发信令与参考资源集合中承载的信息存在很大的不同，但由于第二阶 SCI 的格式是由第一阶 SCI 中的"第二阶 SCI 格式"域指示的，而这一信息域只有 2 比特，因此，为了避免引入过多的第二阶 SCI 格式，触发信令和参考资源集合通过相同的第二阶 SCI 格式，即 SCI 格式 2-C 承载，通过 SCI 格式 2-C 的 1 比特信息域区分该 SCI 承载的是触发信令还是参考资源集合。

需要特殊说明的是，接收 SCI 格式 2-C 取决于终端能力，即并不是所有的终端均支持 SCI 格式 2-C 的接收，所以发送端在决定通过 SCI 格式 2-C 发送参考资源集合之前需要通过 PC5-RRC 确定接收端是否支持这一能力，然而目前 PC5-RRC 仅存在处于单播通信的两个终端之间，这也意味着只有通过单播方式发送参考资源集合时才能使用 SCI 格式 2-C。

SCI 格式 2-C 用于指示参考资源集合时，为了保证比特数不变，SCI 格式 2-C 中总是包含两个 { TRIV，FRIV，预留周期 } 的组合，但是参考资源集合中实际包含的资源数量可能不大于 3，这时第二个组合中实际指示的资源数应为零。在标准制定过程中，曾经考虑通过增加一个比特域来明确指示第二个组合中实际指示的资源数量是否为零，但后来多数公司认为这一情况可以隐式指示，即第二个组合指示的资源和第一个组合中指示的资源完全相同，所以最后并没有引入明确的比特域用于这一目的。

由于 SCI 格式 2-C 总是和指示参考资源集合或触发信令的 MAC CE 一同发送，有的情况下，触发信令或参考资源集合还可能与常规侧行数据复用在一个 TB 内一同发送，为了指示 MAC CE 和 / 或常规侧行数据的发送，SCI 格式 2-C 中还需要包含 SCI 格式 2-A 中除 "单播 / 组播 / 广播指示" 域之外的其他比特域，所以，SCI 格式 2-C 中包含的比特域分为两部分，如图 7-13 所示。

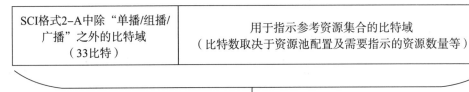

图 7-13　SCI 格式 2-C 结构示意图

具体的，如果 SCI 格式 2-C 中承载的是触发信令，则包含以下额外信息。

① 触发信令或参考资源集合指示——1 比特。

② 优先级——3 比特。

③ 子信道个数——$\lceil \log_2 N_{\text{Subchannel}}^{\text{SL}} \rceil$ 比特，其中 $N_{\text{Subchannel}}^{\text{SL}}$ 为当前资源池内的子信道个数。

④ 资源预留周期。

● 如果当前资源池内允许周期性资源预留，则为 $\lceil \log_2 N_{\text{rsv\_period}} \rceil$ 比特，其中 $N_{\text{rsv\_period}}$ 为当前资源池内配置的资源预留周期总数。

● 如果当前资源池内不允许周期性资源预留，则为 0 比特。

⑤ 资源选择窗——$2\left(10 + \lceil \log_2 \left(10 \cdot 2^\mu\right) \rceil\right)$ 比特，用于指示资源选择窗的起点和终点对应的 DFN 和时隙索引，$\mu = 0,1,2,3$ 为子载波间隔索引。

⑥ 资源类型。如果当前资源池配置为由 UE-B 决定资源类型，则为 1 比特，反之为 0。

如果 SCI 格式 2-C 中承载的是参考资源集合，则包含以下额外信息。

① 触发信令或参考资源集合指示——1 比特。

② 两个 { TRIV，FRIV，预留周期 } 组合 − $2(N_{\text{TRIV}}+N_{\text{FRIV}}+Y)$ 比特。

● $N_{\text{TRIV}}=9$。

● $N_{\text{FRIV}}=\left\lceil \log 2\left(\dfrac{N_{\text{Subchannel}}^{\text{SL}}\left(N_{\text{Subchannel}}^{\text{SL}}+1\right)\left(2N_{\text{Subchannel}}^{\text{SL}}+1\right)}{6}\right)\right\rceil$。

● 如果当前资源池内允许周期性资源预留，则为 $Y=\left\lceil \log_2 N_{rsv\_period}\right\rceil$ 比特，反之，则为 0。

③ 第一个资源时域位置——8 比特，用于指示第二个 TRIV 中的第一个资源相对于参考时隙的间隔，单位为时隙，取值范围为 0 ～ 255。

④ 参考时隙—— $10+\left\lceil \log_2\left(10\cdot 2^{\mu}\right)\right\rceil$ 比特，用于指示参考时隙的 DFN 和时隙索引，$\mu=0,1,2,3$ 为子载波间隔索引。

⑤ 第一个资源频域位置—— $2\cdot\left\lceil \log_2 N_{\text{Subchannel}}^{\text{SL}}\right\rceil$ 比特，用于指示第一个 TRIV 和第二个 TRIV 中第一个资源的频域起始位置。

当 MAC CE 用于承载触发信令时，无论是否与 SCI 格式 2-C 一同发送，其中包含的信息均和上面用于承载触发信令的 SCI 格式 2-C 中包含的信息相同。当 MAC CE 用于承载参考资源集合时，如果与 SCI 格式 2-C 一同发送，则其中包含的信息和与之一同发送的 SCI 格式 2-C 中承载的信息相同，反之，其中包含的信息如下。

① N 个 { TRIV，FRIV，预留周期 } 组合—— $N\cdot(N_{\text{TRIV}}+N_{\text{FRIV}}+Y)$ 比特：N_{TRIV}、N_{FRIV} 及 Y 的比特数与 SCI 格式 2-C 中相同。

② 第一个资源时域位置—— $(N-1)\cdot\left\lceil \log_2(X)\right\rceil$ 比特，用于指示第二个到第 N 个 TRIV 中的第一个资源相对于参考时隙的间隔，单位为时隙，X 的值由网络配置或预配置，取值范围为 1 ～ 8000，8000 对应 120kHz 子载波间隔时最大资源预留周期 1000ms 内的时隙数。

③ 参考时隙—— $10+\left\lceil \log_2\left(10\cdot 2^{\mu}\right)\right\rceil$ 比特，用于指示参考时隙的 DFN 和时隙索引，$\mu=0,1,2,3$ 为子载波间隔索引。

④ 第一个资源频域起始位置—— $N\cdot\left\lceil \log_2 N_{\text{Subchannel}}^{\text{SL}}\right\rceil$ 比特，用于指示 N 个 TRIV 中第一个资源的频域位置。

4. 方案 1 中 UE-B 的行为

UE-B 在接收到 UE-A 发送的参考资源集合之后，会根据其中包含的资源类型和当前所采用的资源选择方式确定应该如何利用该资源集合进行资源选择。首先，如果参考资源集合中包含的是适合 UE-B 使用的资源，则 UE-B 可以通过以下两种方式利用该资源集合。

① 方式 1-A：UE-B 根据参考资源集合以及自身的资源侦听结果进行资源选择。

② 方式 1-B：UE-B 直接在参考资源集合中选择资源。

方式 1-A 主要适用于正在执行资源侦听的 UE-B，当其接收到参考资源集合后，可以将参考资源集合及根据侦听结果确定的候选资源集合相结合，从而确定更优的资源。具体的，UE-B 首先根据资源侦听结果确定候选资源集合 S_A，然后优先从 S_A 和参考资源集合的交集中选择资源。选择资源时需要满足时域限制，即任何一个资源需要能够被之前发送的 SCI 格式 1-A 指示，且当资源池内配置了 PSFCH 资源时，任何两个资源之间的时域间隔需要大于特定时长以保证 HARQ-ACK 反馈（具体参考第 4.3.1 节相关内容），如果在交集内无法选择出足够满足时域限制的资源，则 UE-B 从 S_A 相对于候选资源集合的差集中选择额外所需的资源，选择额外所需资源时也需要满足相同的时域限制，如图 7-14 所示。

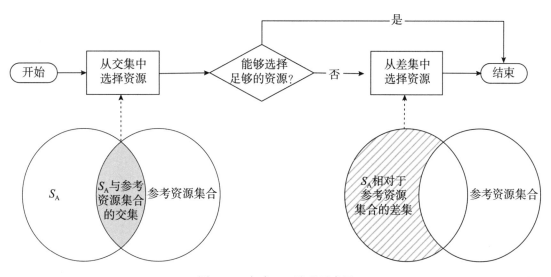

图 7-14　方式 1-A 流程示意图

在标准制定过程中，是否支持方式 1-B 一度存在争议，因为这种方式允许 UE-B 仅根据 UE-A 提供的信息选择资源，虽然可以提高 UE-A 数据接收的可靠性，但 UE-B 可能对周围的其他终端产生比较强的干扰。但是，当 UE-B 没有能力执行资源侦听，或者为了节能正在执行随机资源选择时，方式 1-B 显然存在优势，因为 UE-B 可以在不增加能量损耗的情况下提高数据传输的可靠性，而对周围终端产生的干扰也不会比随机资源选择更大，同时这也和当初考虑引入基于终端间协调的资源选择的初衷相吻合，因此，在 RAN1#106-e 次会议上，方式 1-B 被采纳。

如果参考资源集合中包含的是不适合 UE-B 使用的资源，则 UE-B 将根据资源侦听结果和参考资源集合确定候选资源集合。具体地，UE-B 在基于 SL-RSRP 排除资源选择窗内的资源之后（即第 4.3.1 节中步骤①～步骤③之后），会进一步排除与参考资源集合存在重叠的资源，如果剩余的资源满足当前的最小资源数量要求，即 $X \times M_{total}$，则剩余的资源即为候选资源集合，否则，UE-A 会将 SL-RSRP 门限增加 3dB（即第 4.3.1 节中步骤④），并重复执行以上步骤。极端情况下，在排除和参考资源集合重叠的资源之后，资源选择窗内剩余的资源数量可能已经小于 $X \times M_{\text{total}}$，此时无论 UE-B 如何增加 SL-RSRP 门限，均无法满足最小资源数量的要求，这时 UE-B 将仅根据资源侦听结果确定参考资源集合，即回退到 R16 模式 2 资源选择模式，如图 7-15 所示。

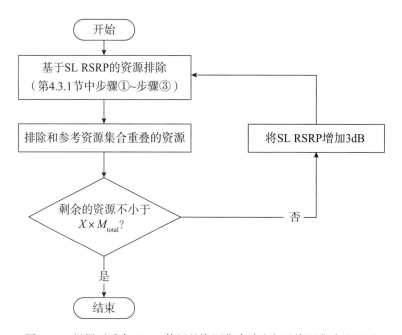

图 7-15　根据不适合 UE-B 使用的资源集合确定候选资源集合流程图

5. 方案 2 中资源冲突的判决条件

方案 2 中如果 UE-A 发现 UE-B 预留的还没有使用的资源上可能发生资源冲突，则 UE-A 向 UE-B 发送资源冲突指示信息。但在标准制定的开始阶段，曾经广泛讨论过是否需要支持针对 UE-B 已经使用的资源发送资源冲突指示，这一方案与已有的侧行 HARQ-ACK 反馈不同，因为提供冲突指示的 UE 并不是 UE-B 的目标接收终端，而是一个或多个第三终端。考虑这一方案的主要目的是为了提高采用第一类侧行 HARQ 反馈方式（详见第 5.1.2 节相关内容）的组播通信的可靠性，因为在这种组播通信模式下，如果接收终端因为半双工限制或 PSCCH 上的资源冲突而没能成功接收发送端发送的 PSCCH，则不会向发送端反馈任何信息，发送端会误以为接收端已经成功接收了 PSSCH 而停止发送重传（详见第 5.1 节相关内容）。而接收端的半双工限制或资源冲突可以被第三终端检测到，如果第三终端将这一信息发送给发送端，则可以触发发送端的重传。

但是，针对过去资源的冲突指示最终并没有被采纳，主要是由于以下三方面原因。

① 在采用第一类侧行 HARQ 反馈方式的组播通信中，如果目标接收终端成功接收

到了 PSCCH 但没有成功解码 PSSCH，则会向发送端反馈 NACK 而触发发送端的重传，所以只有当没有任何接收终端反馈 NACK，且存在接收终端没能成功接收 PSCCH 时资源冲突指示才会带来额外的增益，但在实际系统中这两种情况同时发生的可能性很小。

② 如果已经支持了针对 UE-B 预留资源的冲突指示，可以在一定程度上避免 UE-B 使用存在冲突的资源，在这一前提下引入针对已经使用资源冲突指示的必要性明显降低。

③ 因为发送针对过去资源冲突指示的是一个或多个第三终端（UE-A），这要求 UE-A 能够准确判断某个没有成功接收 PSCCH 的终端（UE-C）是否是另外一个终端（UE-B）的目标接收终端。在现有标准中，UE-A 需要通过 UE-B 的区域 ID（Zone ID）、UE-B 的目标通信距离及 UE-C 的区域 ID 进行判断。但由于区域 ID 是空间复用的，即地理位置不同的两个区域可能使用相同的区域 ID，所以 UE-A 可能会错误地将一个 UE 判断为 UE-B 的目标接收终端，最终导致 UE-B 不必要的重传，如图 7-16 所示。

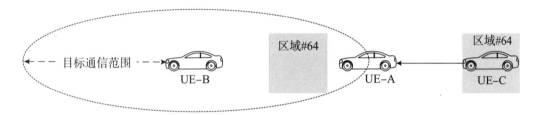

图 7-16　由于区域 ID 的混淆 UE-A 可能将 UE-C 判断为 UE-B 的目标接收端

方案 2 中 UE-A 主要根据 UE-B 预留的资源是否与其他终端预留的资源重叠或者 UE-A 在 UE-B 预留的资源上是否存在半双工限制，判断是否发生资源冲突，具体来说，包含以下两个判决条件。

① 条件 2-1：如果 UE-A 为 UE-B 的目标接收端，当 UE-B 预留的资源与其他终端预留的资源重叠，且 UE-A 测量得到的该其他终端的 SL-RSRP 大于特定门限，或者 UE-A 测量得到的该其他终端的 SL-RSRP 相对于 UE-B 的 SL-RSRP 大于特定门限时，则 UE-A 判断 UE-B 预留的资源可能发生资源冲突；如果 UE-A 为其他终端的目标接收端，UE-B 预留的资源与其他终端预留的资源重叠，且 UE-A 测量得到的 UE-B 的 SL-RSRP 大于特定门限，或者 UE-A 测量得到的 UE-B 的 SL-RSRP 相对于所述其他终端的 SL-RSRP 大于特定门限，则 UE-A 判断 UE-B 预留的资源可能发生资源冲突。可见条件 2-1 和方案 1 中用于判断不适合 UE-B 使用的资源的条件 1-B-1 类似，这里不再过多阐述。

② 条件 2-2：如果 UE-A 为 UE-B 的目标接收端，在 UE-B 预留的资源上，UE-A 因为半双工限制而不能接收 UE-B 的侧行发送，则 UE-A 判断 UE-B 预留的资源可能发生资源冲突。

6. 方案 2 中如何确定 UE-B

如果资源冲突是根据条件 2-2 判断的，那么因为 UE-A 是 UE-B 的目标接收端，所以，UE-A 可以明确地判断哪个终端为 UE-B。但是，如果资源冲突是根据条件 2-1 判断的，则从 UE-A 的角度来看，它可能会发现多个终端均预留了存在冲突的那个资源，并且其中一些发送终端为 UE-A 的目标发送端，而有的并不是 UE-A 的目标发送端，如图 7-17 所示。在这种情况下，UE-A 需要一个标准来确定应该向哪个或哪几个终端发送资源冲突指示。

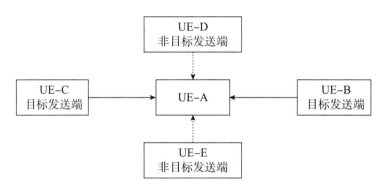

图 7-17　UE-A 可能发现多个终端预留同一个资源

由于 R17 的终端需要能够与 R16 的终端在同一个资源池内共存，也就是说预留冲突资源的多个终端中可能存在 R16 终端，而这些终端不支持接收资源冲突指示。所以支持接收资源冲突指示是成为 UE-B 需要满足的第一个条件。在 R17 中，UE-A 可以根据终端发送的 SCI 格式 1-A 中的第一个预留比特判断该终端是否支持接收资源冲突指示。

另外，对于任何两个预留了冲突资源的终端来说，只有优先级较低的终端可以作为 UE-B。这是因为终端在接收到资源冲突指示之后会重选存在冲突的资源（如下文所述），而与此同时，终端也将执行 R16 定义的 Pre-emption（详见第 4.3 节相关内容），如果优先级低的终端发现资源被优先级高的终端抢占，也会重选被抢占的资源，所以如果将资源冲突指示发送给优先级高的终端，则可能会导致存在冲突的资源被两个终端同时释放。

最后，资源冲突指示是通过 PSFCH 格式 0 承载的，发送 PSFCH 的时域位置可能通过预留冲突资源的 SCI 发送时间确定（详见下文），而不同终端发送 SCI 的时间可能不同，UE-A 根据最近接收到的 SCI 确定可能发送资源冲突的时间可能晚于较早发送的 SCI 所对应的 PSFCH 发送时间。如图 7-18 所示，终端 1 通过 SCI1 预留的资源和终端 2 通过 SCI2 预留的资源相同，但 UE-A 在接收到 SCI2 之后才能够确定可能发生资源冲突的时间晚于 SCI1 所对应的 PSFCH 发送时间，在这种情况下，终端 1 也无法作为 UE-B。

所以，对于预留了冲突资源的任何两个终端，同时符合以下三个条件的可作为 UE-B。

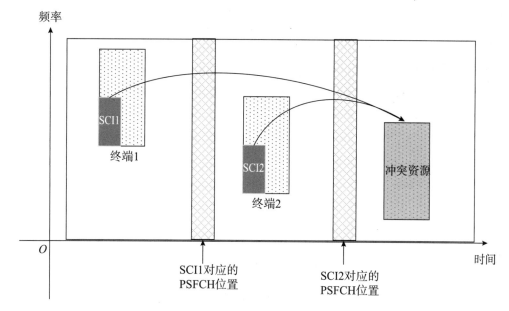

图 7-18　UE-A 确定资源冲突的时间晚于较早发送的 SCI 所对应的 PSFCH 发送时间

① 优先级较低。

② 支持接收资源冲突指示。

③ 对应的 PSFCH 发送时间尚未到达。

7. 方案 2 中冲突指示发送方式及 UE-B 行为

如前文所述，方案 2 中资源冲突指示由 PSFCH 格式 0 承载，为了保证后向兼容性，用于冲突指示的 PSFCH 资源的周期以及每个 PSFCH 资源周期内 PSFCH 资源所在的时隙与资源池内用于 HARQ-ACK 反馈的 PSFCH 资源相同，这也意味着资源冲突指示仅能够在配置了用于 HARQ-ACK 反馈的 PSFCH 资源的资源池内进行。另外，在 PSFCH 资源所在的时隙上，用于 HARQ-ACK 反馈的 PSFCH 资源所占用的 PRB 和用于资源冲突指示的 PSFCH 资源所占用的 PRB 不同，以避免资源冲突指示与 HARQ-ACK 反馈之间的相互影响。

用于冲突指示的 PSFCH 的时域位置可以通过以下两种方式确定。

① 根据冲突资源所在的时隙 n_{cnf} 确定。这种情况下，用于冲突指示的 PSFCH 位于 $n_{cnf} - T_3$ 之前（包括 $n_{cnf} - T_3$）的第一个存在用于冲突指示的 PSFCH 资源的时隙，而且用于冲突指示的 PSFCH 所在时隙与指示冲突资源的 SCI 所在时隙 n_{SCI} 之间的间隔必须不小于 X，否则 UE-A 将不发送资源冲突指示。其中，X 为资源池内配置的 SCI 与 PSFCH 之间的最小间隔，它与承载 HARQ-ACK 的 PSFCH 与 SCI 之间的最小间隔相同。

② 根据指示冲突资源的 SCI 所在的时隙 n_{SCI} 确定。这种情况下用于冲突指示的 PSFCH 位于 $n_{SCI} + X$（包括 $n_{SCI} + X$）之后第一个存在用于冲突指示的 PSFCH 资源的时隙，

而且用于冲突指示的 PSFCH 所在时隙与冲突资源所在时隙 n_{cnf} 之间的间隔必须不小于 T_3，否则 UE-A 将不发送资源冲突指示。

图 7-19 所示为一个示例，假设 $X=2$，$T_3=3$，如果是按照第一种方式，则确定的用于冲突指示的 PSFCH 应位于时隙 $n_{cnf}-4$，如果按照第二种方式，则确定的用于冲突指示的 PSFCH 应位于时隙 $n_{SCI}+3$。

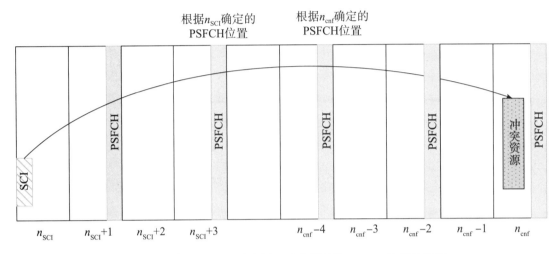

图 7-19　根据 n_{cnf} 和 n_{SCI} 确定用于冲突指示的 PSFCH 位置示意图

当 PSFCH 用于承载资源冲突指示时，PSFCH 资源索引的确定方式与 R16 中用于 HARQ-ACK 反馈的 PSFCH 资源索引确定方式大致相同，唯一的差别在于 P_{ID} 为 UE-B 的源 ID，而 M_{ID} 的值为 0。另外，因为用于 HARQ-ACK 反馈的 PSFCH 占用的 PRB 与用于冲突指示的 PSFCH 占用的 PRB 不同，没有必要通过码域对两者进行区分，所以通过 PSFCH 索引确定 m_0 的方式也与用于 HARQ-ACK 反馈时完全相同，即根据 PSFCH 资源索引所对应的循环移位对以及表 3-8 确定。

在 HARQ-ACK 反馈中 PSFCH 的 m_{cs} 可以为 0 或 6，分别用于指示 NACK 或 ACK。对于资源冲突指示，是否也需要引入两个不同的 m_{cs}，这在标准制定过程中引起了较大分歧，部分公司支持沿用 HARQ-ACK 反馈中的设计，通过两个不同的 m_{cs} 指示不同的资源冲突情况。

其中一种方案是通过两个不同的 m_{cs} 分别指示根据条件 2-1 和条件 2-2 确定的资源冲突。因为对于根据条件 2-1 确定的资源冲突，UE-B 在进行资源重选时只需要避免选择与冲突资源重叠的资源；但如果是根据条件 2-2 确定的资源冲突，则 UE-B 需要避免选择冲突资源所在时隙内的所有资源。这种方案可以避免 UE-B 在资源重选时过多或过少地排除资源，但问题在于方案 2 中允许多个不同的 UE-A 向 UE-B 发送冲突指示，根据 PSFCH 资源的确定规则，不同的 UE-A 确定 PSFCH 索引相同，而它们确定冲突指示的条件可能并不一样，这样将导致不同的 UE-A 在相同的 PRB 上通过不同的 m_{cs} 向 UE-B 发送冲突指示。但是，目前标准中 PSFCH 尚不支持基于侧行路损的功率控制，如果多个 UE-A 相对 UE-B 的距离差别较大，则通过码分复用的 PSFCH 之间将因为远近效应而产生严重的相互干扰。

另外一种方案是通过两个不同的 m_{cs} 指示 SCI 预留的不同资源上的资源冲突，因为一个 SCI 最多可以预留两个用于相同 TB 重传的资源，另外还可以预留多个用于下一个 TB 传输的资源。这种方案存在与上面方案相同的问题，除此之外，UE-A 可以仅指示 UE-B 最近预留的资源上是否存在资源冲突，而利用以后的 PSFCH 发送机会指示之后的预留资源。

所以，在 RAN1#108-e 次会议上决定当 PSFCH 用于资源冲突指示时，m_{cs} 的值为 0，而该 PSFCH 所对应的是 UE-B 的 SCI 指示的下一个预留资源，即时间上最近的预留资源，而且，该预留资源可以是用于当前 TB 重传的资源，或者用于下一个 TB 新传的资源。

终端能够同时发送或接收的 PSFCH 个数是有限的，当终端需要发送或接收的 PSFCH 个数超过其能够支持的最大个数时，需要根据 PSFCH 的优先级来决定优先发送或接收哪些 PSFCH，所以 R16 中对用于 HARQ-ACK 反馈的 PSFCH 的优先级有明确的定义。对于承载资源冲突指示的 PSFCH 的优先级根据以下规则确定。

① 用于冲突指示的 PSFCH 的发送优先级（即由 UE-A 判断）为冲突资源上所发送的优先级最高的 TB 的优先级。

② 用于冲突指示的 PSFCH 的接收优先级（即由 UE-B 判断）为 UE-B 用于预留冲突资源的 SCI 中指示的优先级。

③ 用于冲突指示的 PSFCH 的发送和接收优先级均低于用于 HARQ-ACK 反馈的 PSFCH 的优先级。

根据以上描述的用于资源冲突指示的 PSFCH 资源确定规则，当接收到资源冲突指示后，UE-B 会认为可能存在冲突的资源为其时间上最近的预留资源，并会重选可能存在冲突的资源。具体地，UE-B 的物理层会根据资源侦听结果确定候选资源集合，并将候选资源集合以及与可能存在冲突的资源相重叠的资源一同上报给 MAC 层，MAC 层在从候选资源集合中选择资源时会进一步把上述与可能存在冲突的资源相重叠的资源排除。由于 UE-B 无法通过资源冲突指示确定该资源冲突是根据条件 2-1 还是条件 2-2 判定的，而如果是根据条件 2-2 判定的，只排除与可能存在冲突的资源相重叠的资源并不能完全避免半双工限制。为了解决这一问题，标准支持通过配置或预配置的方式允许 UE-B 将可能存在冲突资源所在时隙内的所有资源均上报给 MAC 层，MAC 层从候选资源集合中选择资源时会把物理层上报的整个时隙的资源排除掉。

| 7.2　高层增强 |

7.2.1　侧行链路非连续接收

1. 侧行链路非连续接收概述

在侧行链路通信过程中，由于 UE 的省电需求，应引入合适的省电技术减小 UE 的能源消耗。R16 侧行链路通信过程中，默认接收 UE 是一直处于激活状态的，这种连续接收行为导致了一些不必要的能量消耗。SL-DRX 机制通过控制 UE 在侧行链路上接收行为的"激活"与"非激活"满足了侧行链路通信中的省电需求。

类似于下行链路中的非连续接收技术，侧行链路中也定义了以下一些类似的定时器来控制 SL-DRX 行为。

① SL-DRX 持续时间（*sl-drx-onDurationTimer*）：周期性 DRX 激活定时器，UE 激活后等待接收 PSCCH/PSSCH 的时长。如果 UE 成功解码 PSCCH/PSSCH，则 UE 启动非激活定时器并保持激活状态。

② SL-DRX 非激活定时器（*sl-drx-InactivityTimer*）：在该定时器超时前，UE 保持激活状态并等待接收下一次新传 PSCCH/PSSCH，每次接收到新传数据后，UE 均会重启该定时器。

③ SL-DRX 重传定时器（*sl-drx-RetransmissionTimer*）：UE 保持激活状态并等待接收特定侧行链路传输过程下一次重传 PSCCH/PSSCH 的最大时长。

④ SL-DRX 往返定时器（*sl-drx-HARQ-RTT-Timer*）：在该定时器超时前，UE 不期待接收到特定侧行链路传输过程的重传数据。

⑤ SL-DRX 周期（*sl-drx-Cycle*）：一次 SL-DRX 持续时间开启到下一次 SL-DRX 持续时间开启位置之间的时间长度。

定时器的开启机制如图 7-20 所示。

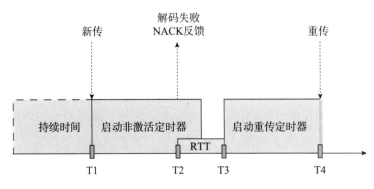

图 7-20　SL-DRX 定时器示意图

⑥ T1 时刻：接收 UE 处于 SL-DRX 激活状态，接收到新传消息，打开 *sl-drx-InactivityTimer*，*sl-drx-InactivityTimer* 运行期间可以进行数据接收。

⑦ T2 时刻：接收 UE 解码消息失败，反馈 NACK，在对应的 PSFCH 后打开 *sl-drx-HARQ-RTT-Timer*。

⑧ T3 时刻：*sl-drx-HARQ-RTT-Timer* 超时后打开对应的 *sl-drx-RetransmissionTimer* 等待重传消息。

⑨ T4 时刻：接收到重传消息。

对于使用了 SL-DRX 的接收方 UE 来说，其激活时间包括 SL-DRX 持续时间、SL-DRX 非激活定时器运行时间、SL-DRX 重传定时器运行时间和发送 CSI 报告请求后的一段时间。在 UE 的激活时间内，UE 执行以数据接收为目的的 SCI 检测（包括 PSCCH 上的第一阶 SCI 及 PSSCH 上的第二阶 SCI）。UE 可以在 SL-DRX 的非激活时间内跳过对所述以数据接收为目的的 SCI 的检测。

侧行链路传输中的单播、组播和广播传输方式具有不同的特点，如单播传输双方 UE 之间存在 PC5-RRC 连接，因此可以采用较为动态的 SL-DRX 机制；而广播和组播传输方式由于不存在控制面流程，因此需采用较为静态的 SL-DRX 机制以使进行组播或广播的用户之间 SL-DRX 激活时间同步。在 3GPP 的讨论过程中首先达成了根据不同传输方式的特点设计与之匹配的 SL-DRX 机制的共识。

对于支持 SL-DRX 的发送方 UE，它为每条侧行通信链路（即对于单播，每条侧行通信链路指每对源 / 目的层 2 ID（laver 2 ID，L2 ID）；对于广播或组播，每条侧行通信链路指每个目的 L2 ID）维护一组与一个或多个接收方 UE 所应用的 SL-DRX 定时器相对应的定时器，并利用这组定时器确定一个或多个接收方 UE 侧行链路可接收数据传输的时间，从而决定作为发送方 UE 侧行链路可发送数据传输的时间。当发送方 UE 有数据要传输时，它会将一个或多个接收方 UE 的 SL-DRX 作为资源选择的考虑因素，即选择传输资源时会考虑收方 UE 是否处于侧行链路传输的激活状态。同时，也会对逻辑信道优先级过程（Logical Channel Prioritization，LCP）做相应的增强，以确保发送数据对应的时隙资源位置位于相应接收 UE 的 SL-DRX 激活位置，使得数据可以被正确接收。

2. 单播侧行链路非连续接收机制

对于单播侧行链路通信，通信双方之间存在 PC5-RRC 连接，这意味着单播通信支持控制信令的传输，可以比较好地保证收发 UE 之间 SL-DRX 的同步及较为灵活的 SL-DRX 配置机制。因此单播侧行链路采取了基于链路与传输方向的 SL-DRX 配置方式，即在一对进行单播通信的 UE1 与 UE2 之间，UE1 到 UE2 与 UE2 到 UE1 的 SL-DRX 配置是不同的，如图 7-21 所示。

图 7-21　单播链路中 SL-DRX 配置示意图

确定了基于链路与传输方向的 SL-DRX 配置方式后，下一个问题就是由发送方还是接收方来确定 SL-DRX 配置。针对这一问题，各个公司的看法有所不同。

① 支持由发送方确定 SL-DRX 配置的公司认为应由发送方确定 SL-DRX 参数，理由如下。

● R16 sidelink 中，单播侧行链路传输的配置参数由发送方决定，因此 SL-DRX 的配置应与其他侧行链路传输配置一致。

● 收方不知道发送数据的发送模式及资源配置等信息，无法决定与发送数据相匹配的 SL-DRX。

② 支持由接收方确定 SL-DRX 配置的公司认为应由接收方确定 SL-DRX 参数，理由为：同一个接收 UE 可能面对多个发送 UE，若由发送方确定 SL-DRX 配置且多个发送 UE 配置的 SL-DRX 互不重叠，则收方 UE 可能无法实现节能。

最终经过多轮讨论，在 3GPP RAN2 #114 次会议上，决定采用由发送方确定 SL-DRX 配置的方式，同时引入来自接收方的协助信息。若收到接收方的协助信息，则发送方在配置 SL-DRX 时会考虑该协助信息，并支持接收方拒绝不合适的 SL-DRX 配置，从而有效地保证接收端的节能效果。

并且，针对不同场景，确定 SL-DRX 配置的发送方可以为发方 UE 或发方 UE 所接入的网络。具体地，当发方 UE 处于模式 2 时，侧行链路传输所需的侧行链路资源由发方 UE 自己确定，为了保持 SL-DRX 与侧行链路之间较好的匹配关系，由发方 UE 自己确定 SL-DRX 配置。

如图 7-22 所示，单播链路中处于模式 2 的发方 UE 与处于非连接态的收方 UE 间的 SL-DRX 配置流程如下。

步骤 0：发方 UE 与收方 UE 之间已建立好单播连接，并且经过能力交互，双方 UE 均已知对方 UE 支持不连续发送与接收。

步骤 1：收方 UE 向发方 UE 发送协助信息，该协助信息中指示收方 UE 希望的 SL-DRX 配置。

步骤 2：发方 UE 结合来自收方 UE 的协助信息与数据传输特性为收方 UE 配置 SL-DRX。

步骤 3：收方 UE 向发方 UE 反馈 SL-DRX 配置结果（接受或拒绝）。

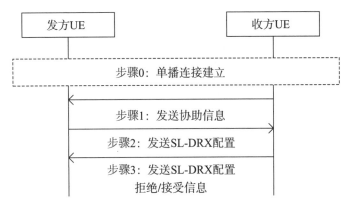

图 7-22　单播链路中处于模式 2 的发方 UE 与处于非连接态的收方 UE 间 SL-DRX 配置流程示意图

同时，若发方 UE 为模式 1 资源获取方式，由于其进行侧行链路传输的侧行链路资源来自于网络，因此为了保持 SL-DRX 与侧行链路之间较好的匹配关系，则由发方 UE 的网络确定 SL-DRX 配置。发方 UE 在接收到来自于接收方的协助信息后会将该协助信息上报给所属网络，由网络决定相应接收方的 SL-DRX 配置。相应地，若收方 UE 也处于 RRC 连接态，为了保持 SL-DRX 和 Uu-DRX 间更好的同步以达到更好的省电目的，其在收到 SL-DRX 配置后也会将该配置报告给所属网络以供网络作为依据调整 Uu-DRX 配置。具体流程如图 7-23 所示，单播链路中处于模式 1 且所连接基站支持 SL-DRX 功能的发方 UE 与处于连接态且所连接基站支持 SL-DRX 功能的收方 UE 间的 SL-DRX 配置流程如下。

步骤 0：发方 UE 与收方 UE 之间已建立好单播连接，并且经过能力交互，双方 UE 均已知对方 UE 支持不连续发送与接收。

步骤 1：收方 UE 向发方 UE 发送协助信息，该协助信息中指示收方 UE 希望的 SL-DRX 配置。

步骤 1a：发方 UE 向网络（gNB1）报告来自收方 UE 的协助信息。

步骤 2：发方 UE 将网络（gNB1）配置的 SL-DRX 配置发送给对应的收方 UE。

步骤 2a：若接收 SL-DRX 配置，则收方 UE 将 SL-DRX 配置报给网络（gNB2）。

步骤 3：收方 UE 向发方 UE 反馈 SL-DRX 配置结果（接受或拒绝）。

步骤 3a：如果该 SL-DRX 配置被拒绝，则发方 UE 向网络（gNB1）上报 SL-DRX 配置反馈结果。

单播侧行链路非连续接受机制中支持 *sl-drx-onDurationTimer* 定时器、*sl-drx-InactivityTimer* 定时器、*sl-drx-HARQ-RTT-Timer* 定时器和 *sl-drx-RetransmissionTimer* 定时器。其中，UE 会为每条链路维护单独的 *sl-drx-onDurationTimer* 定时器和 *sl-drx-InactivityTimer* 定时器，而会为每个侧行链路传输过程维护单独的 *sl-drx-HARQ-RTT-Timer* 定时器和 *sl-drx-RetransmissionTimer* 定时器。

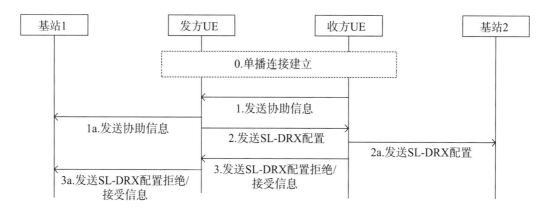

图 7-23　单播链路中处于模式 1 的发方 UE 和处于连接态的收方 UE 间 SL-DRX 配置流程示意图

另外，在单播连接建立之前，试图建立单播连接的 UE 双方会通过交换直接连接建立请求（Direct Communication Request，DCR）消息与直接连接建立请求接受（Direct Communication，DCA）消息来发起单播连接建立过程。由于发送 DCR 消息时，UE 双方还未建立连接，也并未沟通针对单播通信的 SL-DRX 配置。经过讨论，该条消息是按照一种默认的固定的 SL-DRX 配置发送的。在 DCR 消息之后一直到单播链路的 SL-DRX 配置成功之前，收方 UE 将一直保持激活状态（连续接收状态）来确保单播连接建立过程中的低时延控制信令交互；而 SL-DRX 配置成功之后 UE 双方将按照配置的 SL-DRX 进行通信。

单播链路非连续接收机制还支持侧行链路非连续接收控制 MAC CE，该 MAC CE 用于向收方 UE 指示该条链路接下来不需要接收数据，收方 UE 在接收到此 MAC CE 后将停止该链路对应的正在运行的 *sl-drx-onDurationTimer* 定时器和 *sl-drx-InactivityTimer* 定时器，从而达到更加省电的目的。

3. 组播和广播中的侧行链路非连续接收机制

对于组播或广播侧行链路通信，通信双方之间不存在 PC5-RRC 连接，这意味着通信双方需要在没有控制信令交互的情况下对是否支持 SL-DRX 及支持什么样的 SL-DRX 配置有一致的认识，以保证数据的成功传输。如何让通信双方对 DRX 配置有共同的认识包括以下两方面内容。

（1）是否支持 SL-DRX 配置

需要考虑这一问题的原因是 SL-DRX 作为 R17 引入的功能，会导致后向兼容性问题，即 R17 的用户不仅会与 R17 的用户进行侧行链路通信，还会与 R16 的用户进行侧行链路通信，当与 R16 用户通信时，存在两种情况，不同情况下可能出现的问题详见表 7-2 和图 7-24 所示。

表 7-2　R17 与 R16 用户通信场景

通 信 场 景	可能出现的问题
发方 UE 为 R17 用户，收方 UE 为 R16 用户	发方 UE 以不必要的非连续的方式发送，收方 UE 以连续的方式做数据接收导致不必要的延时
发方 UE 为 R16 用户，收方 UE 为 R17 用户	发方 UE 以连续的方式发送，收方 UE 以非连续的方式做数据接收导致数据丢失

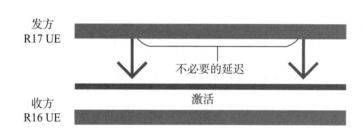

图 7-24　后向兼容问题示意图

在讨论过程中主要有以下两种方式解决上述问题。

① 重用 LTE 中 Tx profile 概念，上层将 Tx profile 指示给接入层（Access Stratum，AS），通信双方 UE 根据 Tx profile 指示决定是否以非连续的方式发送或接收。

② 以资源池的方式做区分，将支持 SL-DRX 和不支持 SL-DRX 的数据分别在不同的资源池传输。

以资源池方式做区分的方法，其问题在于仅仅解决了 UE 在决定是否以 SL-DRX 的方式通信后如何传输，但并未解决 UE 在不知道通信对方 UE 的能力的情况下无法判断是否该以 SL-DRX 传输的根本问题。因此经过讨论，3GPP 最终采用了重用 Tx profile 的方式。

（2）支持何种 SL-DRX 配置

进一步地，若通信双方均支持 SL-DRX，对于如何使通信双方使用相同的 SL-DRX 配置从而确保侧行链路数据成功传输这一问题，主要有以下三种方案。

① 完全相同的 SL-DRX 配置，即所有组播或广播传输数据均共用相同的 SL-DRX 配置，在相同的时域位置发送或接收侧行链路组播或广播数据。

② 基于 QoS 的配置方式，即相同 QoS 的业务共用相同的 SL-DRX 配置。

③ 基于层 2 ID 的配置方式，即相同目的地址的业务共用相同的 SL-DRX 配置。

对于第一种方式，由于所有组播和广播侧行链路传输均发生在相同的时域位置，因此会导致在时域上资源利用率低及冲突严重的问题。对于第二种基于 QoS 的配置方式，它的优势在于可以基于业务的 QoS 需求配置符合数据传输时延、准确率等要求的 SL-DRX 配置；对于第三种基于 L2 ID 的配置方式，它的优势在于可以根据目标地址的不同平衡时域资源上的负载量，但缺点是 L2 ID 的数量很大，为每个 L2 ID 配置一组 SL-DRX 配置，无疑增加了配置上的冗余。

最终 3GPP 采用了一种基于 QoS 与基于 L2 ID 结合的方式，对于与数据传输 QoS 相关的 SL-DRX 参数配置，如 *sl-drx-onDurationTimer* 定时器、*sl-drx-InactivityTimer* 定时器，采用基于 QoS 的方式配置，对于与数据传输 QoS 不相关的 SL-DRX 参数配置，如 *sl-drx-onDurationTimer* 定时器的开启点位置（offset）采用利用 L2 ID 计算的方式。这样既实现了可以基于业务的 QoS 需求配置符合数据传输时延、准确率等要求的 SL-DRX，又实现了根据目标地址的不同，平衡时域资源上的负载量，同时避免了配置上的冗余。对于无法映射到 QoS profile 的数据流，它还支持默认统一的 SL-DRX 配置。

对于基于 QoS 的配置方式，由于同一目标层 2 地址可能对应多个 QoS，3GPP 针对这一问题进行了以下讨论。

① 观点一：UE 针对一个层 2 广播 / 组播地址，维护多组 SL-DRX 定时器。

② 观点二：UE 在同一层 2 广播 / 组播地址对应的基于 QoS 的 SL-DRX 定时器中选择一组定时器，并维护一组定时器。

经过多次讨论，3GPP 最终决定采用观点二中的方式，即对基于 QoS 的 SL-DRX 定时器进行选择，针对同一组播 / 广播地址，只维护一组定时器，具体选择策略详见表 7-3。

表 7-3　组播 / 广播通信中 SL-DRX 参数选择策略

定 时 器	选 择 策 略
On duration timer	选择关联到同一目标地址的最长的 On duration timer
Inactivity timer	选择关联到同一目标地址的最长的 Inactivity timer
Cycle	选择关联到同一目标地址的最短的 Cycle

对于组播侧行链路传输，由于其支持 HARQ 反馈机制，其在支持周期性的 *sl-drx-onDurationTimer* 定时器外还可以支持较为灵活的 SL-DRX 机制，如 *sl-drx-InactivityTimer* 定时器、*sl-drx-RetransmissionTimer* 定时器及 *sl-drx-HARQ-RTT-Timer* 定时器。

对于广播侧行链路传输，它只支持周期性的 *sl-drx-onDurationTimer* 定时器。

4. 侧行非连续接收与下行非连续接收的关系

对于处于网络覆盖范围内的 UE，其可能需要同时根据 Uu-DRX 配置监听下行控制信息和根据 SL-DRX 配置监听侧行链路控制信息（SCI）。为了更大程度地实现 UE 省电，需要尽可能地让 UE Uu-DRX 激活时间（监听下行链路控制信息的时间）与 UE SL-DRX 激活时间（监听侧行链路控制信息的时间）重合，避免 UE 一直处于 DRX 激活状态（Uu 或 SL）。

对于不同 RRC 连接状态下的 UE，其 Uu-DRX 的配置方式是不同的，如 RRC 连接态 UE 的 DRX 是基于定时器的 DRX 配置，其在时域上的监听时长更长，意味着设计同一个 UE 的 Uu-DRX 激活时间与 SL-DRX 激活时间重合机制将带来更大的省电增益；而 RRC IDLE 或 INACTIVE 态的 UE 仅需要监听网络寻呼机会，其在时域上的监听时长比较短，意味着设计同一个 UE 的 Uu-DRX 激活时间与 SL-DRX 激活时间重合机制带来的省电增益较小。因此，经过讨论，3GPP 决定优先设计对于 RRC 连接态 UE 的侧行非连续接收与下行非连续接收重合机制。由于 Uu-DRX 是由网络配置的，因此该 RRC 连接态 UE 的侧行非连续接收与下行非连续接收重合将由 UE 所属的网络实现。

另外，对于侧行链路传输的发送方 UE，若其处于 RRC 连接态且被配置了 Mode 1 资源获取模式，则其所属网络需负责协调该 UE 接收下行侧行链路资源调度的时域位置与所属被调度侧行链路资源调度的时域位置关系，即协调该 UE Uu-DRX 与配置给接收方 UE 的 SL-DRX 配置。

5. 侧行非连续接收对资源获取方式的影响

对于发送方 UE，其需要维护与一个或多个接收方 UE 相关的 SL-DRX 定时器，以准确跟踪一个或多个收方 UE 在侧行链路上的激活时间，从而确保在收方 UE 处于激活态情况下向收方 UE 发送数据。这样同时也要求发方 UE 的侧行链路资源在时域上的位置位于收方 UE 的激活态内。对于模式 1 和模式 2 两种资源获取方式，标准中均对其进行了基于 SL-DRX 特点的优化。

对于模式 1 资源获取方式，SL 资源来自于网络，因此需保证网络对于 SL-DRX 配置的知晓。

① 对于单播通信中的 SL-DRX，由于模式 1 用户处于连接态，而连接态用户单播通信的 SL-DRX 配置来自于网络，因此网络知晓单播通信的 SL-DRX。

② 对于组播和广播通信的 SL-DRX，由于相关配置均来自网络（系统消息）配置，且根据 *SidelinkUEInformation* (SUI) 信息的上报，网络可以知晓发送数据的 QoS 信息、L2 ID 信息，因此网络知晓组播及广播通信的 SL-DRX。

根据以上分析，对于模式 1 资源获取方式，将由网络来实现侧行链路资源与收方 UE

激活态时间的匹配。

对于模式 2 资源获取方式，SL 资源由发方 UE 自主选择得到，因此，在资源选择的步骤中需将 SL-DRX 纳入资源选择需考虑的因素之一。具体地，模式 2 的资源选择主要分为两个步骤，需要物理层和 MAC 层的共同参与。

① 物理层通过资源探测排除不可用资源，并生成可用资源集合报告给 MAC 层。

② MAC 层在物理层报告的可用资源集合中选择用于数据传输的 PSCCH/PSSCH 资源。

因此，首先需要讨论的问题是在模式 2 资源选择过程中，应该由哪一个协议层考虑 SL-DRX 的影响。经过讨论，最终的流程为在触发物理层做资源选择时，MAC 层同时将激活时间这一配置下发给物理层，物理层会根据资源探测结果和激活时间上报可用资源集合给 MAC 层，并确保可用资源集合中有一定数量的资源位于激活时间内，MAC 层再在该可用资源集合中选择用于数据传输的资源，具体流程如图 7-25 所示。

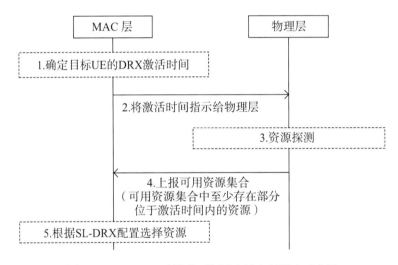

图 7-25　SL-DRX 对模式 2 资源选择流程影响示意图

7.2.2　近距离业务的授权和配置

在 5G 系统中，UE 可以通过多种方式获得用于近距离业务的授权或者配置参数，如由策略控制功能（Policy Control Function，PCF）通过网络层信令发送到 UE，或者由近距离应用服务器通过应用层交互发送到 UE，或者直接在移动设备（Mobile Equipment，ME）、通用集成电路卡（Universal Integrated Circuit Card，UICC）中预配用于近距离业务的参数。

用于近距离业务直接发现的参数包括以下几个。

① 用于近距离业务直接发现的授权策略。当 UE 在下一代无线接入网络（Next Generation-Radio Access Network，NG-RAN）覆盖范围内时，授权策略如下。

● 对于开放的近距离业务直接发现，包括开放的近距离业务直接发现模式 A 的监听授权策略和开放的近距离业务直接发现模式 A 的宣告授权策略。其中开放的近距离业务直接发现模式 A 的监听授权策略包括授权 UE 可以进行监听时所处的公共陆地移动网络（Public Land Mobile Network，PLMN）列表信息；开放的近距离业务直接发现模式 A 的宣告授权策略包括授权 UE 可以进行宣告时所处的 PLMN 列表信息。

● 对于受限的近距离业务直接发现，包括受限的近距离业务直接发现模式 A 的监听授权策略、受限的近距离业务直接发现模式 A 的宣告授权策略、受限的近距离业务直接发现模式 B 的发现者授权策略、受限的近距离业务直接发现模式 B 的被发现者授权策略。其中受限的近距离业务直接发现模式 A 的监听授权策略包括授权 UE 可以进行监听时所处的 PLMN 列表信息；受限的近距离业务直接发现模式 A 的宣告授权策略包括授权 UE 可以进行宣告时所处的 PLMN 列表信息；受限的近距离业务直接发现模式 B 的发现者授权策略包括授权 UE 可以进行发现者操作时所处的 PLMN 列表信息；受限的近距离业务直接发现模式 B 的被发现者授权策略包括授权 UE 可以进行被发现者操作时所处的 PLMN 列表信息。

当 UE 不在 NG-RAN 覆盖范围内时：指示 UE 不在 NG-RAN 覆盖范围内时，是否允许执行模式 A、模式 B 的近距离业务直接发现。

② 近距离业务直接发现参数。

● 近距离业务标识与用于发送或者接收初始近距离发现消息的目标 Layer-2 ID 之间的映射关系。

● 用于近距离业务直接发现的应用标识。

● 用于近距离业务直接发现的安全参数。

③ UE 不在 NG-RAN 覆盖范围时的无线参数配置。包括地理区域信息及该区域可以用于近距离业务直接发现的无线参数配置，并且指示该无线参数是运营商管辖的还是非运营商管辖的。

④ 用于受限的近距离业务直接发现的近距离发现 UE 标识。

⑤ 用于群组发现的参数。对于每个群组包括以下内容。

● 应用层群组标识。

● 该群组标识所对应的 Layer-2 ID。

● UE 在群组中的用户信息唯一标识。

⑥ 以上策略或者参数可以使用的有效时间。

用于近距离业务直接通信的参数包括以下几个。

① 用于近距离业务直接通信的授权策略。当 UE 在 NG-RAN 覆盖范围内时：授权 UE 可以进行近距离业务直接通信时所处的 PLMN 列表信息。

当 UE 不在 NG-RAN 覆盖范围内时：指示 UE 不在 NG-RAN 覆盖范围内时，是否允许进行近距离业务直接通信。

② 组播模式的近距离业务直接通信策略和参数。对于每个群组包括以下内容。

- 应用层群组标识。
- 该应用层群组标识所对应的目标 Layer-2 ID。
- 用于多播的组 IP 地址。
- UE 在该群组中使用 IPv4 或者 IPv6 的指示。
- 对于使用 IPv4 的群组，可选包括 UE 作为源地址的 IPv4 地址。
- 用于该群组的安全相关参数。

③ UE 不在 NG-RAN 覆盖范围时的无线参数配置。包括地理区域信息及该区域可以用于近距离业务直接通信的无线参数配置，并且指示该无线参数是运营商管辖的还是非运营商管辖的。

④ 隐私相关策略和参数。

- 包括需要进行隐私保护的地理区域信息及对应的近距离业务标识。
- 当需要启用隐私保护时，UE 定期改变源 Layer-2 ID 的时间周期。

⑤ 使用 NR PC5 进行近距离业务直接通信的策略和参数。

- 特定地理区域内近距离业务标识所对应的无线频率信息。
- 近距离业务标识所对应的用于广播的目标 Layer-2 ID。
- 近距离业务标识所对应的用于组播的目标 Layer-2 ID。
- 近距离业务标识所对应的用于单播初始信令的默认目标 Layer-2 ID。
- 近距离业务标识所对应的 PC5 QoS 参数。
- UE 不在 NG-RAN 覆盖范围内时所需要使用的 AS 层 QoS 配置信息。

⑥ 路径选择策略。近距离业务标识所对应的路径选择偏好（PC5、Uu 或者无偏好）。

⑦ 以上策略或者参数可以使用的有效时间。用于终端与网络之间侧行中继的参数包括发送给中继 UE 的策略和参数、发送给远端 UE 的策略和参数。

发送给中继 UE 的策略和参数如下。

① 当 UE 在 NG-RAN 覆盖范围内时，授权 UE 可以作为中继 UE 的策略。授权 UE 可以对层三（Layer 3, L3）远端 UE 或者 L2 远端 UE 提供中继服务时所处的 PLMN 列表信息。

② 对于中继 UE 配置的发现参数。

- 用户信息标识、中继服务码、中继层级指示。中继层级指示用于指示中继服务码对应 L2 中继还是 L3 中继。

- 用于发送或者接收初始发现消息的默认的目标 Layer-2 ID。
- 每个中继服务码对应的安全信息。
- 对于 L3 中继，包括每个中继服务码对应的协议数据单元（Protocol Data Unit，PDU）会话参数：PDU 会话类型、数据网络名称、会话和服务连续模式、切片信息等。

③ 对于 L3 中继的 QoS 配置，也就是 5G QoS 标识（5G QoS Identifier，5QI）和 PC5 接口上 QoS 索引（PC5 5QI，PQI）的映射关系等信息。

④ 对于使用 IP 类型的 PDU 会话中继远端 UE 的以太网类型或者非结构化类型的数据的情况，为 L3 中继 UE 配置近距离业务与近距离应用服务器地址的关系。

⑤ 用于中继 UE 近距离发现、近距离通信的策略和参数的有效时间。

⑥ 在无法从基站获得无线参数配置时用于和远端 UE 进行中继服务发现的无线参数。包括地理区域信息及该区域可以用于中继服务发现的无线参数配置，并且指示该无线参数是运营商管辖的还是非运营商管辖的。

⑦ 在无法从基站获得无线参数配置时用于和远端 UE 进行中继服务通信的无线参数。包括地理区域信息及该区域可以用于中继服务发现的无线参数配置，并且指示该无线参数是运营商管辖的还是非运营商管辖的。

发送给远端 UE 的策略和参数如下。

① 授权 UE 可以作为远端 UE 的策略。

- 对于 L3 远端 UE，授权 UE 是否可以使用 L3 中继 UE 进行与网络之间的数据传输。
- 对于 L2 远端 UE，授权 UE 可以使用 L2 中继 UE 进行与网络之间的数据传输时所处的 PLMN 列表信息。

② 对于远端 UE 配置的发现参数。

- 用户信息标识、中继服务码、中继层级指示。中继层级指示用于指示中继服务码对应 L2 中继还是 L3 中继。
- 用于发送或者接收初始发现消息的默认的目标 Layer-2 ID。
- 每个中继服务码对应的安全信息。
- 对于 L3 中继，包括每个中继服务码为 N3IWF 接入方式，或者是为不通过 N3IWF 接入方式时所对应的 PDU 会话参数：PDU 会话类型、数据网络名称、会话和服务连续模式、切片信息等。

③ 对于 L3 远端 UE 的 N3IWF 选择参数。

- L3 远端 UE 的 PLMN 的 N3IWF 标识。
- 用于 N3IWF 选择的 PLMN 优先级列表，以及指示使用基于位置跟踪区信息

（Tracking Area Identity，TAI）的全限定域名（Fully Qualified Domain Name，FQDN）还是基于运营商标识的 FQDN 进行 N3IWF 的选择。

④ 用于远端 UE 近距离发现、近距离通信的策略和参数的有效时间。

⑤ 远端 UE 不在 NG-RAN 覆盖范围时用于中继服务发现的无线参数配置。包括地理区域信息及该区域可以用于中继服务发现的无线参数配置，并且指示该无线参数是运营商管辖的还是非运营商管辖的。

⑥ 远端 UE 不在 NG-RAN 覆盖范围时用于中继服务通信的无线参数配置。包括地理区域信息及该区域可以用于中继服务发现的无线参数配置，并且指示该无线参数是运营商管辖的还是非运营商管辖的。

7.2.3　近距离业务直接发现

近距离业务直接发现用于通过 PC5 接口发现附近的另外一个 UE，分为开放的近距离业务直接发现和受限的近距离业务直接发现。近距离业务直接发现可以是独立的过程，也可以在发现之后进行两个 UE 之间的近距离直接通信链路建立。

近距离业务直接发现模式 A，可以用于开放的近距离业务直接发现和受限的近距离业务直接发现，流程如图 7-26 所示。

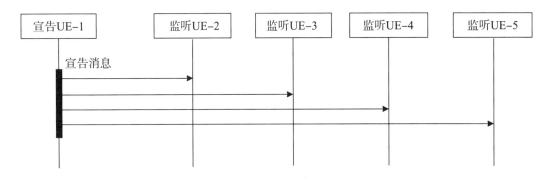

图 7-26　近距离业务直接发现模式 A

宣告 UE 发送的宣告消息中包括消息类型、近距离应用码（用于开放的近距离业务直接发现）或者近距离受限码（用于受限的近距离业务直接发现）、安全参数、元数据信息。对于群组发现，该消息中包括消息类型、UE 在群组中的用户信息唯一标识、应用层群组标识。

宣告消息所使用的源 Layer-2 ID 和目标 Layer-2 ID 携带在 Layer-2 帧结构中。其中源 Layer-2 ID 由宣告 UE 分配，目标 Layer-2 ID 根据 7.2.2 章节的相关配置确定。

监听 UE 根据第 7.2.2 节的配置确定需要监听的目标 Layer-2 ID。

近距离业务直接发现模式 B，仅可以用于受限的近距离业务直接发现，流程如图 7-27 所示。

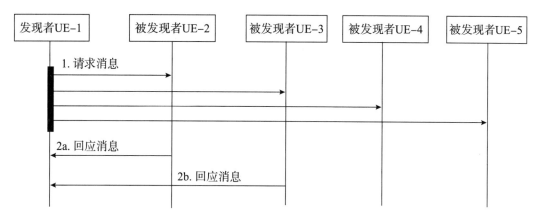

图 7-27　近距离业务直接发现模式 B

发现者 UE 发送的请求消息中包括消息类型、发现目标的近距离受限码（用于受限的近距离业务直接发现）、安全参数。对于群组发现，该消息中包括消息类型、发现者 UE 在群组中的用户信息唯一标识、应用层群组标识、发现目标信息。

请求消息所使用的源 Layer-2 ID 和目标 Layer-2 ID 携带在 Layer-2 帧结构中。其中源 Layer-2 ID 由发现者 UE 分配，目标 Layer-2 ID 根据第 7.2.2 节的配置进行确定。

被发现者 UE 根据第 7.2.2 节的配置确定需要监听的目标 Layer-2 ID。

可以匹配请求消息的被发现者 UE 向发现者 UE 发送回应消息，回应消息中包括消息类型、近距离受限码（用于受限的近距离业务直接发现）、安全参数、元数据信息。对于群组发现，该消息中包括消息类型、被发现者 UE 在群组中的用户信息唯一标识、应用层群组标识。

回应消息的源 Layer-2 ID 由被发现者 UE 分配，目标 Layer-2 ID 为被发现者 UE 收到的请求消息的源 Layer-2 ID。

5G 网络还支持基于 PC3a 接口，即 UE 与直接发现名称管理功能（Direct Discovery Name Management Function，DDNMF）之间接口的发现，这主要涉及核心网侧信令交互，在本书中不再详述。

7.2.4　近距离业务直接通信

近距离业务直接通信包括广播模式、组播模式、单播模式的近距离通信。对于广播和组播模式，支持 IPv4、IPv6、以太、非结构化、地址转换协议（Address Resolution Protocol，ARP）类型的数据格式。对于单播模式，支持 IPv4、IPv6、以太、非结构化类型的数据格式。

广播模式的近距离业务直接通信流程如图 7-28 所示。

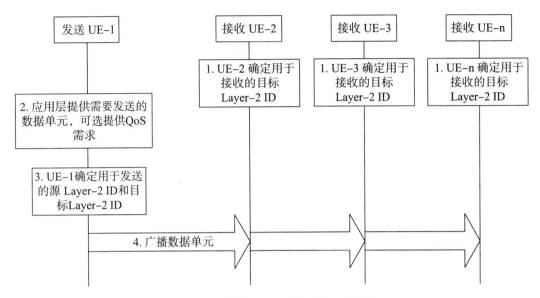

图 7-28　广播模式的近距离业务直接通信

步骤 1 中，接收 UE 根据第 7.2.2 节的配置确定需要接收广播的目标 Layer-2 ID。

步骤 2 中，发送 UE 的应用层将需要发送的数据单元发送到近距离通信层，可选的还可以包括对于传输的 QoS 需求。

步骤 3 中，发送 UE 根据第 7.2.2 节的配置确定需要发送广播的目标 Layer-2 ID，发送 UE 分配发送广播的源 Layer-2 ID，并确定广播所使用的 QoS 参数。

步骤 4 中，发送 UE 使用源 Layer-2 ID 和目标 Layer-2 ID 进行数据广播。

组播模式的近距离业务直接通信流程如图 7-29 所示。

在该组播通信流程中，步骤 1 ～ 3 是可选的，也就是发送和接收 UE 可以不需要步骤 1 ～ 3，直接根据第 7.2.2 节的配置进行组播通信。

步骤 1 中，发送 UE 和接收 UE 之间通过应用层进行群组管理，或者也可以是由近距离业务应用服务器在应用层参与群组管理。

步骤 2 中，具有相同应用层群组标识的 UE 根据第 7.2.3 节的流程进行近距离群组成员发现，并且进行应用层发现消息的交互。当近距离群组形成之后，可以由一个 UE 向近距离群组中的其他 UE 发送应用层发现消息，其中包括组大小、组成员标识等信息。一种可能的情况是应用层发现消息携带在第 7.2.3 节描述的近距离业务的直接发现消息中进行传输；另外一种可能情况是应用层发现消息通过应用层数据进行传输。

步骤 3 中，应用层将应用层群组标识、组播的 QoS 需求、组大小、组成员标识等提供给近距离通信层。

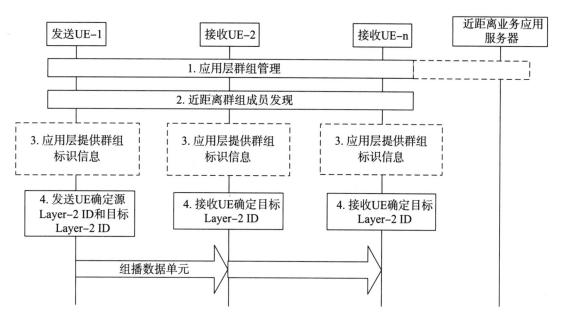

图 7-29　组播模式的近距离业务直接通信

步骤 4 中，发送 UE 分配发送组播的源 Layer-2 ID，发送 UE 确定发送组播目标 Layer-2 ID 的方法如下。

① 如果应用层提供了应用层群组标识，并且在第 7.2.2 节的配置中包括了该应用层群组标识及其对应的目标 Layer-2 ID，则使用该目标 Layer-2 ID。

② 如果应用层提供了应用层群组标识，但是在第 7.2.2 节的配置中没有该应用层群组标识，则发送 UE 将该应用层群组标识转化为目标 Layer-2 ID。

③ 如果应用层没有提供应用层群组标识，则发送 UE 使用第 7.2.2 节的配置中包括的近距离业务标识所对应的用于组播的目标 Layer-2 ID。

发送 UE 还会确定组播所使用的 QoS 参数，并将步骤 3 中收到的组大小、组成员标识发送给接入层。

步骤 5 中，发送 UE 使用源 Layer-2 ID 和目标 Layer-2 ID 进行数据的组播。

单播模式的近距离业务直接通信的链路建立流程如图 7-30 所示。

单播模式中，用于单播的 Layer-2 ID 标识与应用层标识相关联，Layer-2 ID 可以是在近距离业务直接发现过程中获得的，或者是通过之前已经建立的单播链路过程中获得的。对于单播链路建立的初始消息，也可以使用公知的 Layer-2 ID，或者是根据第 7.2.2 节的配置确定的默认目标 Layer-2 ID。

步骤 1 中，UE-2、UE-3、UE-4 确定用于单播信令接收的目标 Layer-2 ID。

步骤 2 中，发起方 UE-1 从应用层获得的信息包括近距离业务信息、UE 的应用层标识，可选的还有目标 UE 的应用层标识、应用层 QoS 需求。

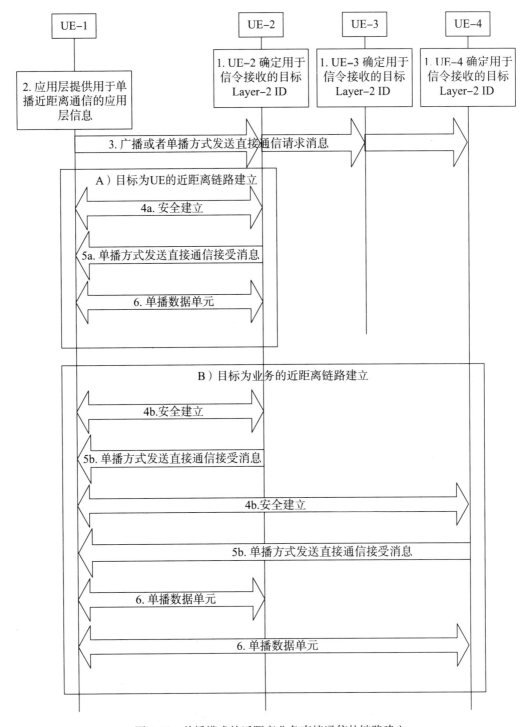

图 7-30 单播模式的近距离业务直接通信的链路建立

步骤 3 中，UE-1 通过单播或者广播的方式发送直接通信请求消息。该消息中包括 UE-1 的应用层标识、近距离业务标识（用于标识发起近距离业务的应用）、安全信息，可选的还包括目标 UE 的应用层标识。对于单播方式发送的直接通信请求消息，目标 UE

的应用层标识在消息中是必选的。

步骤 4a 适用于有确定目标的直接通信请求，也就是直接通信请求消息中包括目标 UE 的应用层标识，这种情况下只有目标 UE 会向 UE-1 回应并建立安全连接。

步骤 4b 适用于面向业务的直接通信请求，直接通信请求消息中不包括目标 UE 的应用层标识，并且通过广播的形式发送，这种情况下收到这个广播消息，并且对其中的近距离业务标识所对应的业务感兴趣的 UE 都可以向 UE-1 回应并建立安全连接。

对于步骤 4a 和步骤 4b，激活安全之后，UE-1 向对端 UE 发送以下信息。

① 对于 IP 通信，包括两个 UE 之间进行 IP 地址协商所需要的 IP 地址配置信息。

② PC5 QoS 流的信息，对于每个 PC5 QoS 流，包括 PC5 QoS 流标识，以及使用于该 PC5 QoS 流的 QoS 参数，可选的还可以包括该 PC5 QoS 流中传输的数据所述的近距离业务标识。

步骤 5a 适用于有确定目标的直接通信，如果 UE-2 的应用层标识符合步骤 3 中收到的目标 UE 的应用层标识，则对端 UE（也就是 UE-2）向 UE-1 发送直接通信接受消息。

步骤 5b 适用于面向业务的直接通信，对步骤 3 中收到的近距离业务标识感兴趣的 UE（也就是 UE-2、UE-4）向 UE-1 发送直接通信接受消息。

在步骤 5a 和步骤 5b 中，直接通信接受消息包括以下信息。

① UE（也就是 UE-2 或者 UE-4）的应用层标识。

② 对于 IP 通信，包括两个 UE 之间进行 IP 地址协商所需要的 IP 地址配置信息。

③ PC5 QoS 流的信息，对于每个 PC5 QoS 流，包括 PC5 QoS 流标识，及使用于该 PC5 QoS 流的 QoS 参数，可选的还可以包括该 PC5 QoS 流中传输的数据所述的近距离业务标识。

UE 的近距离通信层会把建立的直接通信链路的链路标识，以及该链路的源 Layer-2 ID 和目标 Layer-2 ID 发送给接入层。

步骤 6 中两个 UE 之间可以通过已经建立的直接通信链路进行单播数据的交互。

单播模式的近距离业务直接通信还包括链路修改、链路释放、链路标识更新、链路保持等流程，在此不再一一详述。

| 7.3　小　　结 |

本章对 R17 引入的物理层和高层侧行链路增强技术进行了介绍。物理层增强中介绍了基于部分侦听的资源选择和基于终端间协调的资源选择，部分侦听的资源选择以 LTE-V2X 中的周期性部分侦听为基础，但为了更好地避免与非周期性传输之间的干扰，R17

中进一步定义了连续性部分侦听；基于终端间协调的资源选择中 UE-A 通过向 UE-B 发送参考资源集合或冲突指示等协调信息，UE-B 利用 UE-A 发送的协调信息能够进一步提高数据传输的可靠性。高层增强中介绍了侧行非连续接收和近距离业务，前者包括侧行非连续接收的工作机制以及侧行非连续接收对下行非连续接收和资源获取方式的影响；而后者则详细介绍了近距离业务授权、配置、直接发现和直接通信的具体流程。

R17 是 NR 侧行通信的第一个增强版本，然而随着新的侧行通信应用场景的涌现，NR 侧行通信需要继续演进以满足这些场景内的通信需求，在接下来的章节中，本书将介绍 NR 侧行通信下一步的演进方向。

第 8 章

侧行链路中继

郭雅莉　卢前溪

LTE 系统及 NR 系统中都支持 UE 到网络（UE-to-Network, U2N）的侧行链路中继。LTE 系统中为层 3 中继，也就是中继 UE 在 IP 层进行远端 UE 和网络之间的中继转发。NR 系统中支持两种中继方式：一种是类似于 LTE 系统的层 3 中继方式；另一种是在接入层进行中继的层 2 中继方式。层 3 中继方式对网络影响较小，远端 UE 并不注册到网络中，仅仅通过中继 UE 与网络之间的会话进行数据转发，远端 UE 与接入网之间不存在直接的连接，核心网也不需要对远端 UE 进行移动性管理和会话管理，但是相应也存在网络无法为远端 UE 维护固定的用户面锚点，从而使得远端 UE 在移动过程中存在容易发生业务中断的缺陷。虽然在 NR 系统中还定义了基于非 3GPP 互通功能（Non-3GPP Inter-Working Function，N3IWF）的层 3 中继方式，使得远端 UE 可以通过中继 UE 的 PDU 会话应用层与 N3IWF 建立连接，以 non-3GPP 的方式注册到网络中获得固定的用户面锚点，但是基于 N3IWF 的层 3 中继方式用户面开销大，实用性相对较低。层 2 中继方式相比层 3 中继方式对 UE 及接入网设备的改动较大，中继 UE 通过接入层提供远端 UE 与接入网之间的中继，远端 UE 与接入网之间存在直接的 RRC 链路，并且远端 UE 注册到核心网中，核心网为远端 UE 提供用户面锚点，因此具有更好的业务连续性。本章内容对 LTE 系统和 NR 系统中的侧行链路中继进行详细介绍。

8.1　LTE 侧行链路中继

LTE 系统针对基于侧行链路的中继 UE 功能进行了标准化，为远端 UE 提供通过中继 UE 连接到网络的功能，如图 8-1 所示。如果一个 UE 成功地与一个中继 UE 建立了侧行链路，则该 UE 被认为是这个中继 UE 的远端 UE。远端 UE 可以位于接入网覆盖范围内或接入网覆盖范围外。如果远端 UE 同时维护 PC5 接口和 Uu 接口，则远端 UE Uu 接口的核心网络实体不知道该远端 UE 通过中继 UE 连接到网络的中继路径。这里的中继 UE 在远端 UE 和网络之间。

图 8-1　LTE 系统中基于侧行链路的中继 UE 功能示意图

① 对基于 IP 的单播业务进行中继转发（包括上行和下行）。

② 对于非 IP 的业务，LTE 中的中继 UE 还可以使用一对多侧行链路通信在远端 UE 和网络之间中继增强多媒体广播多播业务（Enhanced Multimedia Broadcast Multicast Service，eMBMS）。

8.1.1　系统总体架构

LTE 系统中的中继 UE 提供基于层 3（L3）的转发功能，即在 IP 层进行中继转发，因此，原理上可以在远端 UE 和网络之间转发任何类型基于 IP 的业务。

具有中继能力的 UE 可以连接到网络，以启用中继功能，从而为远端 UE 提供网络连接。这里，中继 UE 可以连接到额外的数据网络（即不同于其自身所使用的数据网络）以便向远端 UE 提供中继接入。支持 U2N 中继的公用数据网（Public Data Network，PDN）连接应当仅用于远端 UE。具体的连接建立过程如图 8-2 所示。

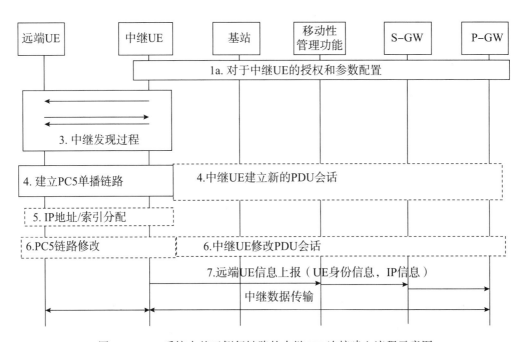

图 8-2　LTE 系统中基于侧行链路的中继 UE 连接建立流程示意图

步骤 1a：首先，中继 UE 执行初始演进通用地面无线接入网（Evolved Universal Terrestrial Radio Access Network，E-UTRAN）连接建立，从而连接到用于向远端 UE 提供中继服务的 PDN 连接。

步骤 3：远端 UE 使用模式 A 或模式 B 发现提供中继服务的 UE。

步骤 4：远端 UE 选择一个中继 UE，建立一对一的侧行链路连接。如果没有与中继业务关联的 PDN 连接或者需要额外的 PDN 连接来为远端 UE 提供中继业务，则中继 UE 发起新的 PDN 连接建立流程进行中继。

步骤 5：中继 UE 将 IPv6 前缀或 IPv4 地址分配给远端 UE，从此便可以开始上下行中继。

步骤 6：中继 UE 向 MME（Mobility Management Entity）发送远端 UE 信息（其中包含远端 UE 身份信息和 IP 相关信息），用于与中继业务相关的 PDN 连接建立。其中，远端 UE 身份信息是在步骤 3 的连接建立过程中中继 UE 从远端 UE 处获得的用户身份信息（通过用户信息字段获取）。MME 将远端 UE 身份信息和相关的 IP 信息存储在所述中继 UE 的 EPS（Evolved Packet System）承载上下文中。

步骤 7：MME 将远端 UE 信息转发给 S-GW（Serving Gate Way），S-GW 进一步转发给中继 UE 的 P-GW（PDN Gate Way）。MME 可以在一个消息中上报多个远端 UE。

对于 IP 信息，适用以下原则。

① 对于 IPv4，中继 UE 应向网络报告分配给各个远端 UE 的 TCP/UDP 端口范围（连同远程用户身份信息一同上报）。

② 对于 IPv6，中继 UE 应报告分配给单个远端 UE 的 IPv6 前缀（连同远程用户身份信息一同上报）。

当远端 UE 与中继 UE 断开连接（如显式的通过链路释放信令或隐式的由于没有及时收到保持活动消息）时，应向网络发送远端 UE 报告消息，以向 MME、S-GW 和 P-GW 通知相关远端 UE 已经离开。

在跟踪区域更新涉及 MME 更改的情况下，相关远端 UE 的远程用户身份信息和相关 IP 信息，作为中继 UE 的 EPS 承载上下文传输的一部分，需要被传输到新的 MME。

8.1.2　接入层相关

远端 UE 和中继 UE 之间使用一对一或一对多的侧行链路通信。对于远端 UE 和中继 UE 之间的侧行链路通信，LTE 系统中仅支持单载波操作，并且对于中继 UE 和远端 UE 来说，Uu 接口和 PC5 接口所使用的载波应该是相同的载波，标准中定义为针对公共安全的近距离业务（Proximity-based Services，ProSe）载波。远端 UE 由上层授权，可以在所述 ProSe 载波的覆盖范围内，或在任何支持的载波的覆盖范围外（包括 ProSe 载波）。中继 UE 始终在接入网的覆盖范围内。中继 UE 和远端 UE 分别执行中继发现、中继（重新）选择，从而建立远端 UE 和中继 UE 之间的通信链路。

对于一个 UE 是否能承担中继 UE 的功能，是由 eNB 来控制的。如果 eNB 广播任何与中继 UE 操作相关的信息，则说明该小区支持中继 UE 的功能。在此基础上，eNB 可以提供以下细节参数。

① 用于中继 UE 发送中继发现消息的资源参数信息（针对空闲状态的中继 UE，通过广播系统消息进行配置；针对连接状态的中继 UE，通过专用信令进行配置）。

② 用于中继 UE 接收中继发现消息的资源参数信息（通过广播系统消息进行配置）。

③ eNB 可以广播最小和 / 或最大 Uu 接口链路的质量阈值，中继 UE 在启动中继发现过程之前需要遵守该阈值的限制。包括：如果中继 UE 处于空闲状态中，当 eNB 广播中继发现消息的传输资源池时，中继 UE 使用阈值来自动启动或停止中继发现过程；如果中继 UE 处于连接状态中，中继 UE 使用阈值来确定它是否可以向 eNB 指示它是中继 UE，并希望启动中继发现过程。

④ 如果 eNB 没有广播用于中继 UE 进行中继发现消息发送的传输资源池，则中继 UE 可以在遵守这些广播阈值的前提下，通过专用信令向 eNB 发起中继发现消息传输资源的请求。

如果中继 UE 的中继发现过程是通过广播的系统消息信令发起的，那么它可以在空闲状态下时执行中继发现过程。如果中继 UE 的中继发现过程是由专用信令发起的，那么它只能在连接状态下执行中继发现过程。

为远端 UE 执行基于侧行链路通信的中继 UE 必须在 RRC_CONNECTED 状态中。在收到来自远端 UE 的侧行链路连接建立请求（Layer-2 Link Establishment Request）或 TMGI（Temporary Mobile Group Identity）监控请求后，中继 UE 向 eNB 上报指示它是中继 UE 并打算执行侧行链路通信，从而对远端 UE 的业务进行中继转发。eNB 根据上报指示，可以为中继 UE 的通信提供传输资源。

远端 UE 可以决定何时开始监听中继 UE 发送的中继发现消息。远端 UE 可以在空闲状态或连接状态下发送中继发现请求消息，具体取决于远端 UE 针对中继发现消息的资源配置。eNB 可以广播一个 Uu 接口链路质量阈值，远端 UE 使用该阈值来确定其是否可以发送中继发现请求消息，用于与中继 UE 连接或通信。 处于连接状态的远端 UE，使用网络广播的所述阈值来确定它是否可以向 eNB 指示它是远端 UE 并希望参与中继 UE 的发现和 / 或通信。eNB 可以为远端 UE 的中继发现和相关通信操作提供发送资源配置（使用广播或专用信令进行配置）和接收资源配置（使用广播信令进行配置）。当 Uu

接口链路质量超过该阈值时，远端 UE 停止使用用于中继的相关发现和通信资源。

远端 UE 在 PC5 接口上执行侧行链路相关测量，并将它们用于中继 UE 的选择和重选（该选择和重选过程需要结合上层相关准则进行）。如果 PC5 链路质量超过配置的阈值（所述阈值通过预配置提供或由 eNB 提供），则认为相关中继 UE 的链路质量是合适的。当有多于一个链路质量合适的中继 UE 时，远端 UE 再选择满足上层准则并且具有最好的 PC5 链路质量的中继 UE。

在以下情况下，远端 UE 触发中继 UE 重选。

① 当前 ProSe 中继 UE 的 PC5 信号强度低于配置的信号强度阈值。

② 它从 ProSe UE 到网络中继接收第 2 层链路释放消息（上层消息），如 TS 23.303 [30] 中规定的那样。

8.2　NR 侧行链路中继

NR 的 Rel-17 侧行链路中继同样是 UE 到网络（UE-to-Network, U2N）的中继，包含两种架构，即基于层 3（Layer 3, L3）的中继和基于层 2（Layer 2, L2）的中继。U2N 中继 UE 应处于连接状态以执行单播数据的中继。U2N 远端 UE 的数据业务和 U2N 中继 UE 自身的数据业务应在 Uu 接口的不同 Uu RLC 信道中分开传输。

下面分别介绍基于 L3 的中继和基于 L2 的中继。

8.2.1　基于 L2 的侧行中继

对于 L2 U2N 中继操作，支持以下 RRC 状态组合。

① U2N 中继 UE 和 U2N 远端 UE 都应处于连接状态中，以执行单播数据的中继传输 / 接收。

② U2N 中继 UE 可以处于空闲态、非激活态或连接态，前提是所有 PC5 连接的 U2N 远端 UE 处于非激活态或空闲态。

对于 L2 U2N 中继，如果侧行链路中继连接专用的 PC5-RRC 连接已经建立，则 U2N 远端 UE 只能配置为使用资源分配模式 2（即由远端 UE 自行分配无线资源，而不是由网络来分配资源）来中继数据。

L2 U2N 中继架构用户面和控制面的协议栈如图 8-3 和图 8-4 所示。对于 L2 U2N 中继，SRAP（Sicklink Relay Adaptation Protocol）子层位于 PC5 接口与 Uu 接口控制面和用户面的 RLC 子层之上。Uu 接口的 SDAP、PDCP 和 RRC 子层在 U2N 中继的远端 UE 和 gNB 之间终止，而 SRAP、RLC、MAC 和 PHY 子层在每个链路（即 U2N 中继的远端 UE 和 U2N 中继 UE 之间的链路，以及 U2N 中继 UE 和 gNB 之间的链路）终止。

对于 L2 U2N 中继，PC5 接口上的 SRAP 子层仅用于承载映射。对于针对远端 UE 的广播控制信道（Broadcast Control Channel, BCCH）和寻呼控制信道 (Paging Control Channel, PCCH) 消息，SRAP 子层不存在于 PC5 接口上。对于针对远端 UE 的 SRB0 消息，SRAP 子层也不存在于 PC5 接口上，但 SRAP 子层存在于 Uu 接口的上行链路和下行链路上。

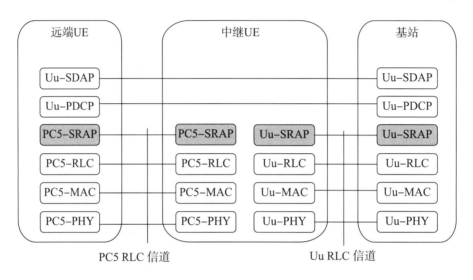

图 8-3　NR 系统中基于侧行链路的 L2 中继 UE 用户面协议栈

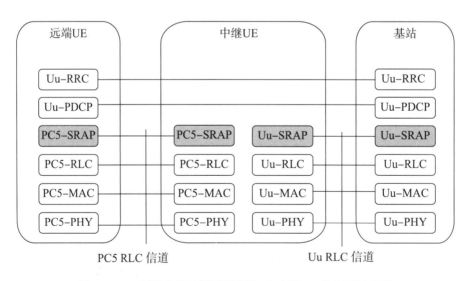

图 8-4　NR 系统中基于侧行链路的 L2 中继 UE 控制面协议栈

对于 L2 U2N 中继，针对上行链路的说明如下。

① Uu 接口 SRAP 子层支持中继 UE 从 PC5 接口上的 RLC 信道到 Uu 接口上的 RLC 信道之间进行承载映射。对于上行中继业务，同一个远端 UE 和 / 或不同远端 UE 的不同端到端承载（SRB 或 DRB）可以复用在同一个 Uu 接口的 RLC 信道上。

② Uu 接口 SRAP 子层支持 gNB 对上行数据进行远端 UE 身份识别。远端 UE 的承载信息和 UE 身份信息包含在 Uu 接口的 SRAP 标头中，以便 gNB 将接收到的数据包关联到正确的远端 UE 特定 PDCP 实体。

③ 远端 UE 的 PC5 接口 SRAP 子层支持远端 UE 的无线承载和 PC5 接口 RLC 信道之间的映射。

对于 L2 U2N 中继，针对下行链路说明如下。

① Uu 接口 SRAP 子层支持 gNB 的下行承载映射，以通过中继 UE 的 Uu 接口将远端 UE 的无线承载（SRB 和 DRB）映射到 Uu 接口的 RLC 信道。Uu 接口的 SRAP 子层可用于将远端 UE 和 / 或不同远端 UE 的多个无线承载（SRB 和 DRB）映射、复用到中继 UE 的 Uu 接口的一个 RLC 信道上。

② Uu 接口 SRAP 子层支持下行数据的远端 UE 识别。gNB 通过将远端 UE 无线承载的索引信息和远端 UE 的身份信息放入 Uu 接口的 SRAP 报文头中，中继 UE 可以将接收到的面向特定远端 UE 的无线承载的数据包映射到其关联 PC5 接口的 RLC 信道中。

③ 中继 UE 的 PC5 接口 SRAP 子层支持从远端 UE 的无线承载到和 PC5 接口的 RLC 信道之间的映射。

中继 UE 由 gNB 配置远端 UE 身份信息，用于填充 SRAP 报文头。并且，由 gNB 避免在分配远端 UE 身份信息时发生冲突，例如，gNB 可以通过 RRC 重配置消息向中继 UE 发送更新后的远端 UE 身份信息。更进一步，gNB 可以独立于 PC5 单播链路上的层 2 身份信息更新过程执行远端 UE 身份信息更新。

在用户面数据传输之前，远端 UE 需要与网络建立自己的 PDU 会话以及无线承载。

在远端 UE 通过中继 UE 与网络建立 RRC 连接之前，可以使用传统的 PC5 单播链路建立过程在远端 UE 和中继 UE 之间建立安全的单播链路。与传统 Uu 直连连接建立过程相比，通过中继 UE 的建立过程需要使用不同的计时器进行接入（类似于 T300 计时器）、恢复（类似于 T319 计时器）和重建（类似于 T301 计时器）。

最终，远端 UE 的 SRB1/SRB2 和 DRB 的建立取决于网络对于中继 UE 的配置过程，即网络需要给中继 UE 配置针对不同远端 UE 的 Uu 接口 RLC 信道，用以转发相关信令和数据。

图 8-5 所示的以下高层连接建立过程适用于 L2 中继。

步骤 1：U2N 远端 UE 和 U2N 中继 UE 执行 UE 发现过程，并使用 PC5 单播连接建立过程建立 PC5-RRC 连接。

步骤 2：U2N 远端 UE 使用针对 PC5 接口预定义的 RLC 承载配置，通过中继 UE 发送第一个 RRC 消息（即 RRC 连接建立请求）以建立与 gNB 的连接。如果 U2N 中继 UE 当前不处于连接态，当需要中继 UE 基于 PC5 接口的 RLC 承载上接收到来自远端 UE 的消息时，进行自己的 Uu 接口连接建立，这是此步骤的一部分。gNB 以 RRC 连接建立消息响应 U2N 远端 UE，所述 RRC 连接建立消息的发送使用预定义的 PC5 接口 RLC 承载配置。

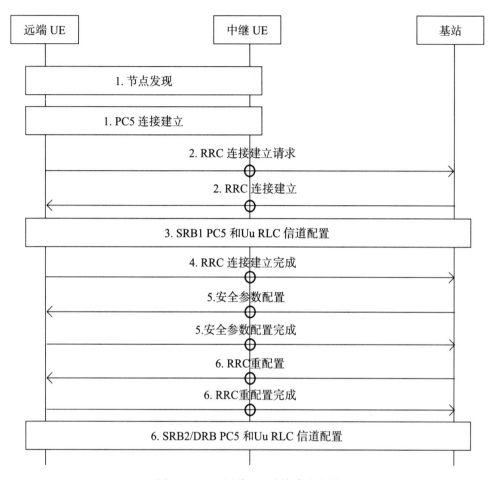

图 8-5　U2N 远端 UE 连接建立流程

步骤 3：gNB 和 U2N 中继 UE 在 Uu 接口上执行中继信道建立过程。根据 gNB 的配置，U2N 中继 UE 和远端 UE 建立 RLC 信道，该信道用于通过 PC5 接口向 U2N 远端 UE 中继 SRB1。

步骤 4：U2N 远端 UE 发送的 RRC 连接建立完成消息通过 U2N 中继 UE，使用 PC5 上的 SRB1 中继信道，以及 Uu 上的 SRB1 中继信道（配置给 U2N 中继 UE 的）发送到 gNB。之后，远端 UE 的 Uu 接口 RRC 连接建立过程完成。

步骤 5：U2N 远端 UE 和 gNB 按照传统的 Uu 过程交互安全性参数，相关的消息通过中继 UE 转发。

步骤 6：gNB 通过中继 UE 向远端 UE 发送 RRC 重配置消息，用以设置 SRB2/DRBs 用于中继目的。远端 UE 通过中继 UE 向 gNB 发送 RRC 重配置完成消息作为响应。此外，gNB 针对中继 UE 的 Uu 接口设置额外的 RLC 信道，用于中继业务。

当 U2N 远端 UE 通过中继 UE 连接到 gNB 时，RRC_CONNECTED 状态下的 U2N

远端 UE 挂起 Uu 接口上的 RLM 过程。在检测到 Uu 接口的无线链路失败时，中继 UE 可以使用 PC5-RRC 消息连接的 U2N 远端 UE 发送指示，该指示可以触发 U2N 远端 UE 的连接重建。当检测到 PC5 接口的 RLF 时，U2N 远端 UE 可以触发连接重建。

R17 的协议可以支持远端 UE 在 gNB 内和 gNB 间的 RRC 连接重建。U2N 远端 UE 在 RRC 连接重建过程中可以执行以下动作。

① 如果只有合适的 Uu 接口目标，即存在可用小区，则 U2N 远端 UE 向合适的小区发起 RRC 连接重建过程。

② 如果只有合适的 PC5 接口目标，即存在可用中继 UE，则 U2N 远端 UE 向合适的中继 UE 的服务小区发起 RRC 连接重建过程。

③ 如果同时存在合适的小区和合适的中继，则 U2N 远端 UE 可以根据实现选择其中之一来发起 RRC 重建过程。

R17 的协议可以支持远端 UE 的 gNB 内和 gNB 间 RRC 连接恢复过程。如果 U2N 远端 UE 向新 gNB 发起 RRC 连接恢复，则执行传统的获取 UE 上下文过程，即新 gNB 从原来的 gNB 处获取 U2N 远端 UE 的上下文。

对于路径切换流程（从直连切换到非直连，或者从非直连切换到直连），以 U2N 远端 UE 从非直连切换到直连路径的情况举例，如图 8-6 所示，使用以下过程。

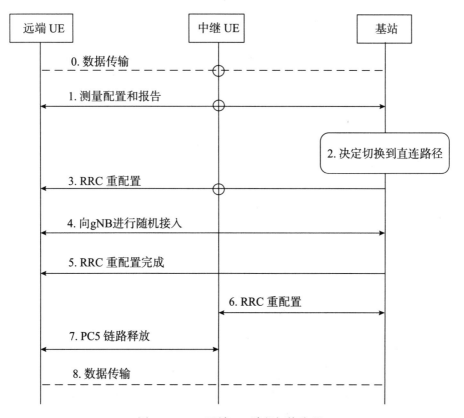

图 8-6 U2N 远端 UE 路径切换流程

步骤 1： 执行 Uu 测量配置和中继链路测量，并上报测量报告信令。其中，当目标小区的链路直连满足配置的事件门限时，U2N 远端 UE 将报告测量报告信令。侧行链路测量报告至少应包括 U2N 中继 UE 身份 ID、服务小区 ID 和侧行链路质量信息。

步骤 2： gNB 决定将远端 UE 切换到直连路径上。

步骤 3： gNB 向 U2N 远端 UE 发送 RRC 重配置消息。从 gNB 接收到 RRC 重配置消息后，U2N 远端 UE 停止通过 U2N 中继 UE 进行用户面和控制面传输。

步骤 4： U2N 远端 UE 与 gNB 同步，进行随机接入。

步骤 5： U2N 远端 UE 使用 RRC 重配置消息中提供的配置，通过目标直接路径向 gNB 发送 RRC 重配置完成。从这一步开始，U2N 远端 UE 将 RRC 连接移动到 gNB。

步骤 6： gNB 向 U2N 中继 UE 发送 RRC 重配置消息，重新配置 U2N 中继 UE 与 gNB 之间的连接。基于 gNB 实现（如释放用于中继的 Uu 和 PC5 接口的 RLC 配置，以及 PC5 接口的 RLC 和 Uu 接口的 RLC 之间的承载映射配置）配置。该步骤可以在步骤 3 之后的任何时间执行。

步骤 7：U2N 中继 UE 或 U2N 远端 UE 均可发起 PC5 单播链路释放（PC5-S）。执行链路释放的时机取决于 UE 的实现。U2N 中继 UE 在步骤 6 接收到 gNB 的 RRC 重配置后，可以执行 PC5 连接重配置来释放 PC5 接口的 RLC 用于中继，或者 U2N 远端 UE 可以执行 PC5 连接重配置来释放 PC5 RLC 用于中继。

步骤 8： 数据路径从非直连路径切换到直连路径。

8.2.2 基于 L3 的侧行中继

基于 L3 的侧行中继包括基本 L3 中继，以及通过 N3IWF 接入的 L3 中继。

如图 8-7 所示为基本 L3 中继的参考架构图。在该架构中，核心网是中继 UE 的核心网，中继 UE 接入网络之后，通过自己与网络之间的连接中转远端 UE 的数据。核心网不需要感知远端 UE 的标识信息，不需要获取远端 UE 的签约信息，远端 UE 在网络中没有进行注册。远端 UE 与数据网络之间的交互都通过中继 UE 的 PDU 会话进行传输。

图 8-7　基本 L3 中继参考架构

中继 UE 支持中转的数据类型包括 IP 类型、以太网类型、非结构化类型。

① 对于 PC5 接口传输为 IP 类型的数据，中继 UE 建立的用于中继的 PDU 会话也是 IP 类型。

② 对于 PC5 接口传输为以太网类型的数据，中继 UE 建立的用于中继的 PDU 会话可以是以太网类型或者是 IP 类型。

③ 对于 PC5 接口传输为非结构化类型的数据，中继 UE 建立的用于中继的 PDU 会话可以是非结构化类型或者是 IP 类型。

远端 UE 通过第 7.2.2 节的配置获知中继 UE 发送的特定中继服务码在 PC5 接口应该使用的数据类型。中继 UE 根据第 7.2.2 节的配置获知为特定中继服务码建立的 PDU 会话的数据类型。

图 8-8 所示为通过 N3IWF 接入的 L3 中继的参考架构图。在该架构中，中继 UE 接入网络之后建立 PDU 会话，远端 UE 通过中继 UE 的 PDU 会话接入到 N3IWF，通过 N3IWF 以 non-3GPP 的方式注册到远端 UE 自己的核心网中。远端 UE 通过中继 UE 的 PDU 会话及 N3IWF，在远端 UE 自己的核心网中建立 PDU 会话，从而通过远端 UE 自己的 PDU 会话将数据发送到数据网络。

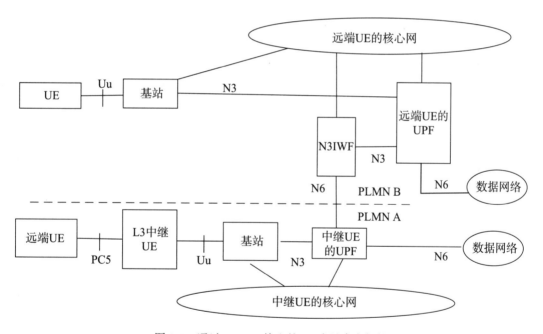

图 8-8　通过 N3IWF 接入的 L3 中继参考架构

远端 UE 通过第 7.2.2 节的配置获知中继 UE 发送的特定中继服务码是否支持 N3IWF 方式的接入。如果远端 UE 希望选择自己家乡 PLMN 的 N3IWF，则使用第 7.2.2 节的配置中家乡 PLMN 的 N3IWF 标识，否则远端 UE 可以构造基于 TAI 的 FQDN 或者基于运营商标识的 FQDN 进行 N3IWF 的选择。当远端 UE 使用特定的中继服务码接入中继 UE 时，中继 UE 根据第 7.2.2 节的配置确定中继 UE 对应的 PDU 会话的参数。

UE 与网络之间侧行中继的发现对于 L2 中继和 L3 中继是通用的。中继发现依赖于中继服务码。远端 UE 和中继 UE 上根据第 7.2.2 节的描述，已经配置了中继服务码，以及每个中继服务码用于 L2 中继或者 L3 中继的指示，此外，根据实现方式不同，中继服务码还可以用于识别使用中继服务的用户身份以及用于选择不同的安全策略，如配置给警务人员和配置给消防队员时采用不同的中继服务码。支持多个中继服务码的中继 UE 可以使用多个发现消息指示自己所支持的多个中继服务码，每个中继服务码使用一条单独的发现消息。

中继发现支持模式 A 和模式 B 两种发现方式。

消息类型为中继发现附加信息的发现消息还可以用于发送不直接用于中继发现的附加信息。

图 8-9 所示为模式 A 的中继发现流程。

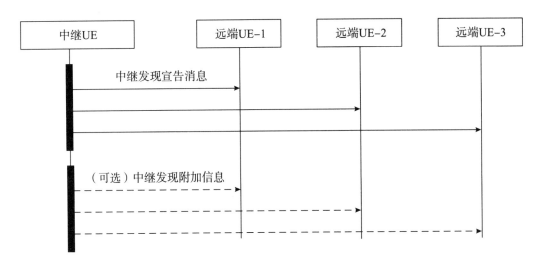

图 8-9　中继发现模式 A

中继 UE 发送的中继发现宣告消息中包括消息类型、中继 UE 的应用层标识、中继服务码。对于 L2 中继的情况，该消息中还包括 L2 中继 UE 当前所处的小区信息和 NR 小区全球标识（NR Cell Global Identity，NCGI），用于 L2 远端进行中继 UE 的选择。

中继发现宣告消息所使用的源 Layer-2 ID 和目标 Layer-2 ID 携带在 Layer-2 帧结构中。其中源 Layer-2 ID 由中继 UE 分配，目标 Layer-2 ID 根据第 7.2.2 节的配置确定。

监听 UE 根据第 7.2.2 节的配置确定需要监听的目标 Layer-2 ID，从而监听感兴趣的业务对应的中继服务码并进行中继 UE 的选择。

可选的，中继 UE 还可以广播中继发现附加信息消息，其中包括中继服务码、中继 UE 的应用层标识、L3 中继 UE 当前所处的小区信息 NCGI、位置跟踪区信息 TAI。L3 中继 UE 当前所处的小区信息 NCGI 可以用于远端 UE 提供给应用层使用，L3 中继 UE 当前所处的位置跟踪区信息 TAI 可以用于 L3 远端 UE 选择 N3IWF。

图 8-10 所示为远端 UE 触发中继 UE 广播中继发现附加信息的流程。

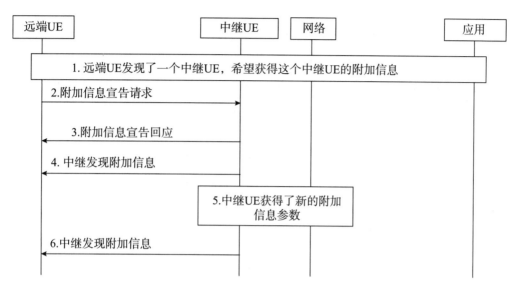

图 8-10 中继发现附加信息流程

当远端 UE 已经发现了一个中继 UE，并且希望获得这个中继 UE 附加信息的情况时，远端 UE 向中继 UE 发送附加信息宣告请求消息。

中继 UE 使用附加信息宣告回应消息回复远端 UE，回应消息中包括附加信息宣告定时器。在附加信息宣告定时器过期之后，如果远端 UE 还需要获取这个中继 UE 的附加信息，则重复向中继 UE 发送附加信息宣告请求消息。

中继 UE 使用图 8-9 中描述的方式周期性地广播中继发现附加信息消息，期间如果附加信息有改变，则不考虑周期立即广播中继发现附加信息消息，之后再进行周期性广播。如果附加信息宣告定时器过期之后中继 UE 没有从任何 UE 收到附加信息宣告请求消息，则停止中继发现附加信息的广播。

图 8-11 所示为模式 B 的中继发现流程。

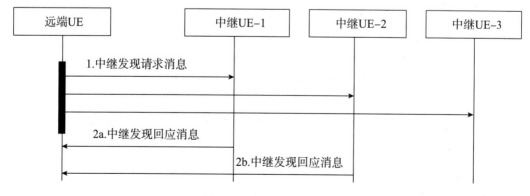

图 8-11 中继发现模式 B

远端 UE 发送的中继发现请求消息中包括消息类型、远端 UE 的应用层标识、中继服务码。

中继发现请求消息所使用的源 Layer-2 ID 和目标 Layer-2 ID 携带在 Layer-2 帧结构中。其中源 Layer-2 ID 由远端 UE 分配，目标 Layer-2 ID 根据第 7.2.2 节的配置确定。中继服务码为远端 UE 所感兴趣的业务对应的中继服务码。

中继 UE 根据第 7.2.2 节的配置确定需要监听的目标 Layer-2 ID。

可以匹配中继发现请求消息中的中继服务码的中继 UE 向远端 UE 发送回应消息，回应消息中包括消息类型、中继 UE 的应用层标识、中继服务码。

回应消息的源 Layer-2 ID 由中继 UE 分配，目标 Layer-2 ID 为中继 UE 收到的请求消息的源 Layer-2 ID。

基本 L3 中继的链路建立流程如图 8-12 所示。

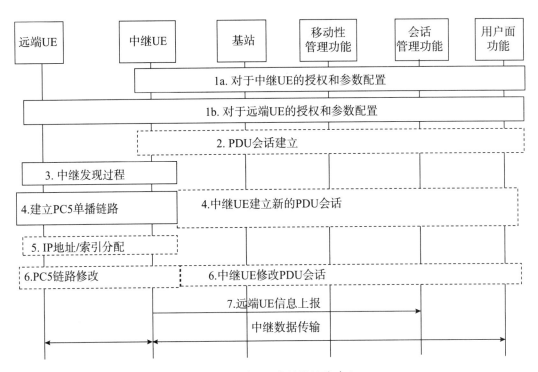

图 8-12　基本 L3 中继的链路建立

步骤 1 中，中继 UE 和远端 UE（如第 7.2.2 节描述）分别获得用于中继通信的授权和参数配置。

步骤 2 为可选步骤，允许中继 UE 在与远端 UE 建立 PC5 连接之前预先建立用于中继的 PDU 会话。

步骤 3 中，远端 UE 如图 8-9、图 8-11 描述的过程发现中继 UE，并且获得了中继 UE 所支持的中继服务码。

步骤 4 中，远端 UE 选择中继 UE 并且向选择的中继 UE 发起 PC5 单播链路的建立。在该步骤中，远端 UE 根据步骤 3 的发现过程获得中继 UE 用于接收直接通信请求消息的目标 Layer-2 ID。

远端 UE 向中继 UE 发送的直接通信请求消息中包括远端 UE 的应用层标识、中继 UE 的应用层标识、中继服务码、安全信息。

中继 UE 判断自己符合直接通信请求消息中的中继 UE 的应用层标识、中继服务码，则同意与远端 UE 建立 PC5 连接。

中继 UE 确定是否需要建立自己与网络之间对应于该中继服务码的 PDU 会话，如果需要，则在 PC5 连接建立完成之前首先进行 PDU 会话的建立。

根据 PC5 连接上的数据类型及 PDU 会话类型，中继 UE 对数据的中继方式分为以下几种。

① 对于 PC5 接口上是 IP 类型，Uu 接口上的 PDU 会话也是 IP 类型的情况，中继 UE 作为 IP 路由器的角色。对于 IPv4，中继 UE 还要执行网络地址转换（Network Address Translation，NAT）功能，进行 PDU 会话过程中中继 UE 所使用的 IP 地址和 PC5 接口上分配给远端 UE 的 IP 地址之间的转换。

② 对于 PC5 接口上是 Ethernet 类型，Uu 接口上的 PDU 会话也是 Ethernet 类型的情况，中继 UE 作为 Ethernet 交换机的角色。

③ 对于 PC5 接口上是非结构化类型，Uu 接口上的 PDU 会话也是非结构化类型的情况，中继 UE 进行 PC5 连接和 PDU 会话的一一映射，以及 PC5 QoS 流和 Uu QoS 流的一一映射，从而进行数据的路由。

④ 对于 PC5 接口上是 Ethernet 类型或者非结构化类型，Uu 接口上的 PDU 会话是 IP 类型的情况，中继 UE 本地为远端 UE 分配一个 IP 地址或者 IP 前缀，使用这个 IP 地址或者 IP 前缀，通过 Uu 接口上的 PDU 会话进行数据传输。

步骤 5 中，对于 PC5 接口上是 IP 类型，Uu 接口上的 PDU 会话也是 IP 类型的情况，中继 UE 向远端 UE 发送分配给远端 UE 的 IP 地址或者 IP 前缀。

步骤 6 中，远端 UE 可以向中继 UE 提供包括业务数据流过滤器（如 IP 五元组）及 PC5 QoS 流信息的 PC5 QoS 规则，用于中继 UE 产生 Uu 接口使用的业务数据流过滤器，从而进行 PDU 会话的修改，确定用于传输业务数据流的 PDU 会话中的 QoS 流。

步骤 7 中，中继 UE 向核心网中的会话管理网元汇报 PDU 会话中所传输中继数据对应的远端 UE 的信息，其中包括远端 UE 的应用层标识。对于 IP 类型的 PDU 会话，还包括为这个远端 UE 所分配的 IP 地址信息；对于 Ethernet 类型的 PDU 会话，包括远端 UE 的 MAC 地址。

通过 N3IWF 接入的 L3 中继的链路建立流程如图 8-13 所示。

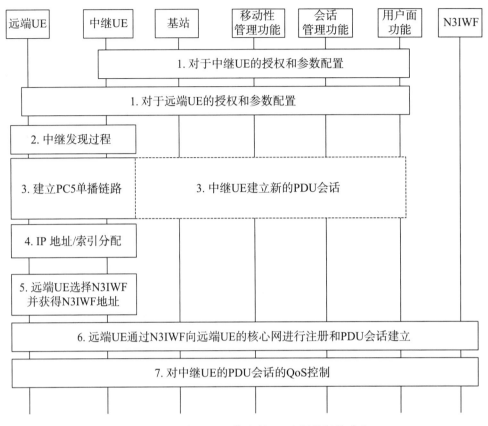

图 8-13　通过 N3IWF 接入的 L3 中继的链路建立

步骤 1 中，中继 UE 和远端 UE（如第 7.2.2 节描述）分别获得用于中继通信的授权和参数配置。

步骤 2～4 中，远端 UE 根据第 7.2.2 节描述的中继通信配置及 UE 路由选择策略（UE Route Selection Policy, URSP）规则确定采用 L3 中继和 N3IWF 进行通信，并同图 8-12 步骤 3～5 的描述与中继 UE 建立 PC5 连接。

步骤 5 中，远端 UE 选择 N3IWF 并且获得 N3IWF 地址。如果远端 UE 需要使用的是家乡网络的 N3IWF，则使用第 7.2.2 节描述的 N3IWF 选择参数配置，确定 N3IWF 的地址。如果需要使用的不是家乡网络的 N3IWF，则远端 UE 构建基于 TAI 的 N3IWF FQDN 或者基于运营商标识的 N3IWF FQDN 用于确定 N3IWF 的地址。中继 UE 如图 8-9 描述的广播中继发现附加信息，用于辅助远端 UE 进行 N3IWF 的选择。

步骤 6 中，远端 UE 通过 N3IWF 向远端 UE 的核心网进行注册和建立 PDU 会话。远端 UE 与 N3IWF 之间的信令交互是作为中继 UE 所建立的 PDU 会话的用户面数据进行传输的。

步骤 7 中，远端 UE 的核心网为远端 UE 建立 QoS 流，从而 N3IWF 将 IPSec 隧道对应的 QoS 信息、差分服务代码点（Differentiated Services Code Point, DSCP）信息等发送

给远端 UE, 远端 UE 可以将这些信息及包括 N3IWF 地址的业务数据流过滤器发送给中继 UE, 中继 UE 可以进一步根据收到的信息进行中继 UE 的 PDU 会话的修改, 以提供对应的 QoS 控制。

| 8.3 小 结 |

本章对 LTE 系统及 NR 系统中支持的侧行链路中继进行了详细介绍, 包括侧行链路中继的参考架构、协议栈、中继发现、连接建立流程等, 也对不同侧行链路中继方式的效果和对设备的影响进行了分析, 希望通过本章使读者对侧行链路中继有一个较为全面的了解。

第 9 章
非授权频谱上的侧行通信（SL-U）

丁　伊　赵振山　张世昌

本章将介绍非授权频谱上侧行通信（Sidelink Over Unlicensed Spectrum，SL-U）的预期应用场景和技术需求，另外，会根据现阶段中国通信标准化协会（China Communications Standards Association，CCSA）研究课题的讨论进展，给出物理层与高层可能考虑的增强技术，为 R18 侧行通信技术的演进提供可选方向。

│ 9.1　SL-U 应用场景和技术需求 │

近来，万物互融的大背景催生出了多种新的应用场景，如家庭异构场景、个人 PIoT 通信场景、车联网增强场景、工业物联网增强场景和公共服务类场景等，这些场景中的设备之间存在广泛的直接通信需求，SL-U 作为一种新型的无线通信技术，有望很好地满足这些通信需求。下面对 SL-U 预期应用的场景进行一些介绍和描述。

9.1.1　家庭异构网络场景

伴随着 5G 网络的大规模商用，移动通信行业也正在朝着万物互融、泛在连接的方向快速发展。通信技术也正从满足人与人的通信，向满足人与物、物与物通信的方向上不断增强。伴随着通信产业的蓬勃发展，正在不断催生出新的应用场景和新的业务需求，家庭异构网络就是近年新出现的一个重要的通信场景。家庭异构网络的业务应用包含有 VR/AR、智能电视、无线投屏、远程视频家庭聚会、家庭内游戏、远程办公、远程教育、远程医疗、家庭视频监控、门禁控制、烟雾传感器、智慧家电、服务机器人、传感器控制等。

图 9-1 所示为智慧家庭中可能存在或发生的一些场景和业务。其中家庭场景内一些主要业务的通信技术指标详见表 9-1。

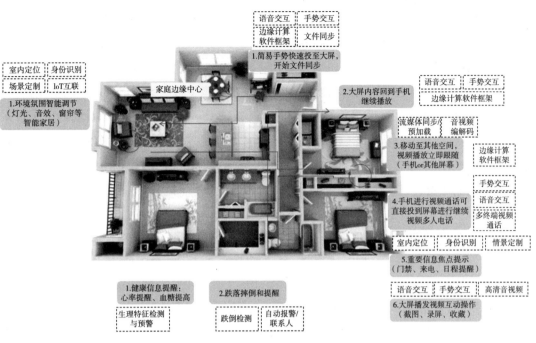

语音交互　手势交互

边缘计算
软件框架　文件同步

1.简易手势快速投至大屏，
开始文件同步

室内定位　身份识别

场景定制　IoT互联

1.环境氛围智能调节
（灯光、音效、窗帘等
智能家居）

家庭边缘中心

2.大屏内容回到手机
继续播放

语音交互　手势交互

边缘计算软件框架

流媒体同步
预加载　音视频
编解码

3.移动至其他空间，
视频播放立即跟随
（手机or其他屏幕）

边缘计算
软件框架

手势交互

语音交互

4.手机进行视频通话可
直接投到屏幕进行继续
视频多人电话

多终端视频
通话

室内定位　身份识别　情景定制

5.重要信息焦点提示
（门禁、来电、日程提醒）

1.健康信息提醒：
心率提醒、血糖提高

2.跌落摔倒和提醒

语音交互　手势交互　高清音视频

生理特征检测
与预警

跌倒检测

自动报警/
联系人

6.大屏播发视频互动操作
（截图、录屏、收藏）

图 9-1　家庭异构网络场景

表 9-1　家庭异构网络场景内主要业务

	家庭宽带上网	无线家庭娱乐	AR/VR	高清视频	手机投屏、视频通话、	远程医疗	情景智能
业务内容	互联网浏览、流媒体下载、AR远程办公、远程会议、远程课堂	4K/8K 高清视频、VR 游戏、多人游戏	VR 场景模拟、增强现实、场景实时渲染，沉浸式交互式体验	智慧大屏观影、家庭远程聚会、安全视频监控	高清视频投屏、视频通话	远程诊断、远程内窥镜、远程超声波、远程图像实时监控、远程手术	人脸识别、手势识别、姿态识别、语音识别
通信技术指标需求	传输速率20Mbit/s，端到端时延 100ms	传输速率100～200Mbit/s，端到端时延20～40ms	传输速率100～500Mbit/s，端到端时延低于20ms	传输速率20Mbit/s，端到端时延 50ms	传输速率50～100Mbit/s，端到端时延50ms	传输速率50～100Mbit/s，端到端时延低于 20ms	传输速率不高于10Mbit/s，端到端时延20ms
家庭内设备	家庭智能网关、CPE、智能手机、笔记本电脑、PAD、智能电视	家庭智能网关、CPE、智能手机、智能电视、游戏机、无线耳机	AR/VR 眼镜或头盔、家庭智能网关、CPE、智能手机、笔记本电脑	智能电视、无线监控高清摄像头、家庭智能网关、CPE	家庭智能网关、智能手机、智能电视、PAD	无线医疗诊断设备、人体健康监测传感器、智能手机、家庭智能网关	家庭智能网关、高清智能摄像头、智能传感器

家庭异构网络内部的一部分业务需求，是家庭内部的设备与外部公共网络之间通信，但更大一部分的业务需求是在家庭内部的设备之间的数据传递。比如 VR/AR 业务，计算机或手机会与 VR 头显或 AR 眼镜直接通信；比如手机上有来电接入，可以通过平板电脑或笔记本电脑进行电话接听；又比如无线投屏，是智能手机与智能电视之间的数据传输。这些设备间的直连通信对无线传输带宽和传输时延都有极高的要求。针对这类发生在家庭场景内的数据传输，采用 SL-U 通信技术是非常好的解决方案，既可以提高无线资源利用效率，保证数据通信的最低时延，又可以避免 Wi-Fi 通信方式中出现的通信数据经过 AP 节点的数据迂回。

9.1.2　XR 交互式业务通信场景

AR/VR/XR 是被业界公认的 5G 杀手级应用，且近些年来得到蓬勃发展，并被广泛应用到多个行业和场景。AR/VR/XR 除了会应用在家庭场景外，还会广泛应用于如多人游戏、虚拟课堂、本地虚拟会议、职业技能培训、社交网络等多个场景。另外，由于 2019 年新冠疫情暴发以及在 2021 年脸书公司（Meta）首次提出了元宇宙的概念，清华大学新闻学院沈阳教授这样定义元宇宙："元宇宙是整合多种新技术而产生的新型虚实相融的互联网应用和社会形态，它基于扩展现实技术提供沉浸式体验，以及数字孪生技术生成现实世界的镜像，通过区块链技术搭建经济体系，将虚拟世界与现实世界在经济系统、社交系统、身份系统上密切融合，并且允许每个用户进行内容生产和编辑。"[31] 简而言之，元宇宙需要通过虚拟现实技术以及超高速的网络通信，使人们能够在虚拟世界实现各种社会活动。这一应用场景极大地加快了 AR/VR/XR 的硬件部署。但为了能够在 AR/VR/XR 中获得最佳的使用体验，AR/VR 眼镜需要支持 4K 或甚至 8K 的视频清晰度，否则会使用户产生 3D 眩晕等负面使用体验。具体地，基于文献 [32] 中所定义的交互式业务、VR/AR 业务的通信需求指标详见表 9-2。

表 9-2　VR/AR 通信需求指标

使用案例	特征参数 (KPI)			受影响指标		
	最大端到端时延	服务比特率：满足用户体验的数据率	可靠性	终端数	终端速度	服务范围
游戏或数据交互	10ms [1]	0.1 ～ [1] Gbit/s 支持高达 4K、8K 分辨率 120fps 的可观内容（例如，用于 VR 播放的高解析度视频）	99.99% [1]	≤ [10]	静止或行人	20×10 m；在一辆汽车（120km/h）或火车内（500km/h）

续表

使用案例	特征参数 (KPI)			受影响指标		
	最大端到端时延	服务比特率：满足用户体验的数据率	可靠性	终端数	终端速度	服务范围
VR 头戴设备的消费 VR 内容[2]	[5 ～ 10] ms	0.1 ～ [10] Gbps	[99.99%]	—	静止或行人	—

注：① 时延与可靠性相关的性能指标可随使用场景与系统架构的变化而不同。
② VR 头带设备的解码能力与数据流的编解码复杂度会使 VR 头戴设备和其连接终端之间的所需波特率在 100M ～ 10Gbit/s，时延在 5 ～ 10ms。

可以看出，XR 交互式业务在设备与设备之间有大量的通信需求，由于多媒体视频流类的业务具有非常高的速率和时延的指标要求。例如，高像素、高帧率的 3D 视频流、6DoF 的 VR/AR 头显业务，对传输的峰值速率的要求最高可达几百 Mbit/s，端到端时延要求低于 10ms。因此，为了支持此类视频内容的无线传输，需要极高的数据吞吐率。反映到无线网络资源上，使用越宽的通信频段即可支持更高的数据传输率，因此，更大带宽的无线资源是保证该类型业务正常交互的前提。但由于运营商的授权频谱带宽受限且成本高，很难满足这种本地化高速率的交互式业务需求，因此，采用工作在非授权频谱上的侧行传输机制，在这种场景下是非常合适的通信方式。

9.1.3　车联网增强场景

智能网联汽车（V2X）的主要应用分为基本安全应用和高级车辆应用两种。优先满足汽车辅助驾驶等的基本安全应用被具体定义在 R14 与 R15 LTE V2X 的相关标准协议中。目前 3GPP 对 LTE-V2X 和 NR-V2X 车联网应用侧行通信的频谱为 ITS 专用频谱，但 ITS 专用频谱带宽往往比较有限，另外，目前标准虽然允许 V2X 业务工作在 Uu 频谱上，但由于 V2X 业务存在计费困难的运营问题，导致运营商无法明确如何通过 V2X 业务直接获得收益，因此运营商在进行商业部署时一般不会考虑允许 V2X 业务工作在 Uu 频段。而 NR-V2X 系统在 LTE-V2X 基础上需要支持更多的高级业务，如扩展传感器应用、车辆编队、远程驾驶、和自动驾驶等业务应用。在扩展传感器应用中，车辆、路侧设备、行人等会把本地传感器（摄像头，毫米波雷达、激光雷达等）感知的信息进行分享，扩展车辆检测更远道路的能力，尤其在盲点交叉路口或恶劣天气状况下，更能体现其相对本地传感器的优势。通过 NR-V2X 技术可以进一步实现和增强多维度自动化，如感知、规划、定位、意图共享和传感器信息，也会对自动驾驶规划的路线信息进行共享等。

这些先进应用也会对无线传输速率和超高数据速率信息共享提供更高要求。

在参考文献 [5] 中定义了 NR-V2X 的先进驾驶和扩展传感器业务的通信指标，详见表 9-3。

表 9-3　不同级别自动驾驶的车联网扩展传感器的性能需求

通信场景		有效载荷 (B)	发送频率（消息条数 /s）	最大端到端时延 (ms)	可靠性 (%)	数据率 (Mbit/s)	最小通信范围 (m)
场景	自动驾驶级别						
支持 V2X 应用终端之间的传感器信息共享	较低级别自动驾驶	1600	10	100	99		1000
	较高级别自动驾驶			10	95	25	
				3	99.999	50	200
				10	99.99	25	500
				50	99	10	1000
				10	99.99	1000	50
支持 V2X 应用终端之间的视频信息共享	较低级别自动驾驶			50	90	10	100
	较高级别自动驾驶			10	99.99	700	200
				10	99.99	90	400

可以看到，扩展传感器业务的数据速率要求高达 1Gbit/s，只依靠 ITS 频谱很难支持如此高的数据速率，所以车联网（V2X）未来高级业务应用也是潜在的 SL-U 的重要的应用场景。非授权频谱相比 ITS 频谱具有频谱带宽的巨大优势，特别是 FR2 的毫米波频段，包括扩展传感器信息交互、距离探测等都可以通过工作在非授权频谱上的侧行链路承载。实际应用时，车辆或手持终端设备可以独立在非授权频谱上进行通信，也可以通过 ITS 频谱的辅助在非授权频谱上进行通信，从而进一步提高数据传输的可靠性，如图 9-2 所示。

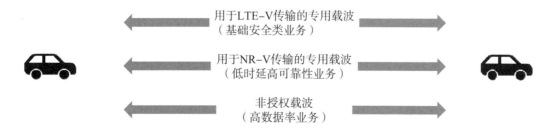

图 9-2　车联网通信的载波使用方式

9.1.4　智能工厂自动化场景

3GPP 在 R16 版本中针对智能工厂自动化的场景，设立了 IIoT&URLLC(Industrial Internet of Things & Ultra-Reliable and Low Latency Communications) 项目，目标是用无线传输取代工厂的有线连接，满足低时延和高可靠性的无线传输能力，关键技术指标是支持 1μs 的时间同步精度、0.5ms 的空口时延，以及 99.999% 的数据可靠性传输（见图 9-3）。IIoT&URLLC 项目是基于基站与终端之间的 Uu 接口通信方式，仅支持单播通信，不能支持广播和组播类的通信方式。

图 9-3　智能工厂 IIoT 示意图

考虑到智能工厂中自动化控制过程中，一种典型的业务应用需求是可编程逻辑控制器（Programmable Logic Controller，PLC）与大量的工业传感器（Sensor）直接进行数据通信。首先传感器需要将采集到的数据上传给 PLC，PLC 也需要对传感器发送统一的控制命令等。因此 PLC 与 Sensor 之间既有点到点通信模式，也有点到多点的广播或组播通信模式。因此，基于 PLC 与 Sensor 之间通信业务模型，PLC 可以作为一个终端类设备，与工业传感器组成一个无线通信局域网，采用侧行通信机制是非常合适的。由于工厂内频谱使用的是一个相对可控的环境，可以避免其他无线接入技术（Radio Access Technology，RAT）的干扰，侧行通信等效地工作在一个专用的非授权频谱上，通信的可靠性也可以得到保证。另外，与其他场景有所区别的是，针对智能工厂自动化场景，存在大量终端设备同时进行通信的需求，为了避免设备与设备之间的通信产生干扰，在合理调度的基础上，增大通信资源带宽也是一个有效的问题解决方式。因此，针对智能工厂，使用大带宽的非授权频谱也是非常合适的。

| 9.2 SL-U 系统架构 |

SL-U 通信技术的设计基于目前已有的 NR-V2X 通信技术，即 3GPP R16 和 R17 已经标准化的 NR-V2X 通信技术，同时考虑共享频谱上存在其他 RAT 技术工作的情况，需要设计相应的信道接入，以及资源监听、资源抢占、资源分配等机制才能保证在非授权频谱上通信的高效性。

SL-U 系统架构中支持所有通信的终端组成一个通信群组 Cluster，其中通信群组成员是（Cluster Member，CM），通信群组中央控制节点是 Cluster Header（CH）；如果需要网络设备参与通信，则要包含 5G 蜂窝基站 gNB。考虑通信群组内终端节点功能属性的差异性，以及通信过程是否有网络设备参与这两个维度，即分布式架构与集中式架构，SL-U 系统的架构可以分为以下四种方式。

① CM only 架构：仅存在通信群组成员 CM。

② CH+CM 架构：同时存在通信群组成员 CM 与群组中央控制节点 CH。

③ gNB+CM 架构：在基站参与的环境下仅存在通信群组成员 CM。

④ gNB+CH+CM 架构：在基站参与的环境下同时存在通信群组成员 CM 与群组中央控制节点 CH。

9.2.1 CM only 架构

CM only 的系统架构类似于 NR V2X 中定义的模式 2 工作模式（见图 9-4），群组内所有通信的终端的角色相同，都是平等的通信群组成员，没有中央控制节点 CH 角色。用户进行数据传输前，需要先通过先听后说（Listen-Before-Talk，LBT）机制竞争资源，如果 LBT 不成功则不能进行数据发送。如果用户 LBT 成功，则可以通过侦听资源池内的资源使用情况，按照侧行通信系统的资源选择机制进行数据传输，同时也可以给本群组内的其他终端共享信道占用时间（Channel Occupation Time，COT）。没有发起数据传输的终端需要进行类似现有通信系统中的信道侦听（Sensing）机制。

由此可见，相比现有 NR-V2X 的工作机制，SL-U 中 CM only 架构工作模式的主要差别包含两方面：首先增加了非授权频谱上的 LBT 机制，其次就是获得资源的用户可以为其他用户进行 COT 资源的共享，通过 COT 资源共享获取传输资源的用户进行数据传输时可以简化 LBT 过程（详见第 9.3.2 节相关内容），这样可以提高传输效率，降低传输时延。

图 9-4　CM only 系统架构示意图

9.2.2 "CH + CM" 架构

"CH + CM" 架构如图 9-5 所示。该架构相比 CM only 架构而言的区别是，通信群组内有 CM 和 CH 两种不同角色的用户类型，其中 CM 是普通成员用户，而 CH 则是通信群组中的中央控制节点。CH 具有资源分配和调度的功能，可以为群组内其他的普通成员用户（CM）分配侧行链路上的传输资源，CH 相比 CM 具有以下额外功能。

① 给组内成员用户提供同步信号。

② 通信群组的管理：如组建立、组内成员添加、组内成员释放等。

③ 给组内成员用户广播配置资源池等。

④ 给组内成员用户分配、调度传输资源。

⑤ 给组内成员用户共享信道占用时间（COT）。

在 "CH+CM" 架构下，针对 CH 对 CM 的控制力度等级，可以有以下的进一步划分。

① 中央控制节点 CH 的角色与 NR-V2X 中模式 1 工作模式中的 gNB 类似，但区别是 CH 本身是一个终端，与 CM 之间的通信是通过侧行链路，而不是 Uu 链路。CM 可以向 CH 发送侧行链路的 SR 请求或 SL 的 BSR 请求，CH 可以为 CM 分配动态调度资源或半静态资源。由于 CM 的传输资源是通过中央控制节点 CH 统一分配和统一调度的，CM 可以不需要做持续的信道侦听（Sensing）过程，既可以降低资源预留导致的一定概率的资源浪费，又可以避免通信群组内 CM 之间资源选择过程中可能发生的资源冲突。当然，由于当前侧行通信是工作在非授权频谱上，因此 CH 做资源调度前和 CM 发送调度请求 SR/ 缓存状态报告 BSR 请求前，也都是需要先确保 LBT 成功。

② 中央节点 CH 的角色与 NR-V2X 中处于 RRC 空闲态 / 非活跃态的终端类似，但

区别是 CH 本身是一个终端，与 CM 之间的通信是通过侧行链路，而不是 Uu 链路。当终端处于 RRC 空闲态 / 非活跃态时，终端可以通过基站系统广播消息获得侧行链路资源池与承载相关的配置，进一步通过信道侦听在资源池内获取通信资源。类似的，在这种 CH+CM 架构内，CH 可以通过组播的方式，向组内的 CM 下发资源池相关的配置，但有所区别的是，该资源池配置可能是对于此通信群组的专用配置。进一步的，CM 终端仍然需要通过模式 2 侦听资源池以获取通信资源。

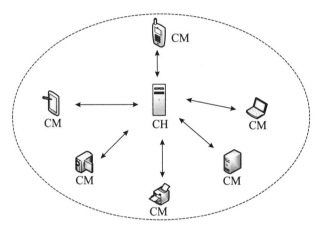

图 9-5　CH+CM 系统架构示意图

CH+CM 这种系统架构非常适用于家庭异构网络场景，如家庭网络中的智能网关或 CPE 担任中央控制节点 CH 的角色，家庭局域网内的通信设备工作在 CM 角色，CH 根据整个通信群组内所有 CM 用户通信业务需求进行整体的协调和调度，最大化降低资源冲突，确保通信效率最高。

9.2.3　gNB + CM 架构

gNB+CM 架构如图 9-6 所示。该架构等价于 NR-V2X 中的模式 1 工作模式，通信用户 CM 在蜂窝信号覆盖的条件下，在非授权频谱上进行侧行链路的通信。gNB 可以通过 Uu 接口为 CM 提供同步信号、广播信号、动态调度资源（Dynamic Grant，DG）配置或半静态资源（Configured Grant，CG）配置。CM 用户在数据传输前，需要先进行 LBT 操作，LBT 成功后再基于 gNB 配置的 CG 或 DG 资源进行数据传输。CM 之间的单播通信可以通过侧行链路完成 ACK/NACK 反馈过程，发送终端再通过 Uu 接口向 gNB 反馈 ACK/NACK，接下来 gNB 来决策发送终端在侧行链路上的 HARQ 的重传资源。

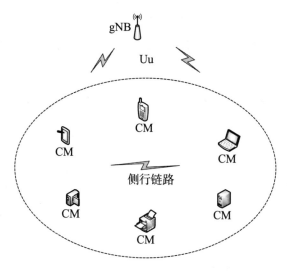

图 9-6 gNB+CM 系统架构示意图

对比 CH+CM 架构和 gNB+CM 架构，CM 成员的资源选择都是被分配和被调度的，避免了通过信道侦听（Sensing）机制选取资源时可能发生的 CM 之间的资源碰撞，也降低了资源预留可能导致的资源浪费；但 gNB+CM 架构由于要求 CM 具备在 Uu 和侧行两个链路上具有通信能力，因此对 CM 能力要求更高，另外 gNB 设备的存在还需要接入核心网，对整个组网的环境要求会更高。而 CH+CM 架构中 CM 仅需要支持侧行链路的通信能力，因此终端设备的成本会更低，另一方面，这种架构的优势在于若 CM 频繁发生 LBT 失败导致无法获取通信资源时，可以通过 Uu 链路向基站上报，基站可以通过在 Uu 载波上进行临时调度，从而保证终端的正常通信。

9.2.4 gNB + CH + CM 架构

把 CH+CM 架构和 gNB+CM 架构融合在一起，就形成了 gNB+CH+CM 架构，如图 9-7 所示。从蜂窝信号覆盖角度来说，CH 和大部分 CM 在蜂窝信号覆盖范围内，CH 的同步信号来于 gNB，CM 的同步信号来自 gNB 或 CH。为了降低对 CM 通信能力的要求，并且考虑基站的负载均衡，CM 的资源可以不通过 gNB 来进行分配，而是采用 CH+CM 架构中的方案，CH 仅接受 gNB 的调度和资源配置。在基站提供的配置基础上，CH 进一步将配置信息提供给 CM 并可以进一步为 CM 进行调度。

在 gNB+CH+CM 系统架构中，可以考虑整个侧行链路通信的资源池由 gNB 通过 Uu 接口配置给中央控制节点 CH。CH 在网络侧配置的统一的资源池内，采用 CH+CM 架构中的方案，给通信群组中每个 CM 进行资源分配。如果中央控制节点 CH 基于接收到的群组内的 CM 的上报的 SL 的 SR/BSR 资源请求总和接近或超过网络侧配置的统一资源池，则 CH 可以通过 Uu 接口向 gNB 申请更大的资源池容量。当然，CH 对 CM 进行资源分配的方式可以结合 CM 的动态业务请求分配 DG 资源，或是周期性业务请求分配 CG 资源。

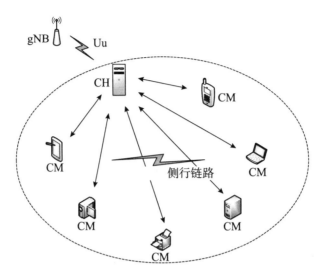

图 9-7　gNB+CH+CM 系统架构示意图

9.3　SL-U 物理层增强

9.3.1　交织资源块

当 NR-SL 技术工作在非授权频谱上时，系统设计需要考虑相关区域的法规需求，例如，对于 5GHz 频段范围内的非授权频谱，欧洲的法规需求包括最小信道占用带宽（Occupied Channel Bandwidth，OCB）以及最大功率谱密度（Power Spectral Density，PSD）的需求。对于 OCB 的需求，终端使用该信道进行数据传输时，所占用的信道带宽不低于一个信道带宽的 80%；对于最大功率谱密度的需求，文献 [33] 中给出了详细规定。针对存在 OCB/PSD 法规需求的区域，现有 NR-SL 的物理层结构难以满足需求，可以考虑基于 NR 的非授权频谱接入（NR-based access to Unlicensed spectrum，NR-U）系统中的交织资源块（Interlaced Resource Block，IRB）结构进行 SL-U 系统的帧结构设计；针对不存在 OCB/PSD 法规需求的区域，可以沿用现有 NR-SL 系统的帧结构设计。

1. NR-U 系统中的 IRB 结构

在 3GPP R16 中对 NR-U 进行了研究，为了满足法规需求并提高传输效率，在 NR-U 中定义了 IRB 的配置方式。一个 IRB 包括频域离散的 N 个 RB，频带范围内共计包括 M

个 IRB，第 *m* 个 IRB 包括的 RB 为 {*m,M+m,2M+m, 3M+m,*···}。

如图 9-8 所示，系统带宽包括 20 个 RB，其中包括 5 个 IRB（即 *M*=5），每个 IRB 包括 4 个 RB（即 *N*=4），属于同一个 IRB 的相邻两个 RB 的频域间隔相同，即相距 5 个 RB。图中方框内的数字表示 IRB 索引。

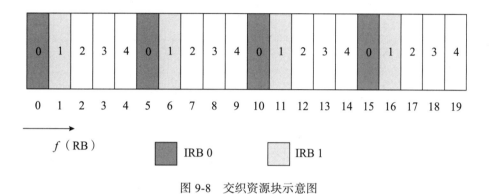

图 9-8 交织资源块示意图

2. 基于 IRB 的 SL-U 系统帧结构

在 SL-U 系统中，如果采用基于 IRB 的资源分配粒度，则 SL-U 系统的 PSCCH 和 PSSCH 等信道都应基于 IRB 结构。此时，SL-U 系统的帧结构如图 9-9 所示。图 9-9 中方框内的数字表示 IRB 索引。图 9-9 是时隙中只包括 PSCCH 和 PSSCH，不包括 PSFCH 的帧结构示意图。图中所示带宽包括 20 个 RB，配置 5 个 IRB 资源，即 *M*=5，每个 IRB 资源包括 4 个 RB，方框中的数字表示 IRB 索引。在图 9-9 中，系统配置 PSCCH 占据 1 个 IRB 资源，时域占据两个 OFDM 符号，PSSCH 以 IRB 为粒度，时隙中的第一个符号为 AGC 符号，最后一个符号为 GP 符号。图中，PSSCH1 占据 IRB#0 和 IRB#1，其对应的 PSCCH1 占据 IRB#0。PSSCH2 占据 IRB#2，其对应的 PSCCH2 也占据 IRB#2。需要说明的是，图 9-9 中为了简化起见没有画出第二阶 SCI 占据的资源以及 PSCCH DMRS 和 PSSCH DMRS 占据的资源。

3. NR-U 系统的资源块集合

按照法规要求，在非授权频谱上每次传输都是以 20MHz 为带宽粒度，而 NR 的设计已经考虑到大带宽和大吞吐量的要求，因此 NR 在非授权频谱中的传输也不应限于一个 20MHz 的带宽，所以 NR-U 系统支持更大的带宽传输，这里的更大带宽指的是数倍于 20MHz 的带宽。

具体的，在 NR-U 系统中终端可以被配置一个大带宽的 BWP，该 BWP 包含了多个 20MHz 的信道带宽，每个 20MHz 带宽在 NR-U 中被称为一个 LBT 子带，且子带和子

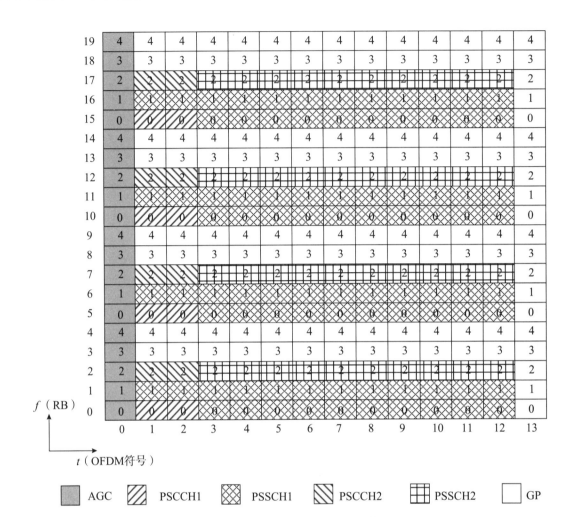

图 9-9　基于交织资源块的帧结构示意图

带间有保护带，如图 9-10 所示。在每个 LBT 子带内包括 M 个 IRB。其中保护带的作用是防止子带间干扰，子带间干扰是由带外能量泄漏 (Out-of-Band Power Leakage) 所引起的，即终端在一个子带上发送的能量会泄露到邻近子带，从而对邻近子带上的传输产生干扰，其中邻近子带上的传输可能来自于同系统的其他终端甚至其他系统的设备。

图 9-10　NR-U 系统 LBT 子带示意图

LBT 子带也称为资源块集合（Resource Block Set，RB Set），NR-U 系统中资源块集合和保护带的配置方式如图 9-11 所示。基站在公共资源块（Common Resource

Block，CRB）基准上先配置一个载波带宽并且在载波带宽内配置一个或多个小区内的保护带，小区内保护带的配置包括起点对应的 CRB 位置和保护带长度。当配置完成后，整个载波带宽被分为了多个资源块集合。最后网络通过配置 BWP，再把资源块集合映射到 BWP 上。NR-U 中网络配置的 BWP 必须包括整数个资源块集合。

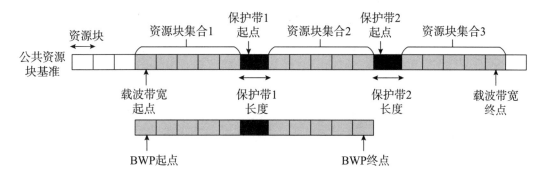

图 9-11　NR-U 系统 BWP 和资源块集合

4. SL-U 系统中 BWP、资源池和资源块集合的关系

与 NR-U 系统类似，SL-U 系统中也需要支持大带宽，在配置 SL-U 系统的 BWP 时，可以重用 NR-U 系统中基于资源块集合的配置方式，一个资源块集合对应非授权频谱中的一个信道（Channel），或者一个资源块集合对应一个 LBT 子带。若侧行 BWP 或资源池的配置中包括部分资源块集合，则当终端在资源池中进行 LBT 时，由于只有部分资源块集合内有侧行传输，因此 LBT 的结果不准确。所以，类似于 NR-U 系统中 BWP 的配置，在 SL-U 系统中配置的侧行 BWP 也需要包括整数个资源块集合，在 BWP 内配置的资源池也包括整数个资源块集合，资源池的频域起始位置和该资源池所包括的多个资源块集合中的第一个资源块集合的频域起始位置相同，资源池的频域结束位置和该资源池所包括的多个资源块集合中的最后一个资源块集合的频域结束位置相同。

如图 9-12 所示，在侧行 BWP 内配置了 3 个保护带，分别对应保护带 0、保护带 1 和保护带 2，这三个保护带分隔了 4 个资源块集合，根据侧行 BWP 的频域起始位置（即图中所示的侧行 BWP 的起点）以及每个保护带的频域起始位置（即图中所示的保护带的起点）和保护带的频域大小（即图中所示的保护带的长度），即可确定每个资源块集合的频域起始位置和结束位置。在该侧行 BWP 内配置了一个侧行资源池，该侧行资源池包括三个资源块集合，即资源块集合 0 ～ 2。因此，该资源池的频域起始位置（即图中所示的资源池的起点）对应于资源块集合 0 的频域起始位置，资源池的频域结束位置（即图中所示的资源池的终点）对应于资源块集合 2 的频域结束位置。

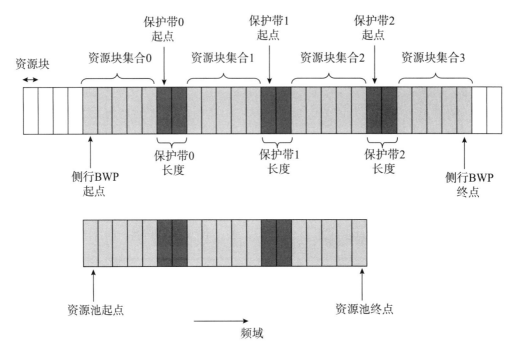

图 9-12　侧行 BWP、资源池和资源块集合示意图

9.3.2　信道接入

通信设备在使用非授权频谱时需要遵循 LBT 的原则，即对一段时间的信道进行监听，若监听结果为信道空闲，则通信设备可以接入信道进行传输。在 NR-U 的标准化进程中，已经设计了基站和终端进行 LBT 的流程与规则。因此，在 SL-U 系统中设计信道接入机制时，应尽可能地重用 NR-U 中设计的 LBT 机制，并针对 SL 系统自身的特征进行优化。

根据前文所述，SL-U 中的 LBT 机制需要以 NR-U 中的 LBT 机制为设计起点。因此，首先介绍一下 NR-U 中的 LBT 机制。NR-U 中的 LBT 主要包括类型 1（Type1）信道接入方式和类型 2（Type2）信道接入方式。Type1 信道接入方式为基于竞争窗口大小调整的随机回退的多时隙信道检测，其中，根据待传输业务的优先级可以选择对应的信道接入优先级（Channel Access Priority Class，CAPC）p。Type2 信道接入方式为基于固定长度监听时隙的信道接入方式。其中，Type2 信道接入方式包括 Type2A 信道接入方式、Type2B 信道接入方式和 Type2C 信道接入方式。Type1 信道接入方式主要用于通信设备发起 COT，Type2 信道接入方式主要用于通信设备在共享信道占用时间内接入信道。

1. NR-U 中的 Type1 信道接入

以基站为例，基站侧的信道接入优先级 p 对应的信道接入参数详见表 9-4。在表 9-4 中，

m_p 是指信道接入优先级 p 对应的回退时隙个数，CW_p 是指信道接入优先级 p 对应的竞争窗口（Contention Window，CW）大小，$CW_{\min,p}$ 是指信道接入优先级 p 对应的 CW_p 取值的最小值，$CW_{\max,p}$ 是指信道接入优先级 p 对应的 CW_p 取值的最大值，$T_{\mathrm{mcot},p}$ 是指信道接入优先级 p 对应的最大信道占用时间长度。

基站可以根据待传输业务的优先级选择对应的信道接入优先级 p，并根据表 9-4 中的信道接入优先级 p 对应的信道接入参数，以 Type1 信道接入方式来获取非授权频谱载波上的信道占用时间。在获取的 COT 内，基站可以连续进行传输也可以进行非连续传输。上述由基站进行 Type1 的 LBT 发起 COT，具体可以包括以下步骤。

① 设置计数器 $N=N_{\mathrm{init}}$，其中 N_{init} 是 0 到 CW_p 之间均匀分布的随机数，执行步骤④。

② 如果 $N>0$，则基站对计数器减 1，即 $N=N-1$。

③ 对信道做长度为 T_{sl}（T_{sl} 表示 LBT 监听时隙，长度为 9μs）的监听时隙检测，如果该监听时隙为空闲，则执行步骤④；否则，执行步骤⑤。

④ 如果 $N=0$，结束信道接入过程；否则，执行步骤②。

⑤ 对信道做时间长度为 T_{d}（其中 $T_{\mathrm{d}}=16+m_p \times 9$μs）的监听时隙检测，该监听时隙检测的结果分为两种情况：一种情况为至少一个监听时隙被占用；另一种情况为所有监听时隙均空闲。

⑥ 如果信道监听结果是 T_{d} 时间内所有监听时隙均空闲，则执行步骤④；否则，执行步骤⑤。

表 9-4　不同信道接入优先级 p 对应的信道接入参数

信道接入优先级 p	m_p	$CW_{\min,p}$	$CW_{\max,p}$	$T_{\mathrm{mcot},p}$	允许的 CW_p 取值
1	1	3	7	2 ms	{3,7}
2	1	7	15	3 ms	{7,15}
3	3	15	63	8ms 或 10 ms	{15,31,63}
4	7	15	1023	8ms 或 10 ms	{15,31,63,127,255,511,1023}

如果信道接入过程结束，那么基站可以使用该信道进行传输，基站可以使用该信道进行传输的最大时间长度不能超过 $T_{\mathrm{mcot},p}$。

在基站开始上述 Type1 信道接入方式的步骤①前，基站需要维护和调整竞争窗口 CW_p 的大小。初始情况下，竞争窗口 CW_p 的大小设置为最小值 $CW_{\min,p}$；在传输过程中，竞争窗口 CW_p 的大小可以根据基站收到的终端反馈的 ACK 或否定应答 NACK 信息，在允许的 CW_p 取值范围内进行调整。如果竞争窗口 CW_p 已经增加为最大值 $CW_{\max,p}$，并且最大竞争窗口 $CW_{\max,p}$ 保持一定次数以后，竞争窗口 CW_p 的大小可以重新设置为最小值 $CW_{\min,p}$。

需要指出的是，当通信设备进行上述 Type1 的 LBT 成功后，如果没有立即接入信道进行数据传输，在此之后通信设备若需要进行传输，则其不需要再次执行上述 Type1 的 LBT，只需进行一次时长较短的 LBT。例如，终端可以仅执行时长为 $T_{sl}+T_d$ 的 LBT，若监听时长内信道均为空闲，则可以接入信道进行传输，否则，通信设备需要再次执行 Type1 的 LBT 才能发起 COT。

2. NR-U 中的 COT 共享

同样以基站为例，当基站 LBT 成功发起 COT 后，除了可以将该 COT 内的资源用于下行传输外，还可以将该 COT 内的资源共享给终端进行上行传输。COT 内的资源共享给终端进行上行传输时，终端可以使用 Type2A 信道接入方式、Type2B 信道接入方式或 Type2C 信道接入方式。

① Type2A 信道接入：终端的信道检测方式为 25μs 的单时隙信道检测。具体的，Type2A 信道接入下，终端在传输开始前可以进行 25μs 的信道监听，并在信道监听成功后进行传输。

② Type2B 信道接入：终端的信道检测方式为 16μs 的单时隙信道检测。具体的，Type2B 信道接入下，终端在传输开始前可以进行 16μs 的信道监听，并在信道监听成功后进行传输。其中，该传输的起始位置距离上一次传输的结束位置之间的空隙大小为 16μs。

③ Type2C 信道接入：终端在空隙结束后不做信道检测而进行传输。具体的，Type2C 信道接入下，终端可以直接进行传输。其中，该传输的起始位置距离上一次传输的结束位置之间的空隙大小为不大于 16μs，并且该传输的长度不超过 584μs。

不同的 COT 共享场景下，应用的信道接入方案也不同。在基站共享的 COT 内发生的上行传输机会，如果该上行传输机会的起始位置和下行传输机会的结束位置之间的空隙小于或等于 16μs，则终端可以在该上行传输前进行 Type2C 信道接入；如果该上行传输机会的起始位置和下行传输机会的结束位置之间的空隙等于 16μs，则终端可以在该上行传输前进行 Type2B 信道接入；如果该上行传输机会的起始位置和下行传输机会的结束位置之间的空隙等于 25μs 或大于 25μs，则终端可以在该上行传输前进行 Type2A 信道接入。另外，基站获得的 COT 内可以包括多个上下行转换点。当基站将自己获得的 COT 共享给终端进行上行传输后，在该 COT 内基站也可以使用 Type2 信道接入方式，如 Type2A 信道接入方式进行信道监听，并在信道监听成功后重新开始下行传输。如图 9-13 所示为基站侧 COT 共享的一个示例。

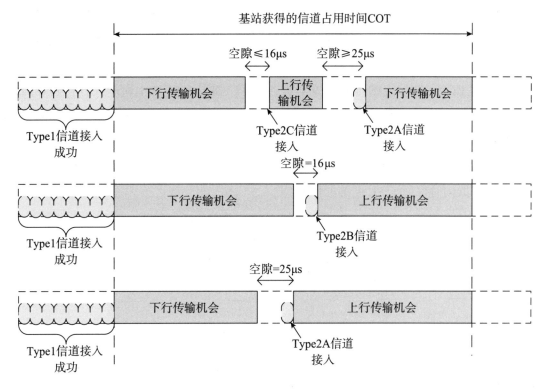

图 9-13　基站侧的信道占用时间共享

在 NR-V2X 系统中，终端进行侧行数据传输的资源可以由基站分配（模式 1 资源分配，可参照第 4.1 节和第 4.2 节相关内容）或由终端基于资源侦听结果自行确定（模式 2 资源选择，可参照第 4.3 节相关内容），这两种资源分配方式可以在 SL-U 中重用。然而，在 SL-U 系统中，当终端确定侧行传输资源后，在其进行传输前同样需要执行 LBT，若 LBT 成功则可以进行传输，否则无法在确定的资源上传输数据。在后一种情况下，可以考虑放弃传输或者触发资源重选等操作。参照前文中介绍的 NR-U 中的 LBT 方式，在 SL-U 中同样可以支持终端进行 Type1 的 LBT 发起 COT 进行传输，也可以支持终端将获取的 COT 共享给其他终端，便于其他终端利用 Type2 的 LBT 接入信道。接下来，我们分别介绍上述两种方式。

3. SL-U 中的 Type1 信道接入

当终端在确定的侧行资源前进行 Type1 的 LBT 接入信道时，开始执行 Type1 信道接入的时间点是需要解决的问题。根据前文中的介绍，在 Type1 的 LBT 中，终端根据信道接入优先级生成随机计数值进行随机退避。如果开始 Type1 的 LBT 时间过晚，则可能导致即使每一个信道监听时隙均为空闲，终端也无法在进行侧行传输前执行完 LBT，导致无法在对应传输资源上传输，如图 9-14（a）所示。若严格根据生成的计数值确定开始 Type1 LBT 的时间，如图 9-14（b）所示，则会导致只要有一个监听时隙为忙碌，终端便无法执行 LBT 成功，不利于保证终端接入信道的成功率。因此，在 SL-U 中可以借鉴 NR-U 中先进行 Type1 LBT、之后通过短 LBT 接入信道的方式，即通信设备执行 Type1 LBT 成功后不立即接入信道，之后在进行传输前进行时长较短的 LBT，若短 LBT 成功，则终端发起 COT，在确定的传输资源上发送数据，如图 9-14（c）所示。若在确定的传输资源前 Type1 的 LBT 依然没有成功或进行短 LBT 时监听信道为忙碌，则终端无法在确定的传输资源上进行传输。上述终端可以在确定的侧行传输资源前若干个时隙开始 Type1 的 LBT，这种先进行 Type1 LBT 的方案有利于 SL-U 的终端竞争信道，从而在满足法规要求的同时保证了 SL 系统的性能。

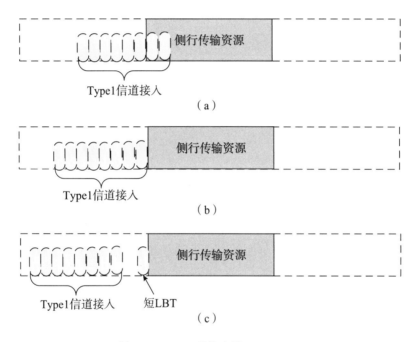

图 9-14　SL-U 系统中的 Type1 LBT

此外，从上述 NR-U 的介绍中可以得知，通信设备在进行 Type1 LBT 前会对各个优先级对应的竞争窗口 CW_p 进行维护和调整，根据调整后的各个优先级对应的 CW_p 以及信道接入优先级生成随机计数值，进而执行 Type1 中的退避流程。在 SL-U 系统中，对于竞争窗口的调整与维护同样应该被支持，用于避免与异系统，如 Wi-Fi 之间的传输冲突。

在 NR-U 中，对于竞争窗口的维护主要根据接收端的 HARQ 反馈。例如，当定义的参考时间段内 PDSCH 所对应的 HARQ 反馈中至少一个是 ACK，则将各个优先级对应的竞争窗口 CW_p 设置为允许的最小值，否则增加各个优先级对应的竞争窗口为下一个允许的更高的取值。而在 SL-U 中，除了参照上述 NR-U 中调整竞争窗口的方式外，还应针对以下几点不同进行增强。

① NR-U 中是基于单播的 HARQ 反馈调整竞争窗口，而在 SL 系统中除了支持单

播的 HARQ 反馈外，还支持组播的 HARQ 反馈。而且，SL 中组播的 HARQ 反馈又可以进一步分为两种：一种是接收端在解码 PSSCH 失败时在共享的 PSFCH 资源上反馈 NACK，接收成功时不进行任何反馈（即第 5.1 节中介绍的第一类组播侧行 HARQ 反馈方式）；另一种为接收端在各自独立的 PSFCH 资源上根据接收成功或失败相应地反馈 ACK 或 NACK（即第 5.1 节中介绍的第二类组播侧行 HARQ 反馈方式）。因此，有必要在 SL-U 系统中支持根据组播 HARQ 反馈调整竞争窗口，而且应该考虑上述两种不同的组播 HARQ 反馈方式。

② 在 SL 系统中，广播不支持 HARQ 反馈，单播和组播中也可以不激活 HARQ 反馈。当没有对应的 HARQ 反馈时，如何维护与调整竞争窗口也是需要考虑的问题。

③ 在 R17 SL 中，已经支持基于终端间协调的资源选择机制（参见第 7.1.2 节相关内容），由于其他终端提供的协调信息某种意义上来说也属于一种反馈信息，因此同样也有必要考虑利用其他终端提供的协调信息调整竞争窗口的可行性。

4. SL-U 中的 COT 共享

在 SL-U 系统中也可以支持与 NR-U 类似的 COT 共享机制，即终端发起 COT 后将 COT 共享给其他终端，其他终端利用 Type2 LBT 方式中的一种接入信道，提升资源利用率的同时也便于 SL-U 终端竞争信道。要将 COT 通过指示信令共享给其他终端，需要在指示信令中提供以下信息域。

① 剩余 COT 时间长度，该域用于指示收到该信令后可以尝试使用的剩余 COT 长度。

② 信道接入优先级，该域用于指示发起 COT 的终端的信道接入优先级。当收到该指示信令的终端的信道接入优先级高于或等于该信道接入优先级时，该终端可以使用该 COT。

③ 可用子带信息，用于指示发起 COT 的终端 LBT 成功的子带。侧行 BWP 中包含一个或多个 LBT 子带，LBT 子带为通信设备进行 LBT 时在频域上的基本单位，通信设备只有在某一子带上 LBT 成功才能在相应子带上进行传输。因此，该信息也表示收到该指示信令后终端可以尝试使用的 LBT 子带。

④ COT 共享 ID 信息，考虑到 COT 可能只会共享给特定的某个或多个终端，因此，收到该指示信令的终端可以利用该信息判断是否能够使用该 COT 共享信息。

接下来利用图 9-15 所示的示例进一步说明以上信息域在 SL-U COT 共享中的作用。在图 9-15 中，假设终端 1 在时隙 0 之前的子带 0 和子带 1 上进行 Type1 LBT 成功发起 COT，在时隙 0 时剩余 COT 时长为 6 个时隙，信道接入优先级为 4，而且将该 COT 共享给同一组内的其他终端，假设组 ID 为 1。终端 1 在时隙 0 的子带 0 和子带 1 上传输侧行控制信息 SCI 1 和数据，并携带上述 4 个指示信息：剩余 COT 时间长度为 6 个时隙，信道接入优先级为 4，可用子带信息指示子带 0 和子带 1，组 ID 为 1。终端 2 在时隙 0 获取该 COT 共享信息，终端 2 判断其信道接入优先级高于 SCI 1 中包含的信道接入优先级，并且组 ID 一致，从而判断该 COT 可用。基于该 COT，当终端 2 在时隙 3 发送 SCI 2 和数据之前可以进行 Type 2 的 LBT，若在子带 0 和子带 1 上执行 Type 2 的 LBT 成功，则在时隙 3 的子带 0 和子带 1 上进行传输。

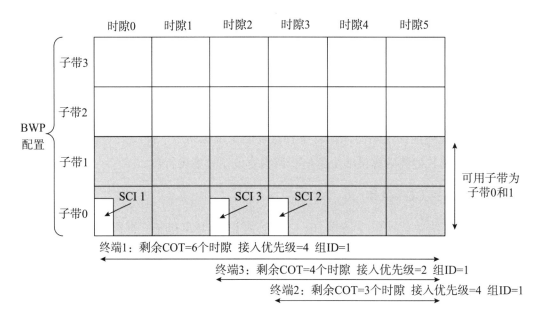

图 9-15　SL-U 系统中的 COT 共享

当终端接收 COT 共享信息并进行 LBT 成功后，可以选择转发 COT 共享信息，从而进一步使其他终端继续利用共享的 COT，提升信道利用率。继续使用图 9-15 中的示例，当终端 2 在时隙 0 收到 SCI 1 共享的 COT 并在时隙 3 执行 Type 2 LBT 成功后，可以选择转发获取的 COT。在转发时终端 2 需要将对应的信息域设置为：剩余 COT 时间长度为 3 个时隙，信道接入优先级为 4，可用子带信息指示子带 0 和子带 1，组 ID 为 1。

此外，在 COT 共享机制下，终端可能收到来自多个终端的 COT 共享信息。当收到多个共享信息时，可以根据 COT 共享信息中的剩余 COT 时长、信道接入优先级和 COT 共享 ID 信息等确定具体继承和转发哪一个 COT。继续利用图 9-15 中的示例，假设终端 3 在时隙 2 前的子带 0 和子带 1 上进行 Type1 LBT 成功，共享其发起的 COT，COT 共享信息为：剩余 COT 时间长度为 4 个时隙，信道接入优先级为 2，可用子带信息指示子带 0 和子带 1，组 ID 为 1。因此，终端 2 在时隙 3 进行传输前会收到来自终端 1 和终端 3 共享的 COT，且根据上述两个 COT 共享信息判断均为可用 COT，计算出的剩余 COT 时长相同，组 ID 也相同。终端 2 根据信道接入优先级选择继承并转发终端 1 共享的 COT，因为终端 1 共享的 COT 信道接入优先级较低（信道接入优先级取值越大表示对应的优先级越低），对其进行转发可以更有利于其他终端使用该 COT，因此，终端 2 在进行传输时包含的 COT 共享信息对应信息域为：剩余 COT 时间长度为 3 个时隙，信道接入优先级为 4，可用子带信息指示子带 0 和子带 1，组 ID 为 1。

需要指出的是，在进行 COT 继承和转发时，需要考虑终端的处理时间 $T_{proc,2}$，如解码 COT 共享信息的处理时间。在图 9-15 中，若终端 2 在时隙 3 中转发终端 1 在时隙 0 中共享的 COT，则接收来自终端 1 的 COT 共享信息结束的符号与在时隙 3 中发送 COT 共享信息的起始符号间至少要间隔 $T_{proc,2}$。

5. SL-U 中 PSFCH 的信道接入

在 NR-V2X 系统中，PSFCH 用于承载 HARQ 反馈信息，即接收端通过 PSFCH 向发送端传输 HARQ 反馈，SL-U 系统中也存在 HARQ 反馈的需求，所以也有必要支持 PSFCH。

在 NR-V2X 系统中，一个 PSSCH 最多对应一个 PSFCH 反馈资源，如果 SL-U 沿用这一设计，而且通过 LBT 发送 PSFCH，则当 LBT 失败时无法反馈 HARQ 信息。对于第二类组播侧行 HARQ 反馈方式，发送端没有接收到 PSFCH 反馈可能会判断为接收端没有接收到 PSCCH，从而可能触发重传，这样将降低系统频谱效率。而对于第一类组播侧行 HARQ 反馈方式，发送端没有接收到 PSFCH 反馈会判断为接收端成功解码了 PSSCH 并停止重传，从而影响数据传输的可靠性。因此，在 SL-U 系统中有必要考虑避免或降低因为 LBT 失败而导致 PSFCH 无法发送所带来的影响。

一种可行的方式为：在 SL-U 系统中的时域或频域增加 PSFCH 发送机会，即一个 PSSCH 对应多个 PSFCH 资源，提升接收端在传输 HARQ 信息时信道接入的成功率。如图 9-16 所示，一个 PSSCH 对应三个承载 HARQ 反馈的 PSFCH 资源。

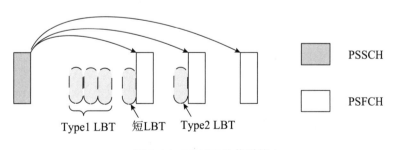

图 9-16　PSFCH 的信道接入

具体地，终端可以根据前文中介绍的 Type1 LBT 方式接入信道，然后发送 PSFCH，如对于图 9-16 中的第一个 PSFCH 资源，终端提前开始 Type1 LBT，当 Type1 LBT 成功后，可以在该 PSFCH 资源前进行时长较短的 LBT，若短 LBT 成功则在该 PSFCH 资源上传输 HARQ 反馈。同时，当终端收到其他终端共享的 COT 时，也可以使用 Type2 LBT 接入信道传输 PSFCH。例如，如果图 9-16 中的第二个 PSFCH 资源位于其他终端共享的 COT 内，则终端可以通过 Type2 LBT 尝试接入信道。

另外，欧洲地区标准与法规中允许通信设备无须进行信道监听即可发送短控制信令（Short Control Signaling，SCSt）[35]，终端采用 SCSt 模式需要满足两个前提条件：首先在 50ms 的观察周期中，短控制信令传输的数目应小于或等于 50；另外，传输总长度要少于 2500μs。由于 PSFCH 的传输只占两个 OFDM 符号，在特定的配置条件下有可能满足上面两个前提条件，所以可以考虑通过 SCSt 模式发送 PSFCH，如图 9-16 中的第三个 PSFCH 资源。

6. SL-U 中 S-SSB 的信道接入

在授权频谱的 SL 系统中，同步资源配置的周期为 160ms，并且在每个 160ms 内可以配置两套或三套同步资源。如图 9-17 所示，在 160ms 的周期内配置两套同步资源，当终端在其中一套同步资源进行 S-SSB 检测时，在另一套同步资源上进行 S-SSB 的发送。在 SL-U 系统中，为了避免终端 LBT 失败无法进行 S-SSB 的发送，可以参考 NR-U 中的做法，即为 S-SSB 配置额外的传输机会，从而增大终端成功发送 S-SSB 的概率。例如，图 9-17 中为每一个 S-SSB 均配置了一个额外的备选同步资源，假设终端在第一套同步资源对应的传输机会上 LBT 失败，则可以在第一套备选同步资源对应的传输机会上继续尝试接入信道。

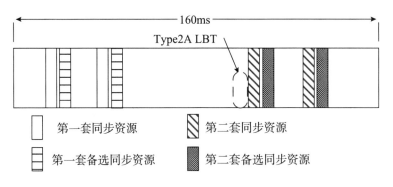

图 9-17 S-SSB 的信道接入

对于 S-SSB，依然可以采用 Type1 LBT 接入信道，当收到 COT 共享时，也可以使用 Type2 LBT 接入信道。除此之外，在 NR-U 中，若待传输的 SSB 长度不超过 1ms 且占空比不超过 1/20 时，基站可以采用 Type2A 信道接入方式发起信道占用，S-SSB 的传输也可以借鉴这一方式。例如，图 9-17 中，终端在第二套同步资源中的第一个 S-SSB 传输机会前使用 Type2A LBT 接入信道，若 LBT 成功则发起 COT 传输 S-SSB。

9.3.3　物理过程

1. SL-U 链路的资源分配过程

NR-V2X 中支持两种资源分配方式，即模式 1 和模式 2。在模式 1 中，终端的侧行传输资源由基站通过 DCI 或 RRC 信令分配，因此终端需要位于蜂窝网络覆盖范围内；在模式 2 中，终端可以根据信道侦听结果在资源池内选择资源，在特殊情况下甚至可以在资源池内随机选择资源。

在 SL-U 系统中，为了减少系统内终端之间的资源冲突，当 SL-U 终端位于蜂窝网络覆盖内时，也可以考虑支持基于基站调度的资源分配方式，即模式 1。类似于 NR-V2X，在模式 1 中基站需要通过下行信令为 SL-U 终端提供动态调度或半静态配置，SL-U 终端也需要通过上行信令向基站发送 SR、BSR 或 HARQ-ACK 反馈。当 SL-U 终端和基站之间的上下行链路也工作在非授权频谱时，上下行传输过程会受到 LBT 行为的影响，将会明显增加侧行调度和侧行反馈过程的复杂度。另外，考虑到 SL-U 典型应用场景中部署 NR-U 基站的可能性较小，而且通过工作在非授权频谱的 Uu 接口控制工作在授权频谱的侧行链路也尚未支持，因此在模式 1 中应仅考虑 SL-U 终端与基站之间的上下行链路工作在授权频谱的情况[34]。

对于 SL-U 系统中的资源分配方式模式 1，可以重用 NR-V2X 中动态侧行调度机制和半静态侧行授权配置方式。然而，与现有侧行系统不同，SL-U 系统中可能采用交织资源块的资源分配粒度，这时 SL-U 系统的 PSCCH、PSSCH、PSFCH 等信道都是基于交织资源块的结构。另外，SL-U 中侧行资源池可能会占用多个资源块集合，如图 9-12 所示。所以，相对于现有用于侧行资源指示的 DCI 或 RRC 信令，在基于网络调度的 SL-U 侧行资源分配中，基站在通过 DCI 或 RRC 信令指示侧行传输资源时，需要明确指示分配给终端的资源块集合以及交织资源块信息。为了降低 DCI 和 SCI 的信令开销，基站为终端分配的资源应位于连续的资源块集合内，并且由各个资源块集合内连续的交织资源块组成，如图 9-18 所示。

在 NR-V2X 的模式 2 资源选择中，终端物理层首先根据信道侦听结果从资源选择窗中排除不适用于侧行传输的资源，具体的，如果终端在侦听窗内检测到其他终端发送的 PSCCH，则终端进一步测量该 PSCCH 的 SL-RSRP 或者该 PSCCH 调度的 PSSCH 的 SL-RSRP，如果测量的 SL-RSRP 大于 SL-RSRP 门限，则终端将资源选择窗内可能与该 PSCCH 预留的资源发生重叠的资源排除。在根据接收到的所有 PSCCH 执行资源排除之后，终端物理层将剩余的资源作为候选资源集合上报给高层，即终端的 MAC 层。最后由终端 MAC 层从候选资源集合中随机选择发送资源，具体如第 4.3 节所述。

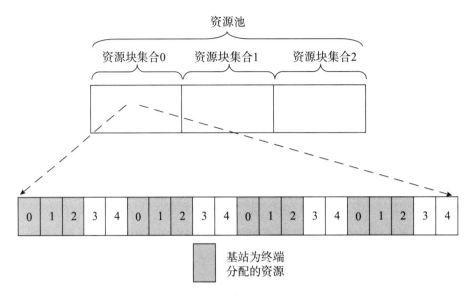

图 9-18　基站应为终端分配连续的资源块集合内的连续交织资源

从上述过程可以看到，目前 NR-V2X 中的模式 2 资源选择方式依赖于终端发送侧行控制信息中指示的时频资源预留信息，从而其他终端在进行资源选择时可以排除该终端预留的资源。在非授权频段下，终端发送侧行控制信息和发送侧行数据前都需要进行 LBT，在 LBT 失败时会导致侧行控制信息的发送失败，终端无法告知其他终端其预留的时频资源，最终可能导致资源碰撞。

为解决这一问题，在 LBT 成功时，SL 终端应尽可能多地指示预留资源，降低因为 LBT 不成功导致的无法向其他终端指示预留资源的负面影响。在现有 NR-V2X 系统中，终端发送的控制信息可以最多指示 3 个用于同一个 TB 发送的资源，在 SL-U 系统中，有必要考虑增加控制信息中指示的用于同一个 TB 发送的资源个数。然而，增加指示的预留资源个数必然会增加第一阶 SCI 中的比特数，所以在考虑增加侧行控制信息中指示的用于同一个 TB 发送的资源的个数时，有必要同时考虑由此对 SCI 接收性能带来的影响。

类似的，如果资源池内支持周期性的资源预留，NR-V2X 的控制信息中可以最多指示预留一个周期的资源用于另外一个 TB 的发送，在 SL-U 系统中，为了降低 LBT 失败对信道侦听过程的影响，对于 SL-U 系统支持的资源预留周期，也有必要考虑在侧行控制信息中指示预留多于一个周期的资源。

2. SL-U 链路的混合自动重传（HARQ）过程

为了保证 SL-U 系统中数据传输的可靠性，在 SL-U 系统中也需要考虑支持 HARQ-ACK 反馈机制，即接收终端根据 PSCCH/PSSCH 的检测结果向发送端反馈 ACK 或 NACK。至于 HARQ-ACK 信息的承载信道，SL-U 系统中至少可以重用 NR-V2X 中的

PSFCH 格式 0，用于承载 1 比特 HARQ-ACK 反馈信息。

此外，类似于 NR-V2X，在 SL-U 系统中应该支持针对单播传输方式和组播传输方式的侧行链路反馈机制。其中，对于组播的 HARQ-ACK 反馈，可以考虑支持 NR-V2X 中定义的第一类组播侧行 HARQ 反馈方式和第二类组播侧行 HARQ 反馈方式。而 HARQ-ACK 反馈可以通过 SCI 激活或去激活。

在 SL-U 系统中也需要考虑降低 PSFCH 资源开销，所以也应该考虑周期性地配置 PSFCH 传输资源，如支持 NR-V2X 系统中的 PSFCH 的周期值 {0,1,2,4}。

当 PSSCH 的资源粒度是子信道（Sub-Channel）时，PSFCH 在频域上占用一个 RB，接收端可以根据 PSSCH 的时频资源确定与其对应的 PSFCH 的传输资源，具体确定 PSFCH 传输资源的方式可以沿用 R16 中确定 PSFCH 传输资源的机制。

由于 SL-U 系统中可能需要支持交织资源以保证 OCB 要求（详见第 9.3.1 节相关内容），因此，当 PSSCH 的资源粒度是交织资源块时，PSFCH 也需要采用交织资源块结构，以满足相应的法规需求。此时，PSFCH 的传输资源可以至少根据与其对应的 PSSCH 的传输资源所对应的资源块集合（RB set）信息以及交织资源块信息确定。

如第 9.3.2 节所述，在 SL-U 系统终端有可能也需要通过 LBT 接入信道，然后发送 PSFCH，这也将对 HARQ 反馈过程产生一定的影响，这里不再赘述。

3. SL-U 链路的同步过程

如第 9.3.2 节所述，在 SL-U 系统中终端需要通过 LBT 的方式发送 S-SSB，为了保证 S-SSB 的成功发送，有必要考虑增加 S-SSB 的发送机会。在 NR-V2X 中，同步信号发送周期是 160ms，配置最多三组同步资源：一组用于发送 / 转发同步信号；一组用于接收同步信号；此外，由于引入了 GNSS 作为同步源，因此支持第三组同步资源，用于避免小区内终端发送的 S-SSB 和小区外终端发送的 S-SSB 之间的相互干扰（详见第 5.4 节相关内容）。SL-U 系统中可用的同步源类型不会多于 NR-V2X 系统，SL-U 系统可以重用最多三组同步资源的设计。

4. SL-U 链路的 CSI 测量与报告过程

NR-V2X R16 版本在单播场景支持接收终端向发送终端反馈宽带 CQI 和 RI，由于没有引入复杂的多天线技术，因此不支持 PMI 的反馈，具体如第 5.3.1 节所述。在 SL-U 系统中，无线链路和干扰环境较 NR-V2X 更为复杂，因此在起始版本不适合引入更为复杂的多天线传输方案，在 SL-U 系统中可以沿用目前 NR-V2X 中仅反馈宽带 CQI/RI 的 CSI 反馈方式。另外，SL-U 系统与 R16 V2X 类似，也无法保证周期性的 CSI 反馈，而 R16 中定义的基于触发的 CSI 反馈机制在 SL-U 系统中依然适用。此外，R16 中 CQI/RI 索引的推导过程中 CSI 参考资源的确定方式以及对 CSI 参考资源的假设可以作为 SL-U 系统的设计起点，后续可以根据 SL-U 系统的特点增加或删除部分假设。

5. SL-U 链路的功率控制过程

NR-V2X 中 PSCCH 和 PSSCH 支持基于侧行路损和下行路损的功率控制（具体如第 5.2 节所述），这一设计很大程度上可以在 SL-U 系统中重用，具体地，当 SL-U 链路和 Uu 链路共享载波时，对于通过单播发送的 PSCCH 和 PSSCH，可以支持三种功控方式：仅基于下行路损的功控、仅基于侧行路损的功控、基于下行路损和侧行链路路损的功控。对于通过广播或组播方式发送的 PSCCH 和 PSSCH，以及 PSFCH、SLSS 和 PSBCH，仅支持基于下行路损的开环功控。

当 SL-U 系统基于侧行路损进行开环功率控制时，接收终端可以基于发送终端发送的 DMRS 进行 SL-RSRP 测量，并将测量得到的 SL-RSRP 报告给发送终端，发送终端根据收到的 SL-RSRP 估计侧行路径损耗，用于功率控制。

| 9.4　SL-U 高层增强 |

本节主要讨论 SL-U 系统的高层协议栈设计，具体从控制面协议栈与用户面协议栈分析 SL-U 系统有哪些技术特性继承了 Rel-16 NR V2X 的设计，以及哪些技术特性进行了增强研究。

9.4.1　SL-U 用户面协议栈设计

SL-U 系统复用了 NR V2X 用户面协议栈的设计，如图 9-19 所示。

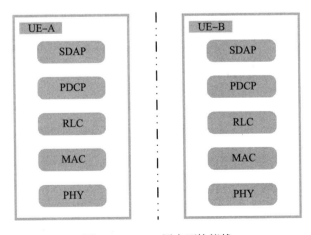

图 9-19　SL-U 用户面协议栈

1. SL-U PC5 MAC 层设计

在 SL-U 系统内，MAC 层的设计可以总体沿用 R16 NR-V2X 与 R17 NR-V2X 增强中的原则。具体地，SL-U 系统复用了以下 Uu 口 MAC 层的基本功能。

① 逻辑信道到传输信道的映射。

② 将属于不同逻辑信道的多个 MAC 业务数据单元（Service Data Unity, SDU）复用到一个 MAC PDU 中并投递到物理层的传输信道。

③ 接收物理层传输信道中的传输块并解复用成属于不同逻辑信道的多个 MAC SDU，通过 HARQ 执行纠错。

④ 终端对于包含不同数据缓存的逻辑信道之间进行逻辑信道优先级排序。

⑤ 在多个资源碰撞时的优先级处理，如动态资源与半静态资源在时域上发生冲突时的优先级处理。

另外，对于侧行链路系统，MAC 层还需支持以下功能。

① 发送终端在侧行链路资源池内执行无线资源选择。

② 发送终端内在同时存在上行传输需求与侧行传输需求时，执行上行传输与侧行传输的优先级比较。

③ 接收终端执行数据包过滤。

④ 接收在单播通信中针对侧行链路的报告。

在此基础上，为了支持终端在非授权频谱上的正常工作，引入了对 LBT 持续失败的增强考虑。终端在 MAC 层进行 LBT 持续失败的判断与 LBT 持续失败的恢复功能。具体地，SL-U 终端会被配置用于判断是否触发 LBT 持续失败的最大 LBT 失败指示次数与计时器。当物理层每次向 MAC 层上报 LBT 失败指示时，MAC 实体需要重置并触发计时器启动，当物理层连续上报 LBT 失败指示的次数超过了所配置的最大次数时，MAC 实体需要触发 LBT 持续失败过程。另外，若后续直至计时器超时 MAC 层也未收到物理层上报的 LBT 失败指示，则需要重置计数器和计时器。

至少对于模式一的终端，当 MAC 实体触发了 LBT 持续失败时，由于 Uu 载波是授权载波，终端可以即时通过 Uu 载波向网络上报其在 PC5 接口触发了 LBT 持续失败。

另外，发送端终端可以向接收端发送频域资源切换指示 MAC CE，该指示信息至少可以应用于单播与组播业务。具体地，当发送端终端接收到物理层上报的 LBT 失败指示次数达到所配置的域值时，可以触发频域资源切换指示 MAC CE 的发送。在频域资源切换指示 MAC CE 中至少可以考虑携带重选后的资源池 ID、信道 ID、部分带宽 ID 或载波 ID。考虑到此时终端仍然处于 LBT 持续失败的状态，那么可以考虑通过以下两种方式让终端可以为频域资源切换指示 MAC CE 进行资源选择。

① 网络可以为终端配置授权载波上的异常资源池，接收终端需要持续对异常资源池

进行监听，即接收终端需要既在非授权载波上接收又在授权载波上接收。另外，当发送端终端发生 LBT 失败导致非授权载波上的资源池不可用时，可以在异常资源池内进行随机资源选择，从而获得用于发送频域资源切换指示 MAC CE。

② 发送端终端仍需要持续执行 LBT，当 LBT 成功且该频域资源切换指示 MAC CE 对应的 PDB 未超时，发送端终端可以发送此 MAC CE。反之，若直至此 MAC CE 对应的 PDB 超时且期间发送端一直处于 LBT 持续失败时，发送端终端会丢弃此 MAC CE。

在 SL-U 系统中，在 MAC 层内规定了以下一系列逻辑信道。

① 侧行链路控制信道 SCCH：用于从终端向对端终端发送系统配置信息（包括 PC5-RRC/PC5-S 消息）。

② 侧行链路业务信道（Sidelink Traffic Channel, STCH）：用于从终端向其他终端发送业务数据与侧行链路 MAC CE。

③ 侧行链路广播控制信道 SBCCH：用于从终端向其他终端广播系统消息，包括同步配置信息。

并且，由逻辑信道向传输信道的映射规则定义如下。

① SCCH 映射到 SL-SCH。

② STCH 映射到 SL-SCH。

③ SBCCH 映射到 SL-BCH。

2. SL-U PC5 RLC 层设计

在 SL-U 系统中，复用了 NR V2X 中对 PC5 RLC 层协议功能的设计，包括以下功能。

① 传输上层投递下来的数据包。

② 通过自动重传请求 (Automatic Repeat Request, ARQ) 执行错误纠正（确认模式下）。

③ RLC SDU 的切片（AM 与 UM 下）与重切片（AM 模式下）。

④ RLC SDU 的重组（AM 与 UM 模式下）。

⑤ 重复数据包检测（AM 模式下）。

⑥ RLC SDU 丢弃（AM 与 UM 模式下）。

⑦ RLC 实体重建立。

⑧ 包头错误探测（AM 模式下）。

在 SL-U 系统中，同时支持 RLC AM、UM 与透传（Transparent Mode, TM）模式，具体地，RLC TM 模式仅用于 SBCCH 的传输。对于单播通信，可以同时支持 RLC AM 与 RLC UM 的传输模式；而对于组播与广播通信，仅支持单向的 RLC UM 模式。

3. SL-U PC5 PDCP 层设计

在 SL-U 系统中，复用了 NR V2X 中对于 PC5 PDCP 层协议功能的设计，包括以下功能。

① 数据传输（包括控制面数据与用户面数据）。

② PDCP 数据包序列号的维护。

③ 基于鲁棒性头压缩（Robust Header Compression, ROHC）协议的头压缩与解压。

④ 数据包的加密与解密操作。

⑤ 数据包的完整性保护操作与完整性验证。

⑥ 基于定时器超时后的丢弃数据包。

⑦ 重排序与按序递交。

⑧ 乱序递交。

⑨ 重复数据包丢弃。

在 SL-U 系统中，PDCP 层的乱序递交仅在单播通信中支持。而对于组播与广播，由于终端之间无法交互终端能力信息，发送端终端无法知道接收端是否能够正确接收乱序递交的 PDCP 数据包，因此，发送端智能执行排序并按序投递 PDCP 数据包。另外，在 SL-U 的单播通信中，终端与对端终端会预先通过 PC5-RRC 消息交互 ROHC 描述性配置，确定在数据包交互时具体所采用的头压缩算法。

4. SL-U PC5 SDAP 层设计

在 SL-U 系统中，复用了 NR V2X 中对 PC5 SDAP 层协议功能的设计、SDAP 层用于执行业务质量流到直通链路数据承载的映射，且终端会针对一个目标地址，建立一个对应的 SDAP 实体。

9.4.2　SL-U 控制面协议栈设计

在 SL-U 系统中，可以复用 NR V2X 控制面协议栈的设计，包括用于传输以下三种不同控制信令的控制面协议栈。

① 用于在 PC5 接口上发送 / 接收 SCCH 的控制信令，如图 9-20 所示。

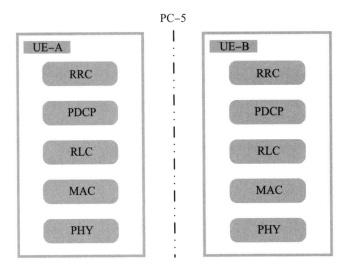

图 9-20　交互 SCCH 的控制面协议栈

② 用于在 PC5 接口上发送 / 接收 PC5-S 信令，如图 9-21 所示。

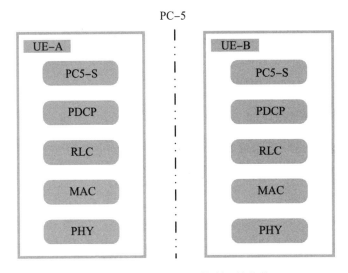

图 9-21　交互 PC5-S 的控制面协议栈

③ 用于在 PC5 接口上发送 / 接收 SBCCH 广播系统消息，如图 9-22 所示。

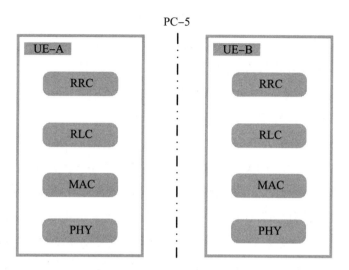

图 9-22 交互 SBCCH 的控制面协议栈

1. 配置信息获取

在 SL-U 系统中，由于 Uu 接口使用授权载波进行业务的发送与接收，而在 PC5 接口使用非授权载波进行业务的发送与接收，因此 Uu 接口的业务与 PC5 接口的业务不会工作在相同的载波上。从而，基站不需要为终端提供载波内配置。但是，仍然可以复用 NR V2X 的设计，基站可以为终端提供载波间配置与锚点载波的指示信息。另外，沿用传统的直通链路设计思路，当终端处于覆盖内但是为 RRC 空闲态或 RRC 非活跃态时，终端可以通过网络侧下发的系统广播消息获取 SL-U 的相关配置；当终端处于 RRC 连接态时，其可以通过 RRC 专有信令获取 SL-U 的相关配置；而当终端处于覆盖外时，可以通过预配置信息获取 SL-U 的相关配置。

另外，当中央节点处于覆盖内 RRC 连接态时，群组成员终端即使处于覆盖外，只要它与中央节点已建立 PC5-RRC 链接，那么群组成员也是处于 RRC 连接态，群组成员可以通过中央阶段转发基站的专有配置或直接通过中央节点获取 SL-U 相关的部分配置信息，具体方式可以完全复用 R-17 侧行中继中指定的规则。并且由于中继链路总是需要中央节点进行上下行数据包的转发，因此，如果群组成员被配置为模式 1 的资源获取方式，则中央节点进一步需要转发缓存状态报告（BSR）与 DCI，这样的操作会极大增加群组成员获取通信资源的时延。因此，在 CH+CM 架构中，若群组成员通过中央节点连接到基站时，基站需要避免为群组成员配置模式 1 的资源分配方式。

2. SL-U PC5 RRC 层设计

在 SL-U 系统中，对于单播业务，复用 NR V2X 中的单播连接建立过程，包括 PC5-RRC 和 PC5-S 连接的建立，具体地，PC5-RRC 的功能包括以下几个方面。

① 终端与对端终端交互并协商直通链路承载的配置。

② 终端与对端终端互相报告自身能力信息。

③ 终端与对端终端互相报告直通链路的 RSRP 测量信息。

④ 接收端向发送端报告 SL-DRX 的辅助信息。

⑤ 发送端向接收端配置或重配置 SL-DRX 相关配置。

另外，针对 SL-U 系统，考虑中心节点 CH 与成员节点 CM 同时存在的架构场景，中央控制节点可以通过 PC5-RRC 消息向所连接的通信群组成员提供调度服务，即将所配置的半静态资源或通信群组成员的发送资源池通过 PC5-RRC 消息配置给通信群组成员。或者，中央节点在探测到隐藏节点时，即两个组成员选择了相同的无线资源导致接收终端由于发送端干扰无法正常接收到数据包时，中央节点可以通过 PC5-RRC 消息向所涉及的通信组成员指示冲突信息，从而避免发送冲突。但需要注意的是，目前 PC5-RRC 连接仅是针对侧行链路单播通信专门设计的，对于一个通信群组组头，还需要进一步考虑如何设计一个 CH 与多个 CM 之间的针对组播的 PC5-RRC 连接与信令交互流程。反之，如果不做任何优化，那么对于 CH 的终端能力是一个巨大的挑战。

9.5　小　结

本章节简单介绍了在 R18 中引入 SL-U 的必要性，以及其广泛的潜在应用场景。另外，基于 CCSA 中已产生的相关研究成果，本章节进一步讨论了 SL-U 可以考虑的物理层与高层技术演进方向，为 SL-U 在 R18 的研究和标准化提供讨论基础。

第 10 章

B5G 侧行通信展望

冷冰雪　赵振山　林晖闵　张世昌　丁　伊

在 R17 版本 3GPP 标准的制定过程中存在两个独立的侧行链路增强课题，即侧行链路中继技术的增强与常规侧行链路（非中继）通信技术的增强。前者的功能是提升网络覆盖性能，而后者主要是提升终端省电性能和提高基于模式 2 资源选择的数据传输可靠性。在即将开始的 R18 标准化工作中，3GPP 将继续对侧行中继技术和常规侧行链路通信做进一步的增强，同时还将引入侧行定位技术。本章将对这几项课题进行简单介绍。

10.1　侧行中继增强

在 R17 中 3GPP 对 NR 侧行中继技术进行了研究与讨论，提出了涵盖支持 UE 到网络中继和 UE 到 UE 中继的解决方案，该解决方案考虑了更广泛的应用场景，包括 V2X 应用场景、公共安全应用场景和商业应用场景，但是，由于 R17 的时间有限，仅在最终的标准协议中支持了一部分比较基本的功能。例如，R17 中仅支持 UE 到网络的中继，且在基于层 2 的 UE 到网络中继中，仅保证同一 gNB 内部直接连接和间接连接之间切换过程中的服务连续性。

经过讨论与分析，侧行链路中继技术对于扩大网络的覆盖范围、提升小区边缘用户的服务体验有显著作用。为了更好地支持需要侧行链路中继的应用场景，在 R18 中需要进一步对 R17 中的较为基本的侧行中继技术做出增强，以支持更多的应用场景和更加完善、灵活的侧行中继功能。

具体而言，R18 将进一步支持 UE 到网络的侧行链路中继，以及 UE 到 UE 的侧行链路中继，即一个 UE（UE1）通过间接连接经由中继 UE 与另一 UE（UE2）进行侧行链路通信，如图 10-1 所示。UE 到 UE 的侧行链路中继对于不需依赖上下行服务的侧行链路的覆盖增强至关重要。

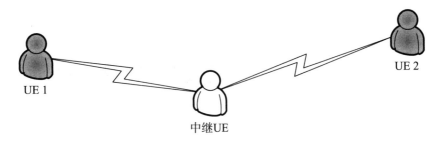

图 10-1　UE 到 UE 中继示意图

同时，R18 还将进一步对 UE 到网络侧行链路中继中的服务连续性做出增强，以涵盖 R17 工作项目（Work Item，WI）中不支持的移动性场景，如不同基站之间直接连接与间接连接之间链路切换过程中的服务连续性。

此外，R18 还将支持 UE 到网络的多路径侧行链路中继，多路径侧行链路中继支持远程 UE 同时通过直接和间接路径连接到网络，有效提高了可靠性 / 鲁棒性以及吞吐量，如图 10-2 所示。

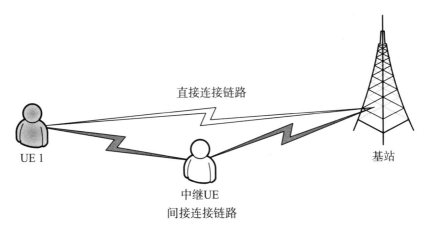

图 10-2　多路径 UE 到网络中继示意图

这种多路径侧行链路中继解决方案还可以用于 UE 聚合应用场景。如图 10-3 所示，在 UE 聚合应用场景中，多个 UE 通过直接路径分别与相同的网络保持直接连接链路，同时，多个 UE 之间通过非 3GPP 标准化的链路连接进行数据传输。

UE 聚合应用场景的主要目的是提高上行数据传输比特率，以解决普通 UE 由于上行传输功率受限导致的上行传输问题，这一方面对于处于小区边缘的用户尤其重要。另外，UE 聚合应用场景还可以用于提高业务传输的可靠性、稳定性并且进一步降低延迟。具体来说，如果一个终端的信道条件恶化，则可以使用另一个终端来弥补信道条件变化引起的业务性能不稳定。

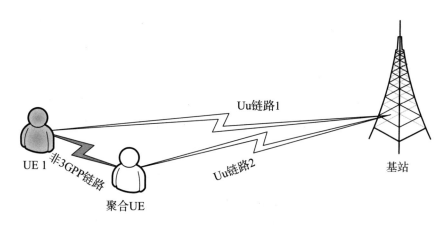

图 10-3　UE 聚合场景示意图

综上所述，R18 将在支持 UE 到 UE 侧行链路中继技术、增强服务连续性方案、支持侧行链路多路径传输方面进行增强。表 10-1 中总结了 R17 已经支持的侧行链路中继功能和 R18 将要进行的演进。

表 10-1　R17 与 R18 侧行链路中继研究内容及演进

R17	R18
仅支持 UE 到网络的侧行链路中继技术	进一步支持了 UE 到 UE 的侧行链路中继技术
仅支持单路径的 UE 到网络侧行链路中继技术	进一步支持了多路径的 UE 到网络侧行链路中继技术，并且进一步扩展了应用场景，增加了 UE 聚合应用场景
服务连续性仅支持同一 gNB 内部直接连接和非直接连接之间的切换	服务连续性进一步支持不同 gNB 之间的直接连接和非直接连接之间的切换

具体地，R18 中继增强设定了以下技术目标 [36]。

技术目标一：设计支持基于层 2 和层 3 的单跳 UE 到 UE 侧行链路中继技术（即源 UE → 中继 UE → 目标 UE）的机制。该机制包括中继 UE 的发现功能、中继 UE 的选择功能、源 UE 与中继 UE 和中继 UE 与目标 UE 之间通信的控制面及用户面功能。

技术目标二：进一步增强基于层 2 的 UE 到网络侧行链路中继中的服务连续性，包括支持以下场景。

① 场景 A：不同基站间的非直连路径切换到直连路径应用场景下的服务连续性（如由"远端 UE ↔ 中继 UE A ↔ 基站 X 的路径"切换为"远端 UE ↔ 基站 Y 的路径"）。

② 场景 B：不同基站间的直连路径切换到非直连路径应用场景下的服务连续性（如由"远端 UE ↔ 基站 X 的路径"切换为"远端 UE ↔ 中继 UE A ↔ 基站 Y 的路径"）。

③ 场景 C：同一基站内部的非直连路径切换到非直连路径应用场景下的服务连续性（如由"远端 UE ↔ 中继 UE A ↔ 基站 X 的路径"切换为"远端 UE ↔ 中继 UE B ↔ 基站 X 的路径"）。

④ 场景 D：不同基站间的非直连路径切换到非直连路径应用场景下的服务连续性（如由"远端 UE ↔ 中继 UE A ↔ 基站 X 的路径"切换为"远端 UE ↔ 中继 UE B ↔ 基站 Y 的路径"）。

技术目标三：研究以下场景中多路径 UE 到网络侧行中继的具体机制。

① UE 同时通过直接连接链路与非直接连接链路连接到相同基站，且非直接连接链路为通过基于层 2 的 UE 到网络侧行中继技术连接。

② UE 同时通过直接连接链路与非直接连接链路连接到相同基站，且非直接连接链路为通过与其他 UE 之间的非 3GPP 连接和其他 UE 与基站之间的 Uu 口连接（这里 UE 与其他 UE 之间的非 3GPP 连接为理想连接）。

技术目标四：如果在 R17 基于层 2 的 UE 到网络的侧行链路中继技术中，远端 UE 和中继 UE 间进行侧行链路传输时不支持使用 SL-DRX 机制，则在 R18 增强的侧行链路中继技术中进一步支持机制。

技术目标五：标准化 UE 到 UE 侧行中继发现和选择的 RRM 测量要求。

未来，将在 R18 中针对以上技术目标进一步对侧行链路中继技术进行优化和增强。

| 10.2　基于侧行的定位 |

10.2.1　为什么需要基于侧行的定位

3GPP 最早在 WCDMA 系统中标准化了基于小区 ID 的定位方法、观测到达时间差（Observed Time Difference of Arrival，OTDOA）定位方法和基于上行到达时间差（Uplink Time Difference of Arrival， UTDOA）的定位方法。LTE 系统中也对定位技术进行了研究和标准化，引入了增强小区 ID（Enhanced Cell-ID， E-CID）定位方法，同时也支持 OTDOA 和 UTDOA 定位方法[37]。

在 R16 中，3GPP 完成了第一个版本基于 NR 系统定位技术的标准化工作，这一版本的定位技术主要针对监管（Regulatory）方面和商业应用方面的定位需求，对 80% 的用户最高可以达到 3m 的垂直维度和水平维度的定位误差，端到端定位时延小于 1s[38]。标准化的定位技术包括 E-CID、下行到达时间差（Downlink Time Difference of Arrival，DL-TDOA）定位方法、上行到达时间差（Uplink Time Difference of Arrival， UL-TDOA）定位方法、多往返时间（Multi- Round Trip Time，Multi-RTT）定位方法、下行离开角（Downlink Angle-of-Departure，DL-AoD）定位方法和上行到达角（Uplink Angle-of-Arrival，UL-AoA）定位方法等。R17 针对工业物联网（Industrial Internet of Things，

IIoT）的定位需求和商业场景中更高的定位需求，对定位技术进行了增强，目标是达到对于 90% 的用户，垂直定位精度小于 1m，水平精度小于 0.2m，物理层定位时延小于 10ms[39]。

可以看到，3GPP 标准化定位技术的性能在不断提高，然而，所支持的技术无一例外地依赖于蜂窝网络的覆盖。例如，E-CID 定位方法依赖于基站的位置信息和相对于基站的测量量，DL-TDOA、UL-TDOA 和 Multi-RTT 利用的是终端和网络节点之间发送信号的到达时间信息，而 DL-AoD 和 UL-AoD 依赖的是终端和网络节点之间发送信号的到达角度信息。而且，以上提到的定位技术所能满足的定位需求是假定终端位于典型部署场景，而在真实网络部署环境中，当站点部署较少时，定位精度和定位时延可能都无法满足上面提到的要求。

在 R17 中，3GPP RAN 对 V2X 和公共安全两个用例的定位需要进行了研究[40]，根据研究结论，V2X 用例水平维度的最高定位精度要求为 0.1 ～ 0.5m，可信度为 95% ～ 99%，定位精度和可信度要求适应于绝对定位和相对定位两个方面。垂直维度的最高绝对定位精度要求为 2 ～ 3m，最高相对定位精度要求为 0.2m，可信度均为 95%。而且，V2X 用例中的定位服务需要能够支持室内、室外和隧道区域等部署场景，对于室外和隧道场景，需要能够支持最高 250 km/h 的终端移动速度。其中相对定位是指一个终端基于另外一个终端发送的定位参考信号确定两者之间的相对距离和角度等信息，如图 10-4 所示。

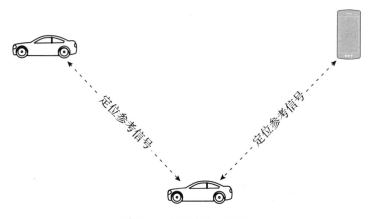

图 10-4　相对定位示意图

对于公共安全用例，研究中也明确了"第一响应者（1st Responder）"用例的定位要求，其中水平维度定位精度要求为 1m，垂直维度的绝对定位精度为 2m，垂直维度的相对定位精度为 0.3m，定位服务可用性为 95% ～ 98%。定位服务也需要能够支持室内和室外等部署区域。

相对于目前定位技术已经在一定程度上支持的用例，V2X 和公共安全用例都增加了对相对定位精度的要求。最为重要的一点是，根据研究结论，以上针对 V2X 和公共安全用例的定位要求和终端所处的网络覆盖情况定位无关，也就是说无论终端在网络覆盖范围内还是在网络覆盖范围外，均需要能够满足上面的定位需求。另外，无论终端基于 GNSS 的定位是否可用或是否准确，也都需要能够满足这些定位要求。显然，目前的定位技术无法满足 V2X 和公共安全用例的定位需求。

为了支持 V2X 和公共安全用例中的相对定位要求，以及位于蜂窝网络外的定位需求，通过侧行链路发送的定位参考信号来获取定位信息是目前最可行的方案。如图 10-5 所示，目标终端可以通过路边单元（Road Side Unit, RSU）发送的定位参考信号获取绝对定位信息，通过和其他终端之间发送的定位参考信号获取相对定位信息。为了进一步提高定位精度，终端可以结合使用 Uu 接口（下行或下行）的测量量和侧行链路的测量量。终端可以将测量量上报网络，由网络节点负责计算终端的位置，另外，终端也可以直接利用测量量计算自身的位置。对于 V2X 用例，将考虑使用授权频谱和 ITS 专用频谱；而公共安全用例将仅考虑使用授权频谱。

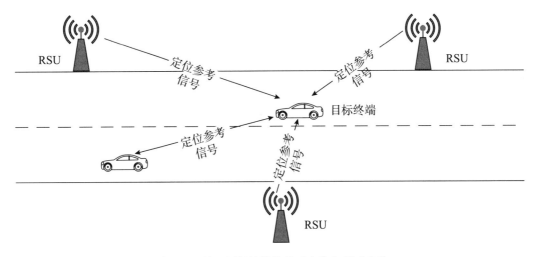

图 10-5 基于侧行链路的绝对定位和相对定位

10.2.2 R18 中侧行定位的研究范围

由于市场的强烈需求和前期的深入研究，基于侧行的定位在 RAN#94 次会上被正式确立为 R18 定位技术的增强方案之一 [41]。在进行标准化工作之前，将对潜在的侧行定位方案的性能和可行性进行评估，在这一过程中，除了需要考虑 3GPP RAN 研究课题中明确的 V2X 用例和公共安全用例外，还需要额外考虑商业用例和工业互联网（Industrial Internet Of Things，IIOT）用例的定位要求。为了对各项潜在方案进行有效的评估，需要根据以上用例确定侧行定位需要满足的定位要求，并定义相应的评估方法。对潜在方案的性能和可行性研究将重点考虑以下项目。

① 绝对定位、测距 / 测向及相对定位。

② 研究侧行测量量和 Uu 接口测量量相结合的定位方法。

③ 研究侧行定位参考信号，包括信号设计、物理层控制信令、资源分配、物理层测量量及相关的物理层过程等。

④ 研究定位系统架构及信令过程，如配置、测量上报等。

｜ 10.3　载 波 聚 合 ｜

载波聚合（Carrier Aggregation，CA）是指通信设备将多个载波聚合在一起，同时使用多个载波进行数据传输，增加传输带宽，从而提升数据传输速率。在 R15 LTE-V2X 中，已经支持了基于 LTE 的侧行载波聚合技术（LTE Sidelink CA，LTE-SL CA）。在 NR 侧行链路（NR SideLink，NR-SL）中，各家厂商也在考虑支持侧行链路载波聚合（NR-SL CA）技术，一方面是为了支撑先进驾驶（Advanced Driving）和扩展感知（Extended Sensor）等（详见第 2 章）高数据传输速率的场景；另一方面也是为了利用碎片化的频谱资源，提高频谱利用率。例如，图 10-6 所示为终端间通过载波聚合进行传输的示意图，终端 1 将四个带宽为 20 MHz 的载波进行载波聚合，之后通过 80MHz 的带宽向终端 2 传输数据。对于进行载波聚合的载波，如图 10-6 中的载波 1 至载波 4，可以位于同一频带（Frequency Band）内，也可以位于不同频带，前者称为频带内（Intra-Band）载波聚合，而后者称为频带间（Inter-Band）载波聚合。

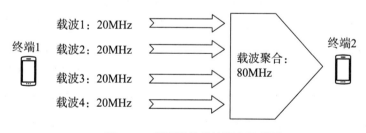

图 10-6　侧行链路载波聚合示意图

在 RAN#94 次全会上，各家厂商经讨论后决定将 NR-SL CA 作为 NR-SL 增强项目的潜在研究目标之一。该研究目标包括以下内容。

① 仅支持与 LTE-V2X 中侧行载波聚合技术相对应的功能。例如，载波选择或重选、多载波同步机制、多载波功率控制，数据包在多载波上的重复传输，处理终端能力受限的相关问题等。

② 侧行链路载波聚合仅考虑 FR1，即 6GHz 以下的 ITS 频段和授权频段。实际上，载波聚合可以应用于 FR1 的载波和 FR2 的载波，也可以应用于授权频段和非授权频段，但因为目前 3GPP 并没有完成 FR2 和非授权频段侧行传输技术的标准化，所以 NR-SL CA 目前只聚焦于 FR1 的授权载波。

③ 对于 R17 侧行链路支持的功能，如基于部分侦听的资源选择和基于终端间协作的资源选择，当其应用于侧行载波聚合场景下时，不针对其做特殊的增强。

④ NR-SL CA 需要保证后向兼容性。例如，R16 和 R17 的终端可以在某一个载波上接收 R18 终端通过 CA 模式发送的组播或广播传输，并在相同载波上进行 HARQ 反馈。

根据前文的描述，NR-SL CA 应该以 LTE-V2X 中的载波聚合为起点，结合 NR-SL 的特性进行增强，如可以考虑以下几方面增强的方向。

① 不同于 LTE-V2X，NR-SL 支持多种子载波间隔，因此不同子载波间隔的载波是否可以进行载波聚合是需要考虑的问题。比如，当进行 Intra-Band 载波聚合时，需保证子载波间隔一致。当进行 Inter-Band 载波聚合时，可以允许不同子载波间隔的载波进行聚合。同时，还需要考虑 AGC 相关的问题。

② 在 LTE-SL CA 中，终端在当前载波进行资源选择时，需要根据其他载波上的已选资源排除当前载波上的候选资源，从而避免在多个载波上选择的传输资源超出终端的传输能力。在 NR-SL 中，单个 TB 支持最多 32 次传输，并且支持 1ms 的资源预留周期。因此，若沿用 LTE 的机制，则需要评估是否会导致资源过量排除的问题。

③ 相比较 LTE-V2X，NR-SL 中支持单播，发送终端与接收终端之间存在 PC5-RRC 连接。因此，可以考虑根据 PC5-RRC 连接交互发送终端和接收终端的能力或配置。

④ 在 NR-SL CA 中可以考虑动态的载波选取也可以考虑半静态的载波选取。在 LTE 的侧行载波聚合中，主要根据 CBR 进行载波选取，在 NR 中可以考虑除 CBR 外的其他因素进行载波选取。例如，当激活 HARQ 反馈时应选择配置了 PSFCH 资源的载波。

然而，由于 NR-SL 增强的项目中还包括其他的研究目标，如非授权频段上侧行传输（即 SL-U 技术）、LTE-SL 和 NR-SL 在重叠频段上的共存等，在 R18 有限的时间框架内未必能够完成所有的研究目标，所以 NR-SL CA 这一研究目标目前处于悬置状态，是否启动该研究目标相应的技术讨论将会在第 97 次 RAN 全会中讨论决定。

| 10.4 多天线增强 |

随着移动通信技术的快速发展和移动网络部署的不断深入，频谱资源越来越紧缺，尤其是覆盖好、穿透性强的低频频段基本已经都被使用。为了满足更高的传输速率和更大的系统容量，侧行传输系统需要考虑新的频谱资源，如毫米波频段以及非授权频段（即 SL-U 技术）。前述章节中已经介绍了 SL-U 技术，本节重点介绍侧行通信系统在毫米波频段的应用。

毫米波频段具有以下特征。

① 丰富的频率资源，可以分配连续的大带宽，有利于提高系统传输速率。

② 频率较高，传输过程中的路径损耗会增大，从而影响高频系统的覆盖能力。

③ 由于频段较高，相应的天线等硬件模块体积较小，因此可以采用更多的接收和发送天线，有利于实现大规模 MIMO 技术。

由上面介绍的特征可以看到：一方面它频率较高，带来覆盖受限的问题；另一方面由于天线数目较多，带来设备实现复杂度和成本的问题。为有效解决上述两个问题，NR-Uu 中引入模拟波束赋形（Analog Beamforming）技术。模拟波束赋形技术的基本原理是通过移相器来改变各个天线对应通道上的相位，使得一组天线能够形成不同方向的波束，从而通过波束扫描（Beam Sweeping）来实现对整个通信范围的覆盖，即在不同的时刻使用不同方向对应的波束来覆盖小区中的不同区域。通过使用移相器来形成不同方向的波束，避免从基带进行超大带宽全数字赋形的高复杂度处理，从而可以有效地降低设备实现复杂度。另外，由于使用较窄的波束，发射能量可以更集中，因此可以覆盖更远的距离。当 NR-SL 系统工作在毫米波频段时，可以借鉴 NR-Uu 系统中采用的模拟波束赋形技术，在增强覆盖的同时，也可以降低设备的实现复杂度。

为了高效地使用模拟波束赋形技术，NR-Uu 系统针对性地设计了模拟波束测量、选择、指示等方法和流程，这些方法和流程统称为波束管理。NR-Uu 系统中的通信是在基站和终端之间，并且终端所有的传输资源都是基于基站调度的，因此在 NR-Uu 的波束管理中，包括下行波束管理流程和上行波束管理流程。NR-SL 系统中的波束管理过程可以基于 NR-Uu 系统的波束管理过程进行设计，但是由于 NR-SL 系统中的通信是在两个终端之间进行的，不存在中央调度节点，因此 NR-SL 系统中的波束管理只需要考虑发送终端到接收终端之间的通信链路所包括的发送波束选取过程以及接收波束选取过程即可。

NR-SL 系统的波束选取过程即通过选取最优的发送波束和接收波束，使得发送终端的发送波束可以"对准"接收终端的接收波束，获取最大的天线增益。NR-SL 系统中支持单播、组播、广播等传输方式。对于组播、广播的通信方式，其接收终端包括多个终端，并且多个接收终端的位置是分散的，因此，发送终端可以采用多个波束轮流发送的方式进行侧行数据的传输。本节接下来将重点讨论单播系统中波束管理过程所需要支持的功能。

10.4.1　波束管理的参考信号

在波束管理过程中，并不是直接指示具体的发送波束或接收波束，而是通过指示与波束相关联的参考信号的方式间接地指示相应的波束。在 NR-Uu 系统中，支持基于同步信号块（Synchronization Signal Block, SSB）或 CSI-RS 进行波束的选取。网络通过不同的发送波束发送 SSB 或 CSI-RS，每个 SSB 或 CSI-RS 有对应的索引信息，因此，不同的 SSB 或 CSI-RS 可以对应不同的发送波束。但是在 SL 系统中，侧行同步信号块（Sidelink SSB，S-SSB）的传输资源是系统内所有终端共享的，即在同一个 S-SSB 传输资源上，多个终端同时发送 S-SSB，并且 S-SSB 中只携带公共的标识信息，没有终端专有的标识信息，因此，SL 系统的 S-SSB 不适用于波束选取过程，只能基于侧行链路信道状态信息参考信号（SideLink Channel State Information Reference Signal，SL CSI-RS）进行波束的选取。

在 R16/R17 NR-SL 系统中，SL CSI-RS 用于单播系统中的 CSI 测量和上报，发送终端通过 PC5-RRC 信令向接收终端配置 SL CSI-RS 时频资源，并且只支持一种时频资源结构。此外，SL CSI-RS 配置的资源是非周期的，具体而言，只有高层配置支持 SL CSI 上报，SCI 格式 2-A 或 2-B 中字段 "CSI request" 设置为 1，触发接收终端上报 CSI 时，发送终端才会发送 SL CSI-RS 信息，并且 SL CSI-RS 和 PSSCH 同时发送，SL CSI-RS 的频域带宽等于 PSSCH 的频域带宽。当利用 SL CSI-RS 进行波束选取时，需要对现有的 SL CSI-RS 进行增强。

① 支持包括多个 SL CSI-RS 资源的 SL CSI-RS 资源集合。如前所述，在波束管理过程中通过与波束相关联的参考信号隐式的指示相关的波束，因此，在 SL 系统中需要引入多个 SL CSI-RS 资源，以便和多个波束相关联。

② 支持多个 SL CSI-RS 资源集合。在 NR-Uu 的波束管理中，引入了至少两个 CSI-RS 资源集合，一个 CSI-RS 资源集合用于基站侧发送波束的选取，该 CSI-RS 资源集合中对应的参数 "重复（Repetition）" 置为 "*off*"，即表示基站使用不同的发送波束分别发送该 CSI-RS 资源集合中的 CSI-RS，终端可以利用相同的接收波束分别接收基站发送的 CSI-RS 并进行测量，根据测量结果选取优选的 N 个 CSI-RS，并将该 N 个 CSI-RS 资源指示（CSI-RS Resource Indicator，CRI）以及相应的测量结果上报给基站，基站可以从中选取最优发送波束。另一个 CSI-RS 资源集合用于终端侧接收波束的选取，该 CSI-RS 资源集合中对应的参数 "重复" 置为 "*on*"，即表示基站使用相同的发送波束分别发送该 CSI-RS 资源集合中的 CSI-RS，终端可以利用不同的接收波束分别接收基站发送的 CSI-RS 并进行测量，根据测量结果选取最优的 CSI-RS 资源，并将该 CSI-RS 资源对应的接收波束作为对应于该发送波束的最优接收波束，终端无须将该接收波束的信息上报

给基站，当基站指示下行传输的波束对应于该发送波束时，终端可以利用该最优接收波束进行接收。

类似于 NR-Uu 波束管理机制，在 NR-SL 系统中也需要引入多个 SL CSI-RS 资源集合：一个用于发送波束的选取，该资源集合中对应的参数"重复"置为"*off*"；一个用于接收波束的选取，该资源集合中对应的参数"重复"置为"*on*"。

③ 支持发送终端向接收终端配置 SL CSI-RS 资源集合。在 NR-SL 的发送波束选取过程中，发送终端利用不同的发送波束发送 SL CSI-RS，并且向接收终端指示当前传输所使用的 SL CSI-RS 资源，以便接收终端分别对多个 SL CSI-RS 资源进行测量并反馈相应的 CRI 信息，因此，发送终端和接收终端需要具有相同的 SL CSI-RS 资源以及 SL CSI-RS 资源集合，可以通过资源池配置信息配置 SL CSI-RS 资源集合以及该集合内的 SL CSI-RS 资源。但是，资源池配置信息中配置的 SL CSI-RS 资源需要支持终端的最大发送波束个数，而当终端支持的发送波束数目远小于该最大发送波束个数时，利用该资源池配置的 SL CSI-RS 资源集合会导致在指示 SL CSI-RS 资源时需要较大的信令开销。因此，在 NR-SL 系统中，支持发送终端向接收终端配置 SL CSI-RS 资源集合，该 SL CSI-RS 资源集合可以是资源池配置的 SL CSI-RS 资源集合的子集。

④ 支持发送终端向接收终端指示当前传输的 SL CSI-RS 信息。在 NR-SL 的发送波束选取过程中，发送终端利用不同的发送波束发送 SL CSI-RS，发送终端需要指示当前传输所对应的 SL CSI-RS 资源；接收终端利用相同的接收波束接收发送终端发送的 SL CSI-RS 并进行测量，向发送终端上报最优测量结果所对应的 CRI 信息和测量结果。

⑤ 支持一个时隙内传输多个 SL CSI-RS 资源。在现有的 NR-SL 系统中，SL CSI-RS 与 PSSCH 一起发送，并且一个时隙内只能发送一个 SL CSI-RS 资源，当 SL CSI-RS 用于波束选取时，发送终端需要轮流发送 M 个 SL CSI-RS，如果仍然沿用现有的 SL CSI-RS 发送机制，发送终端需要 M 个时隙分别发送该 M 个 SL CSI-RS，传输效率低，因此，可以考虑在一个时隙中支持多个 SL CSI-RS 的发送机制，提高传输效率。

但该机制不适合应用于发送波束的选取，否则发送终端在一个时隙内利用不同的发送波束发送 SL CSI-RS，接收终端接收到不同发送波束对应的功率不同，会导致接收终端需要针对不同的波束分别进行 AGC 调整，即接收每个 SL CSI-RS 资源均需要额外的 AGC 调整时间；另外也会对其他终端正常的数据接收产生干扰。该机制更适用于接收波束的选取过程，此时发送终端利用相同的波束发送 SL CSI-RS，因此，一个时隙内的功率不会发生变化，不会对其他终端正常的数据传输造成干扰，接收终端可以利用不同的接收波束分别接收多个 SL CSI-RS，根据测量结果选取最优的接收波束。

10.4.2 发送波束确定过程

在确定发送终端最优发送波束的过程中，发送终端需要利用不同的发送波束轮流发送 SL CSI-RS 资源集合中的 SL CSI-RS，并且向接收终端指示当前传输所使用的 SL CSI-RS 信息，接收终端利用相同的接收波束分别接收该多个 SL CSI-RS，并进行测量，如图 10-7 所示。接收终端根据测量结果选取 N 个 SL CSI-RS 资源，将该 N 个 SL CSI-RS 资源信息以及 RSRP 测量结果上报给发送终端，发送终端从该 N 个 SL CSI-RS 中选取优选的 SL CSI-RS，将其对应的发送波束作为最优发送波束，并利用该最优发送波束进行后续侧行数据的传输。

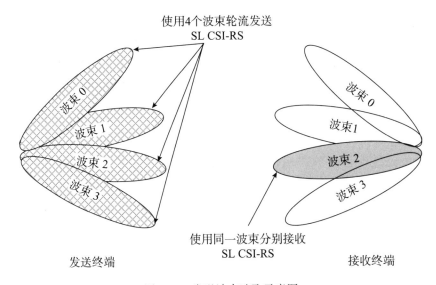

图 10-7　发送波束选取示意图

具体的，为了支持发送波束的选取过程，需要支持以下功能。

① 发送终端需要指示发送波束选取过程的开始时间。如上所述，NR-SL 的波束管理过程需要包括发送波束的选取过程以及接收波束的选取过程，不同的波束选取过程中，接收终端的行为不同，因此，在开始发送波束选取过程前，发送终端需要向接收终端发送指示信息，用于指示开始发送波束选取的过程，从而使得接收终端可以利用相同的接收波束分别接收发送终端发送的 SL CSI-RS。

② 发送终端利用不同的发送波束分别发送 SL CSI-RS，并指示当前传输的 SL CSI-RS 资源信息。由于接收终端需要根据发送终端发送的多个 SL CSI-RS 进行测量并选取最优的 SL CSI-RS 资源，因此，发送终端在发送 SL CSI-RS 时需要指示当前传输的 SL CSI-RS 资源索引信息。

③ 发送终端向接收终端指示接收终端上报测量结果的起始时刻。发送终端利用不同的波束发送 N 个 SL CSI-RS，理想情况下，接收终端可以接收所有的 SL CSI-RS 并

进行测量。但是，在 SL 系统中，由于半双工或传输冲突的影响，接收终端可能只能接收到部分 SL CSI-RS 资源，但是接收终端无法确定发送终端是否已经完成了 N 个 SL CSI-RS 资源的发送，或者发送终端是否还会发送 SL CSI-RS 资源。此时，可以借鉴 NR-SL 系统 CSI 反馈机制中配置的时延边界方式，即发送终端配置第一时域边界，在该第一时延边界内，发送终端轮流发送 SL CSI-RS，超过该时延边界，发送终端不会进行 SL CSI-RS 的发送，接收终端可以根据测量结果选取 SL CSI-RS 资源并上报给发送终端，因此，该第一时域边界即对应接收终端上报测量结果的起始时刻。

④ 发送终端向接收终端指示接收终端上报测量结果的终止时刻。当接收终端向发送终端上报 CRI 和测量结果时，由于半双工或传输冲突的影响，发送终端可能没能接收到该上报信息，因此，发送终端需要判断是否未能正确收到接收终端上报的信息，借鉴 NR-SL 系统 CSI 反馈机制中配置的时延边界方式，发送终端为接收终端配置第二时延边界，发送终端期望在该时域边界对应的时刻之前接收到接收终端的上报信息，若在该时域边界对应的时刻之前发送终端未能接收到接收终端的上报信息，则发送终端可以触发接收终端重新上报，或重新开始发送波束选取的过程。

如图 10-8 所示，发送终端（TX UE）在时隙 0 向接收终端（RX UE）发送指示信息，指示开始发送波束选取的过程，TX UE 在第一时延边界之前分别用不同的发送波束发送 4 个 SL CSI-RS，RX UE 利用相同的接收波束接收 SL CSI-RS 并进行测量，获得待上报的 CRI 信息和测量结果，RX UE 在第一时延边界对应的时刻以及第二时域边界对应的时刻之间选取传输资源，利用该传输资源向 TX UE 上报 CRI 和测量结果。

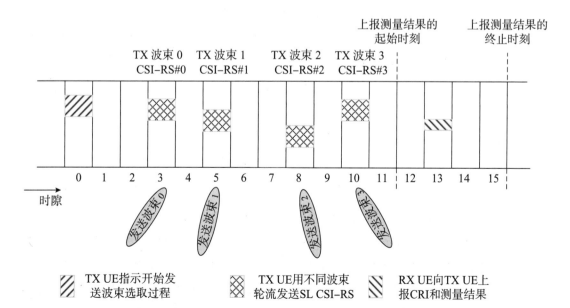

图 10-8　上报测量结果的起始时刻和终止时刻示意图

10.4.3　波束指示

在 NR-Uu 系统中，通过配置传输配置指示状态（Transmission Configuration Indicator State，TCI-State）集合，在 TCI-State 集合中配置多个 TCI-State，可以支持在波束失效时的灵活波束切换。在每个 TCI-State 中包括参考信号信息以及准共址（Quasi-Colocation，QCL）类型，若 QCL 类型为 QCL-TypeD 类型，则表示终端可以利用与接收该 TCI-State 关联的参考信号所使用的相同的接收波束接收该 TCI-State 所关联的下行信道传输。

在 NR-SL 系统的波束管理机制中，可以借鉴 NR-Uu 系统中的 TCI-State 机制。发送终端可以向接收终端配置 TCI-State 集合，TCI-State 所关联的参考信号可以是从接收终端上报的 CRI 中选取的。当发送终端利用选取的发送波束进行数据发送时，向接收终端指示 TCI-State 信息，接收终端可以根据该 TCI-State 信息确定与其关联的 SL CSI-RS 资源信息，进而确定接收该 SL CSI-RS 资源时所使用的接收波束，并利用该接收波束进行侧行数据的接收。

10.4.4　接收波束确定过程

在侧行通信系统中，支持单播、组播和广播等传输方式，接收终端在同一时刻需要接收多个终端发送的侧行数据，对于不同发送终端发送的侧行数据，接收终端可能需要利用不同的接收波束进行接收，但是由于采用模拟波束赋形，因此接收终端同一时刻通常只能支持一个波束方向，此时接收终端很难用一个定向接收波束去进行接收，而通常采用全向天线进行接收。但是对于一些商业场景，如 AR 眼镜或其他可穿戴设备和手机之间的数据传输，此时 AR 眼镜或可穿戴设备只需要与手机进行数据传输，不需要与其他设备之间进行通信。因此，当接收手机发送的数据时，可以利用定向接收波束进行接收。

在确定接收波束的过程中，发送终端利用相同的发送波束发送 SL CSI-RS，接收终端利用不同的接收波束分别接收 SL CSI-RS 并进行测量，根据测量结果选取对应于最优测量结果的接收波束作为最优接收波束，如图 10-9 所示。

在此过程中，接收终端需要准确获知发送终端发送 SL CSI-RS 的时域位置，才能利用相应的接收波束对数据进行缓存、检测以及测量。但是在 NR-SL 系统中，尤其是当发送终端自主选取传输资源时（即模式 2 资源选取方式），发送终端根据侦听结果选取传输资源，虽然发送终端通过 SCI 指示预留了一个或两个传输资源，但是还有可能因为重评估（Re-evaluation）或资源抢占（Pre-emption）检测导致资源重选，在这种情况下，接收终端很难准确获知发送终端发送 SL CSI-RS 的传输资源。如前文所述，如果可以支持一个时隙内传输多个 SL CSI-RS 资源，则可以有效避免这个问题。

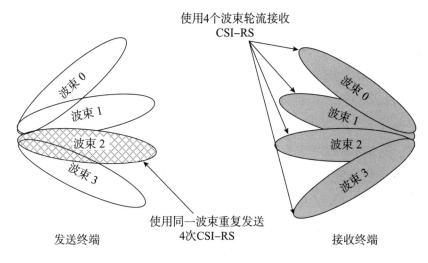

图 10-9　接收波束确定过程示意图

10.4.5　PSFCH 发送波束和接收波束的确定

当 UE-1 向 UE-2 发送 PSCCH/PSSCH，并且激活了侧行反馈时，UE-2 需要向 UE-1 发送 PSFCH，用于承载该 PSSCH 的侧行反馈信息，此时也需要确定 UE-2 发送 PSFCH 的发送波束以及 UE-1 接收该 PSFCH 的接收波束。

具体地，可以通过下面两种方式确定 PSFCH 的发送波束和接收波束。

① 方式 1：将 UE-2 向 UE-1 发送 PSCCH/PSSCH 的发送波束作为 PSFCH 的发送波束。当 UE-2 向 UE-1 发送 PSCCH/PSSCH 时，可以利用上述确定发送波束的过程确定 PSCCH/PSSCH 的发送波束。当 UE-2 向 UE-1 发送 PSFCH 时，由于都是从 UE-2 向 UE-1 进行侧行传输，因此可以利用相同的发送波束发送 PSFCH。相应地，UE-1 也可以利用确定的 PSCCH/PSSCH 接收波束，接收 UE-2 发送的 PSFCH。

② 方式 2：根据波束对应性确定 PSFCH 的发送波束和接收波束。波束对应（Beam Correspondence）表示终端可以根据接收波束确定相应的发送波束，或者根据发送波束确定相应的接收波束。若 UE-1 和 UE-2 具有波束对应性，UE-1 可以利用向 UE-2 发送 PSCCH/PSSCH 时的发送波束，确定接收 UE-2 发送的 PSFCH 的接收波束，而 UE-2 也可以利用接收 UE-1 发送的 PSCCH/PSSCH 的接收波束，确定向 UE-1 发送 PSFCH 的发送波束。

10.4.6 波束失效的判断

当 NR-SL 利用波束进行传输时，由于终端的移动或其他物体的遮挡，很容易导致波束失效，降低传输质量。当发送终端判定波束失效时，需要进行波束切换或重新选取波束。NR-SL 系统中发送终端可以考虑通过以下两种方式判定当前链路使用的波束是否失效。

① 方式 1：发送终端根据 HARQ 反馈信息判定波束失效。在 NR-SL 系统中，支持发送终端根据 HARQ 反馈信息判定无线链路失败（Radio Link Failure，RLF），即当发送终端确定连续 A 次发生非连续传输（Discontinuous Transmission，DTX），即可判定发生了 RLF，需要和接收终端重新建立连接。发送终端可以采用类似的方法，即根据连续发生的 DTX，判定是否发生了波束失效。当发生波束失效时，并不表示也发生 RLF，即波束失效的严重程度要比 RLF 低，此时发送终端和接收终端还可能存在连接，但是只是当前的波束已经不能保证传输质量，而需要选取新的波束。

② 方式 2：发送终端根据接收终端的指示信息判定波束失效。在 NR-Uu 系统中，终端可以根据检测结果判断是否发生波束失效，当发生波束失效时，终端向基站发送反馈信息，指示波束失效。借鉴该方式，在 NR-SL 系统中，接收终端可以判定是否发生波束失效，并向发送终端发送指示信息。当发送终端接收到接收终端发送的波束失效指示信息时，可以判定发生波束失效，重选发送波束。

| 10.5　LTE-V2X 和 NR-V2X 共存 |

在 2021 年 6 月 R18 的 3GPP RAN 研讨会期间，有几篇文稿讨论了 LTE-V2X 和 NR-V2X 在同一信道上共存的必要性，并建议 3GPP RAN 将支持 LTE-V2X 和 NR-V2X 在同一载波上共存作为 R18 侧行链路增强的方向之一，并在 R18 中设计相应的解决方案 [42-44]。

提出这一课题的主要动机首先是由于全球各地区 ITS 频谱稀缺，已分配的 ITS 频谱带宽只能勉强满足目前的 V2X 业务需求，并且已经存在不同类型的可用于 V2X 业务的通信技术版本。其次，根据地区法规和 ITS 运营要求，目前可以在同一地理区域（如在一个国家或地区）部署多个 V2X 通信系统。例如，由于没有国家 / 地区规定必须在一个国家 / 地区使用哪种特定类型或版本的 V2X 通信技术，而技术的选择由市场需求决定，因此一些汽车制造公司可以使用基于 IEEE 802.11p 的 V2X 技术，而另一些使用基于 LTE 的蜂窝 V2X (Cellular V2X，C-V2X) 技术。另一种可能的情况是在同一国家 / 地区部署基于 LTE 和 NR 的 C-V2X 系统，分别用于提供基本安全服务和支持高级 V2X 应用。在这种情况下，很可能需要在不同类型 / 版本的 V2X 技术之间共享有限的 ITS 频谱（至少在为 ITS 分配更多频谱之前）。因此，不同的 V2X 通信技术必须能够在同一频谱甚至同一信道上共存，而且保证相互之间的干扰和中断最小，并且可控。

提出这一课题的另一个主要动机是促进 C-V2X 通信从基于 LTE-V2X 到基于 NR-V2X 的预期技术过渡 / 迁移。在一个国家 / 地区的初始部署阶段，可能只会推出 LTE-V2X 用于车辆之间的 V2X 通信试验和满足早期市场应用。随着 NR-V2X 的充分测试和日益成熟，以及市场对支持高级别 V2X 应用的需求，预计 C-V2X 技术将发生过渡 / 迁移，因为从技术上，NR-V2X 也能够用于提供基本安全服务，因此，足以替代 LTE-V2X 所承担的功能。在不假设未来会为 C-V2X 分配更多 ITS 频谱的情况下，由于技术过渡期间可用频谱有限，因此至少 LTE-V2X 和 NR-V2X 需要能够在同一信道中共存。

接下来的问题是如何在同一信道中支持 LTE-V2X 和 NR-V2X 的共存。根据 R18 的 3GPP RAN 研讨会期间的讨论和随后的电子邮件讨论，目前已经考虑了以下两种主要机制。

第一种机制是通过半静态配置的不同资源池实现 LTE-V2X 和 NR-V2X 在同一信道中的共存，而且 LTE-V2X 资源池和 NR-V2X 资源池之间不存在重叠。对于这一方案，通过时分复用 (TDM) 的方式划分资源池将优于频分复用 (FDM) 的方式，因为 TDM 的方式不会影响侧行链路传输的整体带宽，这一点对保证大数据包的传输尤为重要。但是，由于 TDM 的方式中不是所有的可用时隙都分配给 NR-V2X，因此这样可能会导致传输延迟的增加，不利于支持时延敏感业务的传输，但通过分配备用 LTE-V2X 子帧和备用 NR-V2X 时隙可以在很大程度上缓解这种负面影响。总体而言，通过资源池的半静态划分来支持 LTE-V2X 和 NR-V2X 之间的同信道共存是一种非常简单的解决方案，因为它不需要改变 LTE-V2X (R14/R15) 和 NR- V2X (R16/R17) 的设计。然而，这一方案也存在一定的缺点。第一，由于早期部署的支持 LTE-V2X 的车辆具有预先配置的系统设置，包括资源池的时间和频率分配，因为这些配置不容易改变，将分配给 LTE-V2X 系统的时频资源再进行重新分配在许多情况下可能非常具有挑战性。如果要更新资源池配置为 NR-V2X 通信提供更多资源（如由于采用 LTE-V2X 技术的车辆占有率的下降），道路上的所有的现有车辆和用户，包括车载终端（Vehicle User Equipment，VUE）和 PUE，都需要更新相应的配置。第二，这一方案无法灵活适应两种 RAT 之间 V2X 流量需求的变化，这可能导致一种 RAT 的资源池高度拥塞，而另一种 RAT 的资源池未充分利用。

第二种机制是为 LTE-V2X 和 NR-V2X 配置重叠资源池，两种 RAT 通过动态共享资源池的方式在同一信道中共存，潜在地，每个 RAT 的资源池都可以覆盖整个信道带宽和所有侧行链路子帧 / 时隙。然而，这引出了如何减轻两种 RAT 之间干扰和传输冲突的问题。由于基本安全业务和高级 V2X 应用的高可靠性要求，如果为两种 RAT 配置重叠的资源池，肯定需要某种机制来解决这个问题。

根据 3GPP R18 侧行链路演进项目的最新工作项目描述 (WID)[45]，支持 LTE-V2X 和 NR-V2X 在重叠资源池内共存应尽可能重用 R16 版本中定义的设备内共存框架。 R16 版本中定义的设备内共存框架背后的主要机制是将一个 RAT 将要发送或接收的数据信息传递到同一设备内的另一个 RAT 功能模块，以便 UE 确定应该发送或接收哪个侧行链路数据包。 例如，当 LTE-V2X 和 NR-V2X 传输重叠并且 UE 只有一个可用的侧行发送射频链路时，LTE-V2X 数据包的优先级信息会被传递给 UE 的 NR-V2X 功能模块，从而 UE 可以决定传输哪个数据包，丢弃哪个数据包。 类似地，当 UE 在同一频带内的多个载波上执行侧行操作时，由于不同载波之间的半双工限制，优先级信息的交换也可以用于 UE 确定接收或发送哪个数据包。

基于上述 R16 版本的设备内共存框架，一种潜在的缓解不同 RAT 间资源冲突的解决方案是在同一 UE 的 LTE-V2X 功能模块和 NR-V2X 功能模块之间交换资源预留信息。通过获取一个 RAT 的资源预留信息，UE 在为另外一个 RAT 的传输选择资源时，可以避免选择其他 UE 通过第一个 RAT 预留的资源，以避免资源冲突和对第一个 RAT 产生干扰。这种解决方案的主要优势是可以充分利用所有可用的侧行链路无线资源，同时也可以在很大程度上避免资源冲突。但是，这一方案需要对 UE 的 LTE-V2X 功能模块和 NR-V2X 功能模块进行一些硬件和软件更改。如果保持 LTE-V2X 模块不变，仅依靠 NR-V2X 主动避让 LTE-V2X 中预留的资源，则无法避免 LTE-V2X 选择 NR-V2X 中已预留的资源，这可能对系统性能产生不利影响，因此有必要通过进一步的性能评估来验证这一方案的优势。

| 10.6 小　　结 |

本章对侧行中继增强、基于侧行的定位、NR-SL CA、多天线增强以及 LTE-V2X 和 NR-V2X 共存等 R18 中的侧行链路增强技术做了简单的介绍，包括引入各个演进技术的背景和必要性、演进技术的主要设计目标，以及在标准中支持这些演进技术可能面临的问题。本章的主要目的是在介绍 NR-SL 下一阶段演进方向的同时，为读者呈现一个相对完整的 NR-SL 发展脉络。

参考文献

[1] 3GPP TR 36.843 V12.0.1 (2014-03) 3rd Generation Partnership Project; Technical Specification Group Radio Access Network; Study on LTE Device to Device Proximity Services; Radio Aspects (Release 12).

[2] RP-150441, Revised WI: Enhanced LTE Device to Device Proximity Services, Qualcomm Incorporated.

[3] RP-202846，WID revision: NR sidelink enhancement，LG Electronics, RAN Meeting #90-e, December 07-11, 2020.

[4] 3GPP TR 22.885, Study on LTE support for Vehicle to Everything (V2X) services[S]. V14.0.0, 2015-12.

[5] 3GPP TR 22.886, Study on enhancement of 3GPP Support for 5G V2X Services[S]. V16.2.0, 2018-12.

[6] 3GPP TS 22.186, Enhancement of 3GPP support for V2X scenarios[S]. V16.2.0, 2019-06.

[7] 3GPP TR 22.803, Feasibility study for Proximity Services (ProSe). V12.2.0, 2013-06.

[8] 3GPP TS 22.278, Service requirements for the Evolved Packet System (EPS). V16.2.0, 2019-03.

[9] RP-190766. New WID on 5G V2X with NR sidelink, LG Electronics, Huawei, RAN Meeting #83, Shenzhen, China, March 18-21, 2019.

[10] 3GPP TS 38.214 V17.0.0 (2021-12) 3rd Generation Partnership Project; Technical Specification Group Radio Access Network; NR; Physical layer procedures for data (Release 16).

[11] 3GPP TS 38.211 V17.0.0 (2021-12) 3rd Generation Partnership Project; Technical Specification Group Radio Access Network; NR; Physical channels and modulation (Release 17).

[12] 3GPP TS 38.212 V17.0.0 (2021-12) 3rd Generation Partnership Project; Technical Specification Group Radio Access Network; NR; Multiplexing and channel coding (Release 17).

[13] 3GPP TS 38.213 V17.0.0 (2021-12) 3rd Generation Partnership Project; Technical Specification Group Radio Access Network; NR; Physical layer procedures for control (Release 17).

[14] R1-1812409, Enhancements of Configured Frequency-Time Resource Pattern in NR-V2X Transmission, Fujitsu, RAN-1 #95, Spokane, Washington, USA, November 12th - 16th 2018.

[15] R1-1812209, Sidelink resource allocation mode 2, Huawei, RAN-1 #95, Spokane, Washington, USA, November 12th - 16th 2018.

[16] R1-2002539, Sidelink Resource Allocation Mechanism for NR V2X, Qualcomm Incorporated, RAN-1 #100bis-e, April 20th –30th, 2020.

[17] R1-2002078, Remaining issues on Mode 2 resource allocation in NR V2X, CATT, RAN-1 #100bis-e, April 20th –30th, 2020.

[18] R1-1906076, Discussion of Resource Allocation for Sidelink - Mode 2, Nokia, Nokia Shanghai Bell, RAN-1 #97, Reno, USA, May 13th – 17th, 2019.

[19] R1-1906392, Mode 2 resource allocation mechanism for NR sidelink, NEC, RAN-1 #97, Reno, USA, May 13th – 17th, 2019.

[20] R1-1910213, Discussion on mode 2 resource allocation mechanism, vivo, RAN-1 #98bis, Chongqing, China, October 14th – 20th, 2019.

[21] R1-1910650, Resource Allocation Mode-2 for NR V2X Sidelink Communication, Intel Corporation, RAN-1 #98bis, Chongqing, China, October 14th – 20th, 2019.

[22] R1-2001994, Solutions to Remaining Opens of Resource Allocation Mode-2 for NR V2X Sidelink Design, Intel Corporation, RAN-1 #100bis-e, April 20th –30th, 2020.

[23] R1-2001749, Discussion on remaining open issues for mode 2, OPPO, RAN-1 #100bis-e, April 20th

−30th, 2020.

[24] R1-2002126, On Mode 2 for NR Sidelink, Samsung, RAN-1 #100bis-e, April 20th –30th, 2020.

[25] R1-1913029, Considerations on the resource allocation for NR sidelink Mode2, CAICT, RAN-1 #99, Reno, US, November 18th – 22th, 2019.

[26] 3GPP TS 38.331 V16.7.0 (2021-12) 3rd Generation Partnership Project; Technical Specification Group Radio Access Network; NR; Radio Resource Control (RRC) protocol specification (Release 16).

[27] 3GPP TS 36.101, Evolved Universal Terrestrial Radio Access (E-UTRA); User Equipment (UE) radio transmission and reception[S]. V16.7.0, 2020-09.

[28] 3GPP TS 36.133, Evolved Universal Terrestrial Radio Access (E-UTRA); Requirements for support of radio resource management[S]. V16.7.0, 2020-09.

[29] 3GPP TS 38.321 V16.4.0 (2021-03) Technical Specification 3rd Generation Partnership Project; Technical Specification Group Radio Access Network; NR; Medium Access Control (MAC) protocol specification (Release 16).

[30] 3GPP TS 23.303 V17.0.0 (2021-12) 3rd Generation Partnership Project; Technical Specification Group Services and System Aspects; Proximity-based services (ProSe); Stage 2(Release 17).

[31] 新华社 . 什么是元宇宙？为何要关注它 [EB/OL]. 2021.

[32] 3GPP TS 22.261 V16.16.0 (2021-12) 3rd Generation Partnership Project;Technical Specification Group Services and System Aspects;Service requirements for the 5G system;Stage 1(Release 16).

[33] 3GPP TR 38.889 V16.0.0, 3rd Generation Partnership Project; Technical Specification Group Radio Access, Study on NR-based access to unlicensed spectrum (Release 16), 2018.12.

[34] RP-213678 New WID on NR sidelink evolution，OPPO, LG Electronics.

[35] ETSI EN 301 893 V2.1.1 (2017-05) 5 GHz RLAN; Harmonised Standard covering the essential requirements of article 3.2 of Directive 2014/53/EU.

[36] RP-213585, New WID on NR sidelink relay enhancements, LG Electronics.

[37] 3GPP TS 36.305, Stage 2 functional specification of User Equipment (UE) positioning in E-UTRAN.

[38] 3GPP TR 38.855 V16.0.0 (2019-03), 3rd Generation Partnership Project; Technical Specification Group Radio Access Network; Study on NR positioning support (Release 16).

[39] 3GPP TR 38.857 V17.0.0 (2021-03), 3rd Generation Partnership Project; Technical Specification Group Radio Access Network; Study on NR Positioning Enhancements; (Release 17).

[40] 3GPP TR 38.845 V2.0.0 (2021-09) 3rd Generation Partnership Project; Technical Specification Group Radio Access Network; Study on scenarios and requirements of in-coverage, partial coverage, and out-of-coverage NR positioning use cases (Release 17).

[41] RP-212706, New WID on NR Positioning Enhancements, Intel.

[42] RWS-210006，"On NR-LTE V2X co-channel coexistence perspectives for Release 18"，Qualcomm, RAN workshop on Rel-18, June 2021.

[43] RWS-210244，"Enhancement for sidelink operations"，LGE, RAN workshop on Rel-18, June 2021.

[44] RWS-210360，"5GAA inputs to 3GPP Rel.18 Workshop"，5GAA, RAN workshop on Rel-18, June 2021.

[45] RP-220300, WID revision: NR sidelink evolution, OPPO, RAN Meeting #95-e, March 17-23, 2022.

缩 略 语

3GPP	第三代合作伙伴计划	3rd Generation Partnership Project
5QI	5G QoS 标识	5G QoS Identifier
ACK	肯定应答	ACKnowledgement
AGC	自动增益控制	Automatic Gain Control
AM	确认模式	Acknowledged Mode
ARP	地址转换协议	Address Resolution Protocol
AS	接入层	Access Stratum
BSR	缓存状态上报	Buffer Status Report
BWP	带宽分段	Bandwidth Part
C-V2X	蜂窝 V2X	Cellular V2X
CBR	信道繁忙率	Channel Busy Ratio
CCSA	中国通信标准化协会	China Communications Standards Association
CDM	码分复用	Code Division Multiplexing
CE	控制单元	Control Element
CG	配置授权	Configured Grant
CP	循环前缀	Cyclic Prefix
CP-OFDM	循环前缀正交频分复用	Cyclic Prefix-Orthogonal Frequency Division Multiplexing
CPS	连续性部分侦听	Contiguous Partial Sensing
CQI	信道质量指示	Channel Quality Indication
CR	信道占用率	Channel Occupancy Ratio
CRB	公共资源块	Common Resource Block
CRC	循环冗余校验	Cyclic Redundancy Check
CS	循环移位	Cyclic Shift
CSI	信道状态信息	Channel State Information
CSI-RS	信道状态信息参考信号	Channel State Information-Reference Signal
D2D	设备到设备	Device to Device
DCI	下行控制信息	Downlink Control Information
DDNMF	直接发现名称管理功能	Direct Discovery Name Management Function
DFN	直接帧号	Direct Frame number
DFT	离散傅里叶变换	Discrete Fourier Transform
DFT-s-OFDM	离散傅里叶变换扩频正交频分复用	Discrete Fourier Transform-Spread-Orthogonal Frequency Division Multiplexing
DL	下行通信链路	Downlink
DMRS	解调参考信号	Demodulation Reference Signal
DRB	数据承载	Data Radio Bearer
DRX	非连续接收	Discontinuous Reception
DSCP	差分服务代码点	Differentiated Services Code Point

DTX	非连续发送	Discontinuous Transmission
eNB	演进型基站	evolved Node B
FDM	频分复用	Frequency Division Multiplexing
FQDN	全限定域名	Fully Qualified Domain Name
FR1	第一频率范围	Frequency Range 1
FR2	第二频率范围	Frequency Range 2
FRIV	频域资源指示值	Frequency Resource Indication Value
gNB	5G 基站	Generation Node B
GNSS	全球卫星导航系统	Global Navigation Satellite System
GP	保护间隔	Guard Period
HARQ	混合自动重传请求	Hybrid Automatic Repeat Request
HPN	HARQ 进程号	HARQ Process Number
ID	标识	Identity
IIoT	工业物联网	Industrial Internet Of Things
IRB	交织资源块	Interlaced Resource Block
ITS	智能运输系统	Intelligent Transportation System
LCID	逻辑信道标识	Logical Channel ID
LDPC	低密度奇偶校验码	Low Density Parity Check
LSB	最低有效位	Least Significant Bit
LTE	长期演进	Long Term Evaluation
MAC	媒体接入控制	Media Access Control
MCS	调制编码机制	Modulation and Coding Scheme
ME	移动设备	Mobile Equipment
MIB	主信息块	Master Information Block
N3IWF	非 3GPP 互通功能	Non-3GPP InterWorking Function
NACK	否定应答	Negative Acknowledgement
NAT	网络地址转换	Network Address Translation
NDI	新数据指示	New Data Indicator
NG-RAN	下一代无线接入网络	Next Generation-Radio Access Network
NR	新空口	New Radio
OCC	正交掩码	Orthogonal Covering Code
OFDM	正交频分复用	Orthogonal Frequency Division Multiplexing
P2X	行人与其他设备间通信	Pedestrian to Everything
PAPR	峰均功率比	Peak to Average Power Ratio
PBPS	周期性部分侦听	Periodic-Based Partial Sensing
PC5	终端与终端间通信接口	
PCF	策略控制功能	Policy Control Function
PDB	数据包延迟预算	Packet Delay Budget
PDCCH	物理下行控制信道	Physical Downlink Control Channel
PDCP	分组数据汇聚协议	Packet Data Convergence Protocol
PDSCH	物理下行共享信道	Physical Downlink Shared Channel
PDU	协议数据单元	Protocol Data Unit

PLC	可编程逻辑控制器	Programmable Logic Controller
PLMN	公共陆地移动网络	Public Land Mobile Network
PMI	预编码矩阵指示	Precoding Matrix Indicator
PQI	PC5 接口上的 5G QoS 标识	PC5 5QI
PRB	物理资源块	Physical Resource Block
ProSe	近距离业务	Proximity-based Services
PSBCH	物理侧行广播信道	Physical Sidelink Broadcast Channel
PSCCH	物理侧行控制信道	Physical Sidelink Control Channel
PSFCH	物理侧行反馈信道	Physical Sidelink Feedback Channel
PSSCH	物理侧行数据信道	Physical Sidelink Shared Channel
PT-RS	相位跟踪参考信号	Phase Tracking-Reference Signal
PUCCH	物理上行控制信道	Physical Uplink Control Channel
PUE	手持终端	Pedestrian User Equipment
PUSCH	物理上行共享信道	Physical Uplink Shared Channel
QAM	正交幅相调制	Quadrature Amplitude Modulation
QoS	服务质量	Quality of Service
QPSK	正交相移键控	Quadrature Phase Shift Keying
R16	版本 16	Release 16
R17	版本 17	Release 17
RAN	无线接入网	Radio Access Network
RAT	无线接入技术	Radio Access Technology
RB set	资源块集合	Resource Block Set
RE	资源元素	Resource Element
RI	秩指示	Rank Indicator
RLC	无线链路控制	Radio Link Control
RLF	无线链路失败	Radio Link Failure
ROHC	鲁棒性头压缩	Robust Header Compression
RP	资源池	Resource Pool
RRC	无线资源控制	Radio Resource Control
RSRP	参考信号接收功率	Reference Signal Receiving Power
SL-RSSI	侧行链路接收信号强度指示	Sidelink-Received Signal Strength Indication
RV	冗余版本	Redundancy Version
SBCCH	侧行链路广播控制信道	Sidelink Broadcast Control Channel
SCCH	侧行链路控制信道	Sidelink Control Channel
SCI	侧行控制信息	Sidelink Control Information
SCS	子载波间隔	Subcarrier Spacing
SDU	业务数据单元	Service Data Unit
SFN	系统帧号	System Frame Number
SI	研究项目	Study Item
SIB	系统信息块	System Information Block
SL	侧行链路	Sidelink
SL-CG	侧行链路配置授权	Sidelink Configured Grant

SL-CS-RNTI	侧行配置调度无线网络临时标识	Sidelink-Configured Scheduling-Radio Network Temporary Identifier
SL-DRX	侧行链路非连续接收	Sidelink-Discontinuous Reception
SL-U	非授权载波上的侧行通信	Sidelink Over Unlicensed Spectrum
SLRB	侧行链路无线承载	Sidelink Radio Bearer
SL-RNTI	侧行无线网络临时标识	Sidelink-Radio Network Temporary Identifier
SLSS	侧行同步信号	Sidelink Synchronization Signal
SLSSID	侧行同步信号标识	Sidelink Synchronization Signal Identity
S-PSS	侧行主同步信号	Sidelink-Primary Synchronization Signal
SR	调度请求	Scheduling Request
SRB	无线信令承载	Signaling Radio Bearer
SSB	同步信号块	Sychronization Signal Block
S-SSB	侧行同步信号块	Slidelink-Synchronization Signal Block
S-SSS	侧行辅同步信号	Sidelink-Secondary Synchronization Signal
STCH	侧行链路业务信道	Sidelink Traffic Channel
TA	定时提前量	Timing Advance
TAI	位置跟踪区信息	Tracking Area Identity
TB	传输块	Transport Block
TBS	传输块大小	Transport Block Size
TDD	时分双工	Time Division Duplex
TDM	时分复用	Time Division Multiplexing
TM	透传模式	Transparent Mode
TRIV	时域资源指示值	Time Resource Indication Value
TTI	传输时间间隔	Transmission Time Interval
UE	终端	User Equipment
UICC	通用集成电路卡	Universal Integrated Circuit Card
UL	上行通信链路	Uplink
UL-CG	上行配置授权	Uplink Configured Grant
UM	非确认模式	Unacknowledged Mode
URLLC	超高可靠低时延通信	Ultra-Reliable and Low Latency Communications
URSP	UE 路由选择策略	UE Route Selection Policy
E-UTRAN	演进通用地面无线接入网	Evolved Universal Terrestrial Radio Access Network
Uu	终端与网络间通信接口	User-Equipment UTRAN
V2I	车辆与基础设施通信	Vehicle-to-Infrastructure
V2N	车辆与网络设施通信	Vehicle-to-Network
V2P	车辆与行人通信	Vehicle-to-Pedestrian
V2V	车辆和车辆通信	Vehicle-to-Vehicle
V2X	车联网技术	Vehicle to Everything
VRU	弱势道路使用者	Vulnerable Road Unit
VUE	车载终端	Vehicle User Equipment
WI	工作项目	Work Item
WID	工作项目描述	Work Item Description
ZC	ZC 序列	Zadoff-Chu